그림으로
말하는
아이

그림으로 말하는 아이

창의력과 감수성을 키워 주는 미술 지도서

반경란 · 이동엽 · 이지연 지음

SIGONGART

여는 말

부모가 자식을 사랑하는 마음이 큰 만큼 우리 아이들을 잘 이해하고 있을까요? 아이들의 미술을 오랫동안 지도해 온 저자들은 미술 수업을 통해 실제로 그렇지 않은 경우가 많다는 것을 알게 되었습니다. 부모는 아이들이 좋아하는 것, 하고 싶은 것, 말하고 있는 것을 잘 파악하지 못하고 있는 경우가 많고 그 결과 자신의 아이를 부정적인 시선으로 보게 되기도 합니다. 또한 미술 잘하는 아이로 만들기 위해 많은 노력을 하지만 뜻대로 잘 안 되는 경우가 많습니다. 미술이 수학이나 영어처럼 예습, 복습을 잘한다고 되는 것이 아니기 때문에 아이를 어떻게 지도해야 할지 난감합니다.

그럼 어떻게 우리 아이의 미술 활동을 이해하고 그에 대한 길잡이를 해 줄 수 있을까요? 가장 중요한 것은 '그림을 잘 그리지 못하는 아이', '소질이 없는 아이', '그림을 그리기 싫어하는 아이'로 생각하면 안 된다는 것입니다. 어린아이의 능력을 부모의 섣부른 판단으로 결정한다는 것은 아주 위험합니다.

그림을 통해 우리 아이를 이해해 주세요

이 책은 부모가 자녀를 더욱 잘 이해하고 아이의 표현력 성장에 도움을 줄 수 있도록 다년간의 수업 결과와 관찰한 사실들을 토대로 하여 완성되었습니다. 대다수의 부모들이 아이의 미술 작품을 본 후 가질 수 있는 궁금증을 다각적으로 해결할 수 있도록 여러 질문들과 방법들로 책을 구성하였습니다.

연령에 맞는 효과적인 지도 방법을 제시합니다

4~6세 아이를 위한 장에서는 아이가 사물의 특성을 익힐 수 있는 '실컷 하게 해 주세요', 창조적인 사람이 될 수 있도록 도와주는 '다르게 보게 해 주세요', 아이가 풍부한 표현을 할 수 있는 '다양한 것을 보게 해 주세요', 스스로 그릴 수 있도록 도움을 주는 '자세히 보게 해 주세요', 상상력을 키우기 위한 '질문해 주세요', 스스로 무언가를 해냈다는 성취감을 주는 '자신감을 주세요' 의

여섯 부분으로 나뉘어 있습니다.

   7~9세 아이를 위한 장은 재미있는 생각을 이끌어 내고 그림으로 표현할 수 있는 '발상', 생각의 느낌을 전달하여 그리는 대상의 특징을 표현하는 '색', 상상한 것을 구체적으로 나타내는 '형태', 그것을 짜임새 있게 표현하는 '공간', 응용력과 생각의 폭을 넓히고 공간 지각 능력을 키우는 '재료 활용과 입체'로 크게 다섯 부분으로 나뉘어 있습니다.

무엇보다 '결과'보다는 '과정'을 칭찬하고 격려해 주세요

아이들은 저마다 흥미 있어 하는 부분이 다르고 각자의 특징이 다르기 때문에 그 특성을 무시한 채, 무조건 부모의 생각에 맞추려고 하면 안 됩니다. 특히 미술 활동은 아이의 표현을 도와주고 개성을 살려 자신감을 키울 수 있기 때문에 더더욱 틀에 맞추는 것은 좋지 않습니다. 기준에 맞춘 평가보다는 그 과정의 특징과 장점을 찾아 칭찬하고 용기를 북돋워 주세요. 그리고 막연히 미술을 '못하는 아이'가 아니라 '아직 안 해 본 아이'로 바라보세요. 아이가 어떻게 생각하고 무엇을 느끼고 왜 이렇게 행동하고 그림을 그리는지 이 책을 통해 충분히 이해할 수 있을 것입니다. 그리고 이러한 이해는, 아이의 뛰어나거나 부족한 부분들을 독특한 장점으로 살릴 수 있는 기회를 제공할 수 있을 것이라 확신합니다.

  마지막으로 이 책에 소중한 작품을 실을 수 있게 해 주신 학생과 부모님들께 감사의 뜻을 전합니다.

추천의 글

근래에 영재교육에 대한 관심이 급증하면서 많은 영재학교, 영재 프로그램들이 우후죽순처럼 생겨나고 있습니다. 그러나 그 많은 프로그램들이 과연 충분한 연구와 수행과정을 거쳐서 만들어진 것인지는 의문의 여지가 있습니다. 취학 이전의 어린이에게는 꼭 영재교육이 아니더라도 오감 전체를 이용하는 어린이 미술 프로그램들이 아이의 감각을 깨워 주고 적극성과 표현력, 창의적 사고를 키워 줍니다. 음악, 무용, 과학 등 장르의 울타리에서 전문화된 다른 분야의 영재 교육보다 훨씬 더 폭이 넓다고 할 수 있겠지요. 따라서 요즈음은 과학과 미술이 프로그램을 상당 부분 공유하려는 움직임도 생겨나고 있다고 들었습니다.

이 책의 저자들은 10년 넘게 아동들을 가르치면서 아이들의 활동에 폭넓은 이해를 갖게 되었고 그중 특별한 아이들에 대한 영재교육에도 각별한 관심을 쏟아 왔습니다. 이 책은 오랜 시간 아동들과 교감하면서 얻은 지식과 생각, 경험 등을 토대로 부모가 아동의 미술 활동을 어떻게 도와주어야 하는가에 대한 지침서입니다. 그러나 단순히 아동들이 미술을 잘할 수 있게 도와주는 책이 아니고, 적극적으로 자신의 삶을 꾸려 나갈 수 있는 창의적 인간으로 자라나도록 짜인, 감수성과 창의성 개발 프로그램이라고 볼 수 있습니다.

  자신의 아이가 좀 더 적극적인 표현력과 창의성을 가지고 자라나기를 바라는 많은 부모들에게 좋은 지침서가 되리라고 생각합니다.

한국예술종합학교 미술원장
곽남신

CONTENTS

여는 말 ·· 04
추천의 글 ·· 08

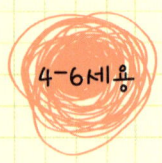
4-6세용

들어가며 ·· 16

실컷 하게 해 주세요

▶ 자동차만 그릴래요 ·· 24
▶ 물감 섞기만 할래요 ·· 32
▶ 내가 그린 동그라미는 코끼리예요 ···················· 40
▶ 검은색을 쓰면 안 되나요? ································ 46
선생님의 한마디 아이들과 함께하는 미술 놀이에 좋은 재료의 특성과 활용법 ·· 54

다르게 보게 해 주세요

▶ 종이컵이 변신을 해요 ·· 58
▶ 이 색 이름은 '우르르 쾅쾅 색'이에요 ··············· 64
▶ 종이 조각은 요술쟁이인가 봐요 ························ 70
선생님의 한마디 다르게 생각하기 | 놀이의 효과 ························ 78

다양한 것을 보게 해 주세요

- ▶ 우리 집은 세모와 네모로 된 집이 아니었어 ⋯⋯⋯⋯⋯⋯ 82
- ▶ 엄마가 이렇게 그리라고 했어요 ⋯⋯⋯⋯⋯⋯⋯⋯⋯⋯ 88
- ▶ 엄마, 바람은 어떻게 그려요? ⋯⋯⋯⋯⋯⋯⋯⋯⋯⋯⋯ 94
- 선생님의 한마디 벌써부터 사물을 보고 따라 그리게 해도 되나요? ⋯⋯ 102

자세히 보게 해 주세요

- ▶ 나도 형아처럼 그릴 수 있어요 ⋯⋯⋯⋯⋯⋯⋯⋯⋯⋯⋯ 106
- ▶ 사과는 빨간색? ⋯⋯⋯⋯⋯⋯⋯⋯⋯⋯⋯⋯⋯⋯⋯⋯⋯ 110
- ▶ 구운 생선이 아니잖아 ⋯⋯⋯⋯⋯⋯⋯⋯⋯⋯⋯⋯⋯⋯ 116
- 선생님의 한마디 관찰을 중요시하세요 ⋯⋯⋯⋯⋯⋯⋯⋯⋯⋯ 121

질문해 주세요

- ▶ 오늘은 사자의 생일 파티 날이래요 ⋯⋯⋯⋯⋯⋯⋯⋯⋯ 124
- ▶ 문을 열면 깜짝 놀랄 거예요 ⋯⋯⋯⋯⋯⋯⋯⋯⋯⋯⋯⋯ 130
- ▶ 개미집에 비가 왔대요 ⋯⋯⋯⋯⋯⋯⋯⋯⋯⋯⋯⋯⋯⋯ 138
- 선생님의 한마디 상상력 키우기 ⋯⋯⋯⋯⋯⋯⋯⋯⋯⋯⋯⋯ 143

자신감을 주세요

- ▶ 난 못하는 게 아닌데 ⋯⋯⋯⋯⋯⋯⋯⋯⋯⋯⋯⋯⋯⋯⋯ 146
- ▶ 혹시 내가 그린 게 틀리면 어떡하지? ⋯⋯⋯⋯⋯⋯⋯⋯ 152
- ▶ 나도 노력하고 있다고요 ⋯⋯⋯⋯⋯⋯⋯⋯⋯⋯⋯⋯⋯ 158
- ▶ 왜 친구만 칭찬해요? ⋯⋯⋯⋯⋯⋯⋯⋯⋯⋯⋯⋯⋯⋯ 164
- 선생님의 한마디 피그말리온 효과 ⋯⋯⋯⋯⋯⋯⋯⋯⋯⋯⋯ 169

부모님들이 이런 질문을 했어요 ⋯⋯⋯⋯⋯⋯⋯⋯⋯⋯⋯⋯⋯ 170

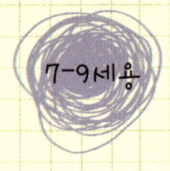

들어가며 ·· 180

새로운 발상으로 이끌어 주세요

▶ 혼자 연상하는 게 어려워요 ································· 186
▶ 내가 아는 풍경만 그릴래요 ································· 194
▶ 자료 없이 그리는 건 어려워요 ···························· 200
▶ 상상하기 힘들어요 ··· 206
▶ 그리는 시간이 너무 오래 걸려요 ························ 212

색으로 표현하게 해 주세요

▶ 색을 다양하게 못 쓰겠어요 ································· 222
▶ 크레파스로 색칠하기 싫어요 ······························ 230
▶ 물감으로 그리기 싫어요 ····································· 236
▶ 꼼꼼하게 칠하는 건 힘들어요 ···························· 242
▶ 물감으로 새로운 색을 만들고 싶어요 ················· 248

형태로 표현하게 해 주세요

▶ 이런 형태만 그릴래요 ··· 256
▶ 내가 좋아하는 것만 그리고 싶어요 ···················· 262
▶ 계속 같은 것만 그리고 싶어요 ···························· 270
▶ 사물을 작게 그리면 안 되나요? ························· 276
▶ 집의 지붕과 해를 그리기가 어려워요 ················· 284
▶ 사람은 앞모습밖에 못 그려요 ···························· 290

공간을 활용하도록 도와주세요

- ▶ 겹쳐진 것을 어떻게 그려요? ----- 298
- ▶ 그림에 다양한 공간을 어떻게 만들어요? ----- 304
- ▶ 한 공간에 좋아하는 것을 모두 넣을래요 ----- 310
- ▶ 더 큰 공간이 필요해요 ----- 316

재료를 활용하고 입체를 만들도록 도와주세요

- ▶ 종이컵을 잘라도 되나요? ----- 324
- ▶ 다른 재료를 사용해도 되나요? ----- 330
- ▶ 재료를 어떻게 이용하는지 모르겠어요 ----- 338
- ▶ 만들기만 하고 싶어요 ----- 344
- ▶ 입체로 만들기가 어려워요 ----- 348

부모님들이 이런 질문을 했어요 ----- 354

참고문헌 ----- 365
나가는 말 ----- 366
엄마의 한마디 ----- 368

4-6세용

네 살부터
여섯 살까지

들어가며

한 가정에 아이가 많았던 예전과는 달리 지금은 하나나 둘만 있다 보니 부모의 관심이 집중되어 아이의 사소한 부분까지 알고 싶어 합니다. 또한 아이를 잘 키우고 싶은 마음에 아이와 관련된 일에는 예민해지기도 합니다. 예를 들어 아이가 기침을 해서 소아과에 데리고 갔을 때, 의사 선생님이 "감기입니다"라고 간략하게 말하는 것보다는 "좋지 않은 공기 때문에 코에 염증이 생겨, 나쁜 콧물이 뒤로 넘어가 기침을 하는 것입니다. 따뜻한 물을 많이 먹이시고, 먼지가 많은 곳에 데리고 가지 마십시오"라고 자세히 말해 주는 편이 더 고맙게 느껴집니다. 엄마는 아이가 왜 기침을 하는지, 엄마가 어떻게 해 주어야 좋은지 아주 구체적으로 알고 싶어 합니다.

미술 학원에서도 마찬가지입니다. "선생님, 우리 아이가 왜 이 색을 칠했죠?", "선생님, 저 아이는 사람을 그렸는데 왜 우리 아이는 안 그렸죠?"라고, 아이의 그림에서도 작은 부분들까지 알고 싶어 합니다. 아이들은 네 살이 되면 스스로 표현하고자 하는 것들이 명확히 드러나기에 부모들은 사소한 것 하나까지도 신기해서 기억에 담고 싶어 하기 때문입니다. 이처럼 아이에 대한 관심, 아이 교육에 대한 관심이 높아짐에 따라 부모들은 네 살 전후의 아이들에게 창의력에 도움이 되는 '미술 활동'을 가장 많이 시키게 됩니다. 그런데 잘못된 미술교육 방식 때문에 부작용도 많이 생깁니다. 아이에게 즐거운 시간을 주려고 시작한 미술 활동이 예닐곱 살이 되면서 부모에게 '걱정'이 되는 경우가 많이 생기기 때문입니다. 따라서 본문으로 들어가기 전, 부모님들께 몇 가지 조언을 드리고자 합니다.

아이의 특성에 맞는 미술교육이 중요합니다

네 살 전후의 아이들에게 미술 활동은 아이가 말하고자 하는 것의 또 다른 언어이며, 이 시기는 아이들이 언어로 표현하지 못하는 내용들을 형태나 색으로 표현하려고 하는 시기입니다. 그래서 자기 표현을 구체적으로 하고 싶어 하는 네 살 전후의 아이들에게는 미술 활동이 매우 중요합니다. 미술 활동이 아이의 창의력에도 도움을 주고, 정서에도 많은 영향을 끼치기 때문입니다. 그래서 문화 센터나 미술 학원 등 '기관'에 가기 시작합니다. 하지만 '결과'에 치중하거나 수동적으로 따라 해야 하는 미술 활동을 시키는 경우가 많습니다. 그래서 이에 따른 부작용들이 나타나기도 합니다.

다섯 살인 소영이의 어머니는 소극적인 소영이가 조금이나마 적극적으로 바꾸기를 원해서 퍼포먼스를 하는 미술교육 기관에 데리고 갔습니다. 물감을 손에 묻혀 벽에 찍기 놀이를 하는데 역시나 소영이는 따라 하지 않고 머뭇거렸습니다. 어머니는 '우리 아이가 무슨 문제가 있나?' 하고 걱정하기 시작했습니다. 그리고 이러한 고민을 어떻게 해야 하는지 물었습니다.

이런 경우도 있었습니다. 네 살 보람이의 어머니는, 하나뿐인 아이인 보람이가 친구들과의 접촉이 부족한 것 같아 여러 친구들과 놀기도 하는 등 다양한 경험을 하게 해 주려고 문화 센터를 찾아갔습니다. 그날 프로그램은 '국수 놀이'였습니다. 국수를 부러뜨리기도 하고, 던지기도 하고, 큰 종이에 놓고 흔들면서 소리를 들어 보기도 하는 수업이었습니다. 수업을 진행하는 선생님이 아이들에게 "자, 선생님이 국수를 나누어 줄 테니 엄마랑 부러뜨리면서 놀아 보세요" 하고, 국수를 한 줌씩 나누어 주었습니다. 그리고 10분쯤 지나 "자, 이제 국수를 모아서 한쪽에 놓고 방 가운데로 와 모여 앉으세요"라고 했습니다. 어머니들이 아이의 국수 부러뜨리기를 멈추게 하고, 아이를 방 가운데로 곧장 데려갔습니다. 그런데 보람이는 방 한쪽 구석에서 계속 국수 부러뜨리기를 하고 있었습니다. 그 모습을 보고 어머니는 "으이그, 뭘 하고 있어? 어서 방 가운데로 가야지" 하고, 보람이의 엉덩이를 손으로 치면서 억지로 끌고 갔습니다.

소영이의 경우는, 아이가 관심 있어 하는 부분에 대해 먼저 물어보아야 합니다. 미술 활동은 아이를 바꿔 주는 것이 아닙니다.

하기 싫어하는 것을 억지로 하게 하는 것은 오히려 스트레스를 줄 뿐입니다. 아이가 싫어하는 부분을 억지로 시키기보다는 좋아하는 부분을 더 잘하게 해 주는 것이 중요합니다. 우선 아이가 좋아하는 부분을 발견하고 그것으로 자신감을 가지면, 스스로 부족한 부분에 대해 관심을 가지기 시작할 것입니다. 보람이의 경우, 아이가 좋아하는 것에 한창 몰두하고 있을 때 중간에 끊는 것은 아이의 정서나 두뇌 활동에 좋지 않습니다. 부득이 멈추게 해야 할 경우라면 "국수 부러뜨리기가 재미있니? 엄마가 이따 집에 가서 또 하게 해 줄게, 지금은 저쪽으로 가서 선생님 말씀을 들어 볼까?"라고 하는 것이 좋습니다.

이렇듯 아이들은 저마다 흥미 있어 하는 부분이 다릅니다. 이런 특성을 무시한 채 부모 생각에 아이를 맞추려고 하면 안 됩니다. 특히 미술 활동은 아이의 자기 표현을 도와주고 아이의 특성을 살려 자신감을 줄 수 있는 것이기 때문에, 더더욱 틀에 맞추는 것은 좋지 않습니다.

네 살 전후의 아이들은 하고 싶은 이야기들을 마음껏 해야 합니다

자기 아이를 창의적인 아이로 키우고 싶어서 시작한 미술 활동이 오히려 아이를 걱정스러워 보이게 하거나 수업의 흐름을 잘 따라가지 못하는 아이로 생각하도록 만드는 경우가 있습니다. 앞에서도 강조했듯이 자기 주장이 생기고 많은 생각을 하기 시작하는 네 살 전후의 아이들에게 꼭 해 주어야 하는 것들이 있습니다. 그것은 아이가 보고 느낀 것을 대화를 통해 '자신만의 생각'으로 만드는 습관을 들이게 하는 것입니다. 그리고 만들어진 생각들을 '언어'가 아닌 '그림 그리기'로, 혹은 '만들기'로 표현하게 해 주는 것입니다. 겉으로 보기에는 무엇을 그렸는지 알 수 없는 종이 한 장이지만, 그 안에는 아이가 언어로 표현할 수 없는 많은 감정과 이야기들이 담겨 있기 때문입니다. 미술 활동은 '언어'로는 할 수 없는 다양하고 복잡한 아이의 생각을 풍부하게 '표현'할 수 있는 좋은 도구입니다. 그리고 미술 활동은 '정답'이 없기 때문에 아이는 자연스럽게, 부담 없이 자신의 생각을 마음껏 펼칠 수 있습니다. 부모는 '미술 활동'을 통해 아이가 마음껏 이야기하게 해 주어야 합니다. 자기 생각을 잘 표현하는 아이가 여섯 살, 일곱 살이 되고 초등학교에 가서도 자기 주도적으로 스스로의 일을 해 나갈 수 있게 될 것입니다.

스스로 노력하는 창의적인 아이로 키우십시오

4~6세용에서는 아이들이 미술 활동을 통해 어떻게 자신의 생각을 펼쳐 나가는지, 또 그 과정에서 어떤 이야기를 하는지, 교사의 질문에 어떻게 반응하며 자신의 생각을 어떻게 표현하는지, 그리고 부모는 아이의 그림에서 무엇을 고민하고 어떻게 해결해 나가야 하는지를 구체적인 예로 설명해 놓았습니다. 이를 통해 네 살 전후의 많은 아이들이 미술 활동으로 자신의 이야기를 어떻게 표현하고 싶어 하는지를 알 수 있을 것입니다. 또한 걱정했던 아이

의 행동을 이해하고 도와줄 수 있는 지침을 얻을 수 있습니다. 처음에는 아이의 생각을 끌어내기가 어색하고 서투를지 모르지만, 조금만 노력하면 어렵지 않을 것입니다. 부모가 하기 힘들다면 미술 관련 기관의 도움을 받아도 좋습니다.

아이들이 생각을 펼치는 시기에 부모들은 아이가 보여 주는 결과를 쫓기보다는, 아이와 함께하는 '미술 활동'을 통해 이야기를 들어 주고 함께 대화해 주세요. 아이들은 자신의 생각을 표현하고 싶어 합니다. 그 수단이 언어일 수도 있고, 그림 그리기일 수도 있고, 조형 활동일 수도 있습니다. 자신을 표현할 수 있는 시간을 충분히 주고 함께 대화를 나누면, 아이는 부모가 생각하는 이상으로 훌륭하게 자라날 것입니다.

네 살 전후의 아이들은 사물에 호기심이 생겨 사물을 던지거나 부수는 등의 행동을 합니다. 그리고 물감을 집 안에 온통 묻히거나 옷을 더럽히는 경우도 많아요. 부모는 집 안이 어지러워질 것을 걱정해서, 또는 아이들이 다칠까 봐 아이들의 호기심이 담긴 행동들을 못 하게 하는 경우가 있습니다. 그런데 아이들은 자신의 행동을 통해 사물의 특성을 익힙니다. 물감을 손에 묻히거나 색을 섞으면서 그 변화를 눈으로 보기 시작하는데, 이럴 때 아이가 충분히 실험하고 변화를 눈으로 보아 경험할 수 있게 해 주는 것이 좋습니다. 이렇게 실컷 하는 단계를 지나 그림을 그리거나 만들기를 할 때에는 스스로 몸으로 익힌 방법들을 적용시켜요. 즉 '응용'을 하는 것입니다.

실컷 하게
해 주세요

자동차만 그릴래요

다섯 살인 호빈이는 자동차를 아주 좋아해서 자동차만 그리려고 합니다. 어머니가 "호빈아, 토끼 그려 볼까? 나무 그려 볼까? 엄마는 별 그린다" 하고 다른 것을 그리도록 유도하려 해도 늘 자동차만 그린다고 어머니는 걱정합니다. 호빈이는 학원에 와서도 처음에는 수업 주제와 상관없이 항상 자동차만 그렸습니다. 수업의 내용에는 관심도 없고, 몇 번을 계속 그렇게 자동차만 그리다가 집으로 돌아갔습니다. 대부분의 부모들은 호빈이처럼 아이가 매번 같은 것만 그리면 다른 것도 그려 보라며 재촉합니다. 그래도 아이는 자신이 좋아하는 것만 그리는 경우가 많습니다. 부모들은 아이가 처음으로 형태가 있는 것을 그리면 신기하고 대견해서

자동차를 그리는 호빈이

칭찬도 많이 해 주지만, 매번 같은 것만 그리게 되면 '또 같은 것을 그렸네. 다른 것도 그릴 수 있으면 좋을 텐데' 하고 아쉬워합니다. 그런데 실제로 아이에게 어떻게 도움을 주어야 하는지는 잘 모르는 경우가 많습니다. 자신이 그림을 전공하지 않았기에 그리는 방법을 가르쳐 줄 수도 없고, 아이가 다른 것은 도통 그리려고 하지 않는 상황에서는 고민만 될 뿐입니다. 이런 경우, 자동차 외에 다른 것을 그리게 해야 한다는 생각 때문에 부모가 조급해서는 절대 안 됩니다. 아이는 자신이 그리는 것을 부모가 싫어한다고 느끼면 자신감이 떨어지고, 심한 경우에는 부모 앞에서 그리는 것조차 하지 않을 수 있습니다. 아이가 좋아하는 것을 같이 좋아해 주고, 더 잘 그릴 수 있도록 좋아하는 사물에 대한 많은 자료들을 보여 주는 것이 좋습니다.

호빈이에게도 자동차를 못 그리게 하기보다는, 호빈이가 좋아하는 차를 더욱더 다양하게 잘 그릴 수 있도록 세계의 여러 가지 자동차 사진도 보여 주고, 미니 모형 자동차들도 건네주면서 매일 그리던 같은 모양의 자동차 외에 관심을 가질 수 있게 해 주었습니다. 미니 모형 자동차들을 직접 만져 보게 하고, 또 자동차 속에 있는 엔진과 여러 부속품들도 뜯어 보여 주었더니 호빈이는 눈을 반짝이며 관찰하기 시작했습니다. 자동차의 앞을 보고, 뒤를 보고, 뒤집어도 보면서 자동차가 어떻게 생겼는지 자세하게 관찰했습니다. 다음에는 미술 작품 속의 다양한 자동차 이미지들을 보여 주며 더 많은 자동차 이야기를 했습니다. 화가들이 자동차를 어떻게 그렸는지 보게 한 것입니다. 호빈이는 많은 자료들을 마치 스펀지가 물을 빨아들이듯이 하나하나 머릿속에 집어넣는 것 같았습니다. 선생님이 같이 사진을 보면서, "와아, 이 자동차는 정말 날씬하고 납작한데?"라고 자동차에 대한 느낌을 말하자, "세상에서 제일 빠른 포르셰니까요"라며 입으로 '슝!' 소리를 냈습니다. 그러면서 도화지에 바람 모습을 그렸습니다. 머릿속에 떠오른 빠른 포르셰의 모습을 그림으로 표현하고 싶었던 것입니다.

　매번 자동차밖에는 그리지 않던 호빈이의 그림에 자동차 외에 '바람'이라는 이미지가 더해졌습니다. 자신이 그린 포르셰 자동차가 빠르게 달리는 것처럼 보이는지 매우 만족해했습니다. 그리고 또 다른 자동차를 하나 더 그리고 싶어 했습니다. 종이를 주자 빨간색이 많이 있는 자동차를 그렸습니다. 선생님은 "어머나, 이

최호빈(5세)
⟨포르셰⟩
종이에 붓펜, 수채
27.2×39.4cm

차는 빨강이라서 만지면 정말 뜨거울 것 같아. 앗, 뜨거워!"라고, 호빈이가 그린 자동차를 만지며 뜨거운 흉내를 냈습니다. 그러자 "우리 엄마처럼 예쁜 엄마가 타는 차거든요. 엄마는 자동차가 너무 뜨거워서 절대로 만지지 않아요"라고 하면서, 빨간색 차 옆에 엄마를 그리고 빨강으로 색칠했습니다.

 이번에도 호빈이는 자동차 외에 다른 것을 그렸습니다. 이전 수업시간에 사람 그리는 방법을 설명했을 때에는 선생님의 말을 듣지도 않고 사람 그림을 보지도 않았습니다. 그런데 당시 호빈이는 안 듣는 척하며 듣고, 흘깃 보면서 기억했는지 근사하게 엄마의 모습을 그렸습니다. 호빈이는 다른 사물들 그리기를 싫어했다기보다는, 좋아하는 자동차를 실컷 그리고 싶었던 것입니다. 그

최호빈(5세)
〈빨간 자동차와 빨간 엄마〉
종이에 수채
27.2×39.4cm

리고 더 잘 그리고 싶어 자꾸 반복해 그리면서 연습을 한 것입니다. 평소에도 어른들이 모르는 자동차의 모양과 이름을 많이 기억하고 있었고, 그것들을 그림으로 표현하고 싶어 했습니다. 그런데 더 멋지게 또 더 다양하게 그릴 수 없었기 때문에 계속 반복해서 그리는 것밖에 할 수 없었던 것입니다. 하지만 선생님은 자신이 좋아하는 자동차 자료들을 같이 보면서 자동차에 대한 이야기를 나눌 수 있는 사람이고, 또한 자신이 좋아하는 자동차를 더 멋지게 그릴 수 있는 방법을 가르쳐 줄 수 있는 사람이라고 믿었습니다. 그래서 선생님이 자동차가 아닌 주제에 대해서 대화하려고 했을 때는 들은 척도 안 했지만, 이제 믿음이 생겼기 때문에 조금씩 변화를 보인 것입니다. 그리고 선생님의 이야기에 귀를 기울여 대화에 참여하기 시작했습니다. 호빈이가 그리는 자동차는 모양이 더욱 다양해지고 이야기가 조금씩 담겨졌습니다.

호빈이처럼 한 가지 소재만 계속 그리려고 할 때는 아이가 만족할 때까지 실컷 그리게 해 주는 것이 좋습니다. 처음에는 자신이 그리고 싶은 대로 그리게 내버려 두어야 합니다. 그리고 한참을 그리다가 다른 것을 그리고 싶다고 말할 때 적극적으로 자료들을 제시해 주어야 합니다. 혹시 아무런 말도 하지 않고 한 가지만 계속 그리는 시기가 길어지면 부모가 먼저 "호빈아, 우리 다른 모양의 자동차는 뭐가 있나 한번 찾아볼까?"라고 물어보세요. 그래서 아이가 다른 자동차를 보기 원한다면 이때 자료들을 제시해 주고, 아이가 "아니요, 다른 것은 안 그릴래요"라고 말하면 그냥 두는 것이 좋습니다. 아이가 자기 하고 싶은 대로 실컷 하기도 전에 부모들이 욕심 내서 너무 많은 자료들을 제시하면, 오히려 아이가 부담스러워할 수도 있습니다. 단, 자료를 아이에게 주고 그저 방치하지 말고, 여러 가지 자료를 함께 보면서 대화해야 합니다. 자동차의 부분 부분을 손으로 짚어 가며 "여기는 거울이 달렸네", "여기 봐, 호빈아. 이 자동차는 전에 본 자동차보다 바퀴가 크다. 이런 자동차는 어떤 사람들이 타면 좋을까?", "이 자동차 안에는 누가 있을까? 운전은 누가 하지? 호빈이의 자동차는 어디로 가고 있을까?", "자동차가 하늘을 날 수도 있나? 와, 그러면 구름도 새도 해님도 친구 할 수 있겠지?" 등, 자동차 외에 다른 사물들도 등장할 수 있도록 질문을 유도하는 것이 좋습니다. 그러면 아이는 즐거운 마음으로 상상할 것이고, 부모가 아이의 생각 속으로 먼저 들어가 이야기를 하면, 아이도 대화 속으로 들어오면서 이야기를 시작할 것입니다. 그리고 자신의 이야기를 그림으로 표현하기를 원할 것입니다.

조금씩 자동차 외에 다른 것들을 그리기 시작하면 "와, 사람을 옆에 그리니까 자동차가 더 멋져 보인다"와 같이 자동차가 주인공인 것처럼 칭찬해 주십시오. 그리고 "아주 잘 그렸네. 우리 아기 최고!"와 같은 맹목적인 칭찬보다는, "어제는 엄마가 운전하는 그림을 그렸는데, 오늘은 아빠가 운전하는 모습을 그렸네", "오늘 그린 자동차 바퀴는 전에 그린 자동차 바퀴보다 훨씬 크네. 엄마는 오늘 그린 바퀴가 더 멋져 보인다"와 같이 어느 부분을 잘 그렸는지, 어제 그림과는 어떤 부분을 다르게 그렸는지 등 구체적인 부분을 칭찬해 주는 것이 좋습니다.

미니 모형 자동차로도 엄마와 재미있는 미술 수업을 할 수 있어요

자동차를 좋아하는 아이들은 집에 작은 모형 자동차가 몇 대쯤 있을 거예요. 이 모형 자동차를 디지털 카메라로 찍어서 미술 수업을 할 수 있어요. 모형 자동차를 한 대씩 찍어도 되고, 여러 대를 모아 놓고 찍어도 돼요. 아이에게 자동차를 마음대로 배열하게 해 보세요. 배열한 자동차를 아이와 함께 디지털 카메라로 사진을 찍어요. 옆모습, 앞모습, 위에서 본 모습 등 각도를 다양하게 해서 사진을 찍으세요. 다 찍은 사진을 컴퓨터로 가져와서 프린트를 합니다. 프린터가 없을 경우에는 그림판으로 파일을 가져와서 아이에게 여러 가지 툴로 꾸미게 해 보세요. 이 수업은 아이가 자동차를 여러 각도에서 보았을 때 어떤 모양으로 보이는지 알 수 있게 해 주는 수업이에요. 프린트를 했다면 자동차를 한 대씩 오려 주세요. 그리고 아이와 함께 빈 도화지에 길을 그리고 신호등도 그리면서, 부모님과 손잡고 걸어갔던 길의 모습을 기억하며 꾸미세요. 그리고 오려 놓은 자동차들을 아이가 원하는 위치에 붙여 길을 완성해 주세요. 자동차를 좋아하는 아이에게는 아주 재미있는 수업이 될 수 있어요. 미니 모형 자동차가 없다면, 인터넷으로 자동차 이미지들을 찾아서 할 수도 있어요.

물감 섞기만 할래요

네 살인 민재는 오늘 처음 미술 학원에 왔습니다. 민재 어머니는 "민재가 너무 물감을 좋아해 집 안을 온통 물감으로 칠해 놓는데, 좋아하는 물감 놀이를 실컷 하게 해 주셨으면 좋겠어요. 집에서는 도저히 그렇게 하지 못하겠어요"라고 부탁했습니다. 많은 아이들이 물감 놀이를 좋아합니다. 손에 묻히고 종이에 찍다 보면 어느새 집 안이 온통 엉망이 되곤 합니다. 아이가 좋아하는 물감 놀이를 계속 하게 해 주고 싶지만, 어지럽혀진 집 안을 보면 또 물감 놀이를 시키는 것이 엄두가 나지 않습니다. 그래서 "우리, 물감 놀이 말고 다른 것 해 볼까?" 하고 다른 놀이를 하도록 유도했습니다. 아니나 다를까, 민재는 종이와 물감을 받자마자 손에 물감을 묻혀 종이 여기저기를 칠하기 시작했습니다. 그런데 칠하다 말고 갑자기 손을 물통 속에 넣었습니다. 마치 물감이 묻은 붓을 물통에서 씻듯이 손을 넣어 마구 휘젓기 시작했습니다. 손을 물통에 넣었다 빼자 손끝에서 좀 전에 묻었던 물감 색의 물이 뚝뚝 떨어졌는데, 민재는 그것을 신기한 듯 보고 있었습니다. 그리고 "선생님, 내 손에서 색깔 물이 나와요!"라고 말하며 즐거워했습니다. 손을 담갔다 뺀 물통의 주위는 온통 엉망이 되었습니다. 민재는 다른 색의 물감을 가지고 와서 또 손에 묻히며 놀기 시작했습니다. 선생님으로서는 아이가 학원에 와 너무 놀다만 가서 미안한 생각이 들 정도였습니다. 그렇게 민재는 열 번 가까이 학원에 와서 물감 놀이만 했습니다. 선생님은 "민재 어머니, 민재가 학원에 와 너무 물감 놀이만 해서 어쩌죠?"라고 했더니, 어머니는 "아니요, 제가 너무 물감 놀이만 하게 해 달라고 해서 죄송한걸요. 학원의 수업 계획이 따로 있을 텐데요……" 하고, 오히려 더 미안해했습니다.

 민재는 물감 놀이를 실컷 하더니 갑자기 방을 여기저기 둘러보다가 나무 상자를 하나 가져와 "선생님, 여기에다 물감을 칠해 봐도 돼요?"라고 물었습니다. 이제 물감을 다른 곳에 칠하고 싶어 한 것입니다. 민재는 '종이'를 벗어나, 물감으로 칠할 수 있는 다른 재료들을 원하기 시작했습니다. 며칠 후, 민재가 스스로 또 다른 재미를 찾게 하려고 선생님은 물감 놀이를 하는 주위에 크레파스, 색연필 등 다른 색칠 도구들을 놓아 두었습니다. 민재는 물감

김민재(4세)
캔버스에 아크릴, 콜라주
45.5×53cm
물감 놀이를 하면서 그린 그림

민재가 손에 물감을
묻히면서 물감 놀이를
하는 모습

민재가 색연필로 그림을
그리는 모습

놀이를 하다가 옆에 놓인 색연필을 보았습니다. 그리고 갑자기 녹색 색연필을 집어 들더니 종이에 칠하기 시작했습니다. 색연필을 종이에 칠하더니, "선생님, 이것도 색이 나와요!" 하고 신기해했습니다. 물감에서만 색이 나오는 줄 알고 있었나 봅니다.

그 후로 민재는 수업 시간에 물감을 먼저 찾지 않고, 다른 재료들을 탐색하기 시작했습니다. 학원에 오면 재료장의 문을 열고 색을 칠할 다른 도구들은 없는지 찾았고, 색이 나오는지 안 나오는지 신기한 재료들을 종이에 문질러 보며 실험했습니다. 파스텔, 색연필, 연필 등 색이 나오는 모든 것들을 써 보면서 탐색하는 것이 즐거워 보였습니다. 석 달이 지난 후에 민재는 놀라운 변화를 보였습니다. 형태가 있는 것들을 그리고 싶어 하는 것이었습니다. "선생님, 나무는 어떻게 생겼어요?"라고 묻기도 하고 "선생님, 엄마를 그리고 싶어요"라고 말하기도 했습니다. 민재는 지금까지 색이 나오는 재료들에만 흥미가 있고 전혀 다른 것을 그리려고 하지 않았는데, 이제 형태가 있는 것들을 그리고 싶었나 봅니다. 그래서 선생님은 다양한 나무의 사진을 보여 주고, 민재와 함께 두꺼운 종이 판자(우드락)로 나무를 만들어 보기로 했습니다. 민재가 스스로 만들고 싶어 하는 것이 생긴 것입니다. 나무의 가장 굵은 기둥을 먼저 만들고, 그 다음에 작은 조각들로 잔가지들을 만들었습니다. 아직 어려 가위질이 서투르기에 그린 형태를 선생님이 오려 주었습니다. 민재는 색종이를 가위로 자르거나 손으로 찢어 잎을 만들어 나뭇가지에 붙였습니다. 그리고 나무 기둥은 제일 좋아하는 물감으로 칠했습니다.

　물감 놀이만 즐기던 민재는 이제 엄마도 그리고 싶어 하고 아빠도 그리고 싶어 합니다. 그리고 그림에 글자와 숫자도 쓰고 싶어 하고, 양치질하는 모습도 그리고 싶어 합니다. 이제는 미술을 통해서 자신이 무엇을 하고 싶어 하는지 스스로 찾는 아이가 되었습니다. 물감 놀이만 할 것 같았던 민재가 색에 관심을 갖게 되었고, 색이 나오는 재료들을 탐색하여 그 특징들을 탐구했습니다. 나아가 이제 '형태'에 색을 적용시키게 된 것입니다. 스스로 그림

민재가 종이 판자로 나무를 만드는 모습　　민재가 물감으로 나무를 칠하는 모습

을 그리든 만들기를 하든, 자신이 원하는 재료와 색으로 표현합니다. 네 살 아이 같지 않게 자신이 표현하고자 하는 색과 재료를 명확히 말하게 되었습니다.

  좋아하는 것을 실컷 하게 되면, 그것 외에 또 무엇이 있는지 호기심을 가지고 찾게 됩니다. 그런데 많은 부모들이 아이가 무엇인가를 실컷 할 시간을 주지 못하는 경우가 많습니다. 아이가 방 한쪽 구석에서 혼자 오랜 시간 종이 한 장을 가지고 조몰락거리고 있으면, 부모는 아이가 왠지 측은해 보인다고 느낍니다. 그래서 '내가 안 놀아 주어 혼자 구석에서 노는 것은 아닐까?' 하여, "뭐 하니? 엄마랑 소꿉놀이 할까? 아니면 밖에 나갈까?" 하고, 아이의 놀이를 방해하기도 합니다. 아이들은 무엇인가를 실컷 하면서 많은 것을 배웁니다. 민재처럼 물감 놀이를 실컷 하면서 물감의 특성을 파악할 수 있고, 나중에 응용을 할 수도 있게 됩니다. 어른들이 보기에 쓸데없는 일을 하더라도 절대 간섭하거나 미리 해 주면 안 됩니다. 아이 스스로 가지고 노는 재료의 특성을 충분히 파악할 수 있게 시간을 주세요.

  어머니는 민재가 스스로 그 방법을 찾을 수 있게 도와주었습니다. 학원에서 매일 똑같은 물감 놀이만 하는 행동을 인정해 주고 실컷 하게 해 준 것이 민재를 스스로 발전하는 주도적인 아이로 만든 것입니다. 대부분의 부모들은 아이를 학원에 보내면서 선생님이 아이가 좋아하는 것을 시키기보다는 아이에게 부족한 부분을 보완해 주기를 바랍니다. 하지만 아이의 부족한 부분을 보완해 주는 것보다 좋아하는 것을 인정해 주고 더 잘할 수 있게 해 주는 것이 먼저입니다. 그러다 보면 아이도 스스로 부족한 부분을 잘하려고 노력할 것입니다. 만약에 어머니가 "우리 민재가 너무 물감 놀이만 좋아하고, 도통 그리기를 하려고 하지 않아요. 그리기 좀 할 수 있게 해 주세요"라고 했다면, 민재는 물감 놀이를 못 하게 되어서 스트레스를 받았을지도 모릅니다. 그리기를 더욱더 안 하려고 했을 수도 있습니다.

아이들은 자라면서 좋아하는 것들이 수시로 변합니다. 로봇을 좋아하다가도 비행기를 좋아하고, 또 얼마 지나지 않아 다른 것을 좋아하게 될 수도 있습니다. 그럴 때 아이가 실컷 좋아할 수 있는 시간을 주세요. 네 살 전후의 아이들은 아직 시간이 충분합니다. 아이가 초등학교에 가면, 충분히 즐길 수 있는 시간을 주기가 힘들 수도 있습니다. 아이가 무엇인가에 집중해서 실험하고 있다면, 아이의 신경이 분산되지 않도록 뒤에서 가만히 지켜 보세요. 그리고 놀이를 마친 후에 아이가 다가오면 손을 잡고 가서 한 것에 대해 이야기를 나누세요. "우리 민재, 뭐 했어? 재미있었어? 이번에는 엄마랑 같이 해 볼까?"라며 대화하는 것이 좋습니다. 아이가 엄마와 같이 하고 싶어 하면 열심히 놀아 주면 됩니다. 네다섯 살 때 자신이 좋아하는 것을 실컷 즐긴 아이들은 일곱 살, 여덟 살, 혹은 성인이 되어서도 스스로 판단하고 노력할 수 있는 사람으로 성장할 것입니다.

시각적 자극을 주세요

네 살 전후의 나이는 사물과 시각적 이미지에 대한 호기심이 매우 왕성해지는 시기예요. 아이들은 색을 통해서 자신이 알고 있는 이미지를 떠올리기도 하고 슬픔, 기쁨 등과 같은 감성을 느끼게 돼요. 그래서 시각적 자극을 통해 연상력도 키워지고 상상력도 풍부해져요. 가능한 한 자연의 색을 보여 주는 것이 좋습니다. 장난감이나 집 안에 있는 사물들은 대부분 몇 안 되는 색들로 되어 있지만 자연은 풍부한 색을 가지고 있기 때문입니다. 나무를 보면서도, 꽃을 보면서도 아이들과 색에 대해 이야기해 보세요. 공원에 가서도 나무와 풀, 물 등의 자연을 보면서 색 찾기 놀이를 하는 것도 아주 좋아요.

내가 그린 동그라미는 코끼리예요

곧 다섯 살이 되는 민지는 처음으로 '학원'에 온 아이입니다. 민지 어머니는 민지가 집에서 전혀 그림 그리기를 하지 않아 잘할 수 있을지 모르겠다고, 조금 걱정스럽게 말했습니다. 민지 어머니처럼 유치원이 아닌 곳에서 무언가를 배우기 시작한 아이들의 부모는 아이가 잘할 수 있을지에 대한 걱정과 아이가 많은 것을 배우고 빨리 발전할 수 있을 것이란 기대를 동시에 하게 됩니다. 처음 그림을 배우러 온 아이들에게 흥미를 끌 수 있는 '동물'에 대한 이야기를 시작했습니다. 물론 동물의 형태를 그리기보다는 어떤 동물들을 보았는지, 어떤 동물들을 좋아하는지 등 동물들에 대해서 같이 이야기를 나누고, 어떻게 그리면 좋을지 함께 생각하는 시간이었습니다. 선생님이 민지와 친구들에게 "애들아, 너희들 동물 본 적 있니?"라고 물었습니다. 동물원에 가 본 아이들은 "네, 사자도 보고 곰도 보고 악어도 봤어요"라고 자랑하기도 하고, "선생님, 하마는 물속에서 안 나왔어요"라고 당시 상황을 이야기하기도 했습니다. 그림을 그리기 전에 아이들과 주제에 대한 이야기를 나누는 것은 아주 중요합니다. 아이들과 주제에 관련된 이야기를 자유롭게 하면, 어떤 그림 수업을 할지 목적을 가질 수 있기 때문입니다. 이야기를 나눈 후에 본격적으로 자료를 보면서 다시 이야기를 했습니다. "그럼 우리가 본 동물들이 어떻게 생겼는지 다시 한 번 볼까?" 하고, 동물 사진들을 보여 주었습니다. 기린은 목이 긴지 짧은지, 몸은 네모 모양과 비슷한지 세모 모양과 비슷한지 살펴보면서 여러 동물들을 관찰했습니다. 네 살 무렵의 아이들은 동물들의 복잡한 생김새를 자세히 보는 것이 어렵습니다. 그래서 이 또래 아이들에게는 길고 짧음, 네모, 동그라미, 긴 동그라미, 울퉁불퉁 동그라미, 긴 세모 등과 같이 기본 도형에서 약간 변형된 형태로 인식하게 하는 것이 쉽습니다. 그래야 아이들도 관찰하는 것에 부담을 느끼지 않게 됩니다.

   동물들을 관찰하고 나서 각자 그리고 싶은 동물들을 정하게 했습니다. 민지는 코끼리를 그리고 싶다고 했습니다. "민지야, 코끼리가 그리고 싶어? 그럼 코끼리 몸부터 그려 볼까? 코끼리 몸은 동그란 것 같아? 아니면 네모난 것 같아?"라며, 아이가 이해하기 쉬운 단어들(동그라미, 네모, 세모 등)로 정하게 했습니다. 민지는

"동그라미 같아요"라며 종이에 큰 동그라미를 그리기 시작했습니다. 그런데 코끼리의 꼬리, 머리와 모든 것을 동그라미로 표현했습니다. 잠시 후 "근데 호랑이는 세모예요"라고 하며, 세모 모양의 호랑이를 그렸습니다. 민지에게는 호랑이가 세모 모양으로 보이나 봅니다. 선생님은 "아, 그렇구나" 하면서 민지의 말에 반응해 주었습니다. 아래 그림은 민지가 그린 코끼리와 호랑이입니다.

민지는 자신이 동물을 그렸다는 것에 매우 흡족해했습니다. 수업이 끝나고 어머니는 민지가 그린 그림을 보고 의아하다는 표정을 지었습니다. "선생님의 설명을 들으면 민지가 뭘 했는지 알 수 있는데, 그냥 봐서는 전혀 알 수가 없어요. 다 동그라미만 그려 놓고……." 선생님은 "아이가 무언가를 그리려고 하는 것이 시작이에요. 어른들이 시켜서가 아니라, 대화를 나누며 '나는 코끼리를 그리고 싶어'처럼, 자신이 하고 싶은 것을 찾는 것이 시작이에요.

정민지(5세) 〈코끼리〉
A4 용지에 연필 19.8×29.7cm

정민지(5세) 〈호랑이〉
A4 용지에 연필 19.8×29.7cm

한 단계씩 발전하는 거예요. 동그라미 그리는 행위 없이 사자의 모양을 그릴 수는 없어요"라고 말했습니다. 어머니는 선생님의 말에 동의하면서도 뭔가 아쉬운 표정을 지었습니다. 하지만 선생님과 민지를 믿고, 민지가 부담 없이 그림 수업을 즐길 수 있도록 여유를 가져 보기로 했습니다. 그 후로 6개월이 지났습니다. 동그라미만 그리던 민지가 6개월간 어떻게 변했을까요? 아래는 민지가 그린 사람들입니다.

처음에는 사람의 눈, 코, 입도 그리기 힘들었는데, 이제는 사람의 모습이 잘 표현되었습니다. 민지는 아주 기초부터 시작했기 때문에 발전 단계를 눈으로 확인할 수 있었던 것입니다. 동그라미만 그리던 민지가 서서히 변해 가는 모습을 보면서 어머니는 천천히 과정을 밟아 가는 것의 중요성을 알게 되었습니다.

정민지(5세) 〈사람〉
종이에 사인펜 7×5cm

정민지(5세) 〈사람〉
종이에 사인펜 15×5cm

정민지(5세) 〈사람〉
종이에 사인펜 8×5cm

많은 부모들이 아이가 미술 학원에 가면 그림 실력이 빠르게 발전할 수 있을 것이라고 생각합니다. 하지만 아이들에게 무리한 발전을 요구하면, 아이들은 미술 활동뿐 아니라 생활에서도 스트레스를 받아 역효과가 나타날 수 있습니다. 네 살 무렵의 아이들에게는 무엇을 좋아하는지, 무엇이 궁금한지에 대해 물어 보고, 아이가 원하는 것을 잘할 수 있도록 도와주는 것이 중요합니다. 부모나 교사가 머릿속에 그려 놓은 계획에 아이가 따라가는 것이 아니라, 아이가 하고 싶은 대로 계획을 짤 수 있게 도와주고, 그 계획을 잘 실행할 수 있게 뒤에서 보조해 주어야 합니다. 민지 어머니는 6개월 동안 조급한 마음이 들었을 수도 있지만, 아이가 하고 싶은 것을 실컷 할 수 있게 기다려 주었기 때문에 민지는 즐거운 마음으로 그림을 그리면서 실력이 늘었던 것입니다.

어른의 관점에서 생각하지 마세요

난화기(낙서하듯 선을 무질서하게 그리는 시기)의 연령이 지났음에도 발달 정도의 차이 때문에 난화기의 특징이 보이는 그림을 그리는 경우도 있어요. 동그라미를 계속 그린다거나 무의미한 선을 그리죠. 그런 아이에게 무엇을 그렸는지 계속 질문하지 마세요. 무의미하게 그린 그림을 어른의 관점으로 해석하여 '무언가를 나타낸 것일 거야'라고 생각하는 것은 좋지 않습니다. 난화기의 시기를 충분히 자유롭게 겪고 나가지 않았을 경우 아이는 자신감이 떨어지게 되고 남의 것을 모방하려고 하게 돼요. 특히 형태가 나오지 않는다고 해서 형태가 그려진 그림 연습 책을 시킨다거나 점을 따라 그리는 것을 억지로 시키는 것은 더욱 좋지 않아요. 아이가 자신감을 가지도록 격려해 주고 무엇인가를 그려내야 한다는 부담을 가지지 않고 자유롭게 실컷 즐기게 해 주세요.

● 좀 더 자세히 알아볼까요?

로웬펠드V. Lowenfeld의 이론

어린이의 그림 표현이 어떻게 발달해 가는지에 대해 많은 사람들이 연구를 했습니다. 로웬펠드는 그중 대표적인 인물로 아동의 미술 표현 발달을 여섯 단계로 설명하고 있습니다. 로웬펠드는 어린이가 성장할 때 특정 단계로 나아가기 위해서는 반드시 그 전 단계를 거쳐야 함을 강조했습니다.

❶ **난화기(2-4세)** 이 시기는 아무런 목적의식 없이 선의 형태로 낙서를 하는 단계입니다. 흔히 '낙서기'라고도 합니다. 손에 잡히는 대로 그리며 선의 형태는 수평선, 수직선, 혼합형, 원형의 순으로 발달합니다.

❷ **전도식기(4-7세)** 난화기 때와는 달리 목적의식을 가지게 되며 그것을 표현하는 과정으로 변하게 됩니다. 사람의 모습은 대개 머리는 원으로, 팔과 다리는 긴 선으로 표현합니다. 색을 구별하고 좋아하는 색이 생깁니다. 대상의 색채와는 무관하게 자신이 칠하고 싶은 색을 칠하기도 합니다. 그리고 이 시기에는 본 것보다는 아는 것을 표현하려고 하는 점이 특징입니다.

❸ **도식기(7-9세)** 사물을 거의 다 표현할 수 있고 주관적이며 감각적인 표현이 가능합니다.

❹ **또래집단기(9-11세)** 눈에 보이는 사물과 현상을 그대로 묘사하려고 합니다. 객관적이고 합리적으로 생각하며 그림 표현 또한 사실적인 묘사에 치중합니다.

❺ **의사실기(11-13세)** 사실적으로 그리려는 현상이 강하게 나타납니다.

❻ **결정기(13-17세)** 사실적인 표현과 감성적 표현, 정서적인 표현이 균형을 이루어 자신만의 개성이 담긴 그림을 그리게 되는 시기입니다.

물론 요즘 아이들은 성장 속도도 빠르고 똑똑해져서 로웬펠드의 이론에서 주장하는 연령보다는 많이 앞당겨졌습니다. 중요한 것은 아무리 똑똑한 아이더라도 반드시 거쳐 가는 발달의 단계가 있다는 것입니다. 개인차로 인해 단계에 머무는 시간에서 차이가 날 뿐입니다.

검은색을 쓰면 안 되나요?

여섯 살인 지훈이는 평소에 검은색을 자주 쓰는 편입니다. 오른쪽은 지훈이가 그린 수영장 그림입니다. 여름에 가족들과 수영장에 가서 재미있게 노는 장면을 그린 것입니다. 언뜻 보기에는 수영장인지 잘 모르게 배경을 온통 검은색으로 칠했습니다. 지훈이는 요즘 들어 부쩍 검은색을 자주 씁니다. 최근에 친구들과 날씨에 관련된 그림 그리기 수업을 했습니다. 눈 오는 날, 비 오는 날, 바람 부는 날 등 날씨 이야기를 나누고 자신이 좋아하는 날씨에 대해 그림을 그렸는데, 지훈이는 친구들과 낮에 놀 때 너무 더워서 땀이 나는 모습을 그리고 싶다고 했습니다. 그런데 분명히 낮을 그린다고 했는데 검은색으로 하늘을 칠하기에 물었습니다. "지훈아, 하늘

김지훈(6세) 〈수영장〉
종이에 수채
27.2×39.4cm

이 까만데, 비 오는 날이야?" 지훈이는 "아니요, 비가 안 오고 해가 쨍쨍한 날이에요"라고 대답했습니다. "그런데 왜 검은색으로 칠했어?"라고 물었더니 "그냥 검은색이 좋아서요"라고 했습니다. "지훈이는 정말 검은색을 좋아하는구나"라고 검은색에 대해서 긍정적으로 말해 주자, 지훈이는 갑자기 선생님의 얼굴을 쳐다보며 "선생님은 제가 검은색을 쓰는 게 좋아요?"라고 물었습니다. 그리고 "우리 엄마는 내가 검은색을 쓰면 싫어하는데……"라고 말끝을 흐리며 검은색 칠하기를 계속했습니다. 옆의 친구가 "나도 검은색 좋아하는데, 우리 엄마는 나한테 아무 말도 안 하던데"라고 하자, 지훈이는 들은 척도 하지 않고 계속 검은색을 칠했습니다.

다음 페이지의 그림은 지훈이가 수업 시간에 그린 태풍이 부는 날씨입니다. 오른쪽에 회색으로 태풍을 그리고, 태풍 때문에 자동차들이 날아가는 모습을 그린 것입니다. 수업이 끝나고 어머니들

김지훈(6세) 〈태풍〉
종이에 수채
27.2×39.4cm

이 아이들의 그림을 보러 왔습니다. 지훈이 어머니는 그림을 보자마자 "어머, 애가 또 검은색만 썼네. 지훈이가 너무 검은색만 써서 집에서는 검은색을 숨겨 놓기도 해요"라고 고민하듯이 말했습니다. 옆에 있던 다른 어머니들은 "뭐, 어때요? 우리 애도 썼는데……"라며 아무렇지 않다는 듯이 말했습니다. 지훈이 어머니는 "우리 애가 형태는 잘 그리는데 늘 검은색으로 칠하니까 다 망쳐 버리잖아요. 기껏 잘 그려 놓고 망치니까 그렇죠. 그리고 검은색을 쓰면 심리적으로 음침하고 뭐, 그렇다잖아요"라며 걱정했습니다. 어머니는 색으로 심리를 알아볼 수 있는 이론을 언젠가 보았던 것 같습니다. 그래서 유난히 검은색을 쓰는 지훈이가 혹시 심리적으로 문제가 있을까 봐 걱정한 것 같습니다. 지훈이 어머니처럼 검은색 때문에 조금은 고민하는 부모들이 있을 것입니다. 자신의 아이가 밝게 자랐으면 하는 마음은 같으니까요.

지훈이의 경우는, 집에서 검은색을 못 쓰게 하기 때문에 학원에서 실컷 쓰고 싶어 했던 것입니다. 집에서는 자신이 쓰고 싶은 검은색을 어머니가 숨겨서 심술을 냈고 그러자 어머니는 더욱더 검은색을 못 쓰게 하는 악순환이 반복되었죠. 선생님은 그런 지훈이의 마음을 알고, 이유 없이 검은색을 쓰더라도 나무라지 않았습니다. 그래서 지훈이 어머니에게 "학원에서까지 검은색을 못 쓰게 하면 엄청난 스트레스를 받아 심술을 부릴 수 있어요. 학원에서는 지훈이가 검은색을 쓸 수 있게 하려고 해요. 지훈이도 검은색을 자신이 원하는 만큼 쓰고 나면 덜 쓰게 될 거예요. 또 옆의 친구들이 쓰는 다양한 색들을 보면서 스스로 깨달을 거예요. 지훈이에게 조금만 시간을 주세요"라고 했습니다. 그리고 몇 주 뒤, 지훈이 어머니가 병원에 입원하게 되어서 학원에 있는 지훈이를 한 달 동안 데리러 올 수 없게 되었습니다. 어느 날, 지훈이가 여느 때와 마찬가지로 그림의 배경을 검은색으로 칠하면서 말했습니다. "선생님, 오늘 그린 그림은 엄마 갖다 줄 거예요. 엄마가 지금 아파서 병원에 있거든요. 근데 엄마는 검은색을 싫어하니까 예쁘게 칠해야겠어요. 그러니까 분홍색을 주세요" 하고, 검은색으로 칠한 바탕 위를 밝은 물감으로 꾸미기 시작했습니다. 선생님은 지훈이의 말에 기쁘기도 하고 안쓰럽기도 했습니다. 지훈이는 이미 오래 전부터 자신이 검은색을 쓰는 것을 엄마가 싫어한다는 사실을 인식하고 있었던 것 같았습니다. 단지 검은색을 쓰지 못 하게 한다는 데에 반항한 것일 수도 있다고 생각했습니다. 그러다 보니 검은색을 지금처럼 좋아하지 않았는데도 쓰지 못 한다는 것 때문에 더욱 집착했고, 지금은 검은색을 아주 좋아하는 아이가 되었을 수도 있습니다. 나이는 어리지만 속은 어른이 된 것 같았습니다.

지훈이가 엄마를 위해 그린 그림에서는 분홍색으로 하트 모양의 꽃을 그렸습니다. 그리고 엄마의 병실에 걸 수 있도록 노랑, 분홍, 파란색으로 점을 찍어 예쁘게 장식까지 했습니다. 지훈이는 완성한 그림을 가지고 가면서 행복해했습니다. 엄마가 좋아해 줄 것이라는 생각으로 들떠서 가는 지훈이에게 힘내라며 어깨를 토닥여 주었습니다. 아이들에게 엄마는 자신을 가장 사랑해 주는 존재입니다. 그런 엄마가 자신이 좋아하는 것을 할 때 걱정하거나 싫어하는 모습을 보면, 아이는 속상하고 힘들어합니다. 아이들은 자신의 기분을 짜증과 반항으로 표현하기도 합니다. 그럼 엄마들은 아이를 혼내게 되고, 아이는 혼내는 엄마에게 또 소리를 지르거나 심술을 부립니다. 악순환이 계속되는 것입니다. 매번 검은색만 쓰는 아이에게 부모는 "어머, 또 검은색을 썼구나. 멋지다"보다는 "아이구, 또 검은색을 썼어? 다른 색도 좀 써 봐"라고 반응하게 됩니다. 만약 아이가 매번 하늘을 하늘색으로만 칠한다면 검

김지훈(6세)
캔버스에 아크릴
45.5×53cm
엄마를 위해 그린 그림

은색을 썼을 때처럼 다른 색을 쓰라고 했을까요? 아마도 '검은색'이 가지고 있는 안 좋은 의미 때문일 것입니다. 미술 심리 치료에서는 검은색을 좋아하는 아이들을 '심리적으로 공격적인 성향도 있고 정서 행동에 결함이 있고 공포와 압박감을 가지고 있다. 또한 자유로운 감정의 흐름이 부족하다'고 판단합니다. 하지만 친구들과 잘 놀고 치료하고는 거리가 먼 지훈이를 단지 검은색을 좋아한다고 해서 너무 좋지 않은 쪽으로 보는 것은 잘못입니다. 지훈이는 미술 시간에 재미있는 이야기도 많이 하고 가끔은 좋은 아이디어도 낼 수 있는 아주 똑똑한 아이이기 때문입니다.

지훈이 어머니의 경우는 이론에 너무 편중한 나머지 가장 중요한 자신의 아이를 인정하고 존중해 주지 못했습니다. 이렇듯 '검은색'에 민감한 반응을 보이는 부모들이 간혹 있습니다. 우선 부모가 '이론'을 너무 맹신하는 것은 좋지 않고, 스스로 조급함을 버리고 여유를 가지는 것이 좋습니다. 아이들은 검은색을 좋아하다가도 언제 검은색을 좋아했냐는 듯이 파란색을 좋아하게 되는 경우도 많습니다. 남자 아이의 경우, 자신이 가장 좋아하고 멋지게 보이는 사물이나 만화 주인공이 검은색일 경우 일시적으로 검은색을 좋아하기도 합니다. 부모가 조금만 여유를 가지고 기다려 주면 자연스럽게 여러 가지 색에 관심을 가지고 다양하게 표현할 것입니다. 아이를 조절하기 힘든 경우에는 학원의 도움을 받아도 괜찮습니다. 아이의 생각을 존중해 주고 발전시켜 줄 수 있는 학원이라면, 아이에게 많은 도움이 될 수 있습니다.

이론은 이론일 뿐입니다

요즘 어린아이를 둔 부모들은 이전 세대보다 교육 수준도 높고 아이들의 교육에 대한 지식과 정보들도 훨씬 많이 알고 있습니다. 아는 것이 많다 보니 아이들에 대한 걱정이 많이 생기는 것도 사실입니다. 하지만 모든 지식을 다 떠나서 아이를 가장 잘 알고 있는 것은 부모입니다. 그리고 '이론'이라는 것이 모든 아이들에게 다 적용되는 것은 아닙니다. 때로는 아이에 대한 사랑이 크다 보니 걱정을 지나치게 하기도 합니다. 부모가 아이를 걱정스럽게 보면, 아이는 절대 행복하게 자랄 수 없습니다. 혹시나 아이가 걱정스러운 행동을 한다면, 아이와 편안히 대화를 먼저 해 보는 것이 좋습니다. 부모 자신이 아이의 입장이 된 것처럼 대화해야지, 아이의 행동에 대한 원인을 캐내겠다는 마음가짐으로 대화하는 것은 금물입니다. '이론'은 분명 정확한 부분이 있습니다. 그러나 아이의 상태를 파악하는 데 참고적인 부분이 될 뿐 전부를 파악할 수는 없습니다. 아이에게 걱정이 되는 부분이 보이면, 탓하기 전에 원인이 되는 것이 무엇인지 아이와 대화를 하여 발견하는 현명한 부모가 되길 바랍니다.

> 선생님의 한마디

아이들과 함께하는 미술 놀이에 좋은
재료의 특성과 활용법

☆ 크레파스와 크레용

크레파스는 다소 딱딱해서 손힘이 약한 아이들에게는 사용하기 조금 힘들 수 있어요. 아이가 크레파스로 색을 칠하지 않는다고 억지로 색칠하기를 시키지 말고, 아이에게 물어보세요. "크레파스로 색칠하는 게 좀 힘드니?"라고 물어 아이가 손이 아프다고 하면 다른 방법들을 알려 주세요. 크레파스를 싸고 있는 종이 껍질을 벗겨 눕혀서 칠해 보기도 하고, 두 가지 색을 섞어 칠하게도 해 보세요. 크레파스를 세워 톡톡 찍어 보기도 하면서 아이와 재료를 탐색하는 시간을 가져 보세요. 참, 크레파스는 파랑이나 검정 등, 색이 있는 것을 먼저 종이에 칠하고 그 위에 흰색을 섞어 칠하면 연한 파스텔 색이 나와요. 흰색을 먼저 칠하면 잘 안 돼요. 그런데 세 가지 이상의 색을 섞으면 탁하게 변해요. 색을 섞는 것을 좋아하는 아이들에게는 크레용보다 크레파스가 좋아요. 크레용은 크레파스에 비해 덜 빡빡하고, 약간 색연필 같은 느낌이 나며, 크레파스에 비해 색이 연하게 나옵니다. 크레파스처럼 혼색이 잘 되지 않고, 손에 묻지 않아요. 손에 묻는 것을 싫어하는 아이에게는 크레파스보다 크레용이 더 좋아요.

☆ 색연필

처음으로 연필 같은 도구를 쥐고 그림을 그리는 3, 4세 아이들에게는 크레파스보다 색연필이 좋아요. 색연필은 두께가 얇아 쥐기에 편해요. 요즘은 길이가 짧게 나온 색연필이 있는데, 아직 손힘이 약한 아이들에게는 가볍게 쥘 수 있는 것이 좋아요. 그리고 색연필은 섬세한 부분까지 표현할 수 있어서 사물을 작게 그리는 아이나 세밀하고 자세히 그리는 아이에게 적합한 재료예요. 색연필도 수성과 유성이 있는데, 흔하게 쓰는 것이 유성이에요. 수성으로 된 제품은 색을 칠한 뒤 물을 묻힌 붓으로 그 위를 다시 칠하면 수채화 물감처럼 변해요.

☆ 파스텔

파스텔은 아이들이 크레파스나 색연필로 칠하기 힘든 넓은 면적을 빠르게 칠할 수 있어요. 파스텔을 눕혀 비빈 후에 휴지나 헝겊으로 문지르면 연하고 부드러운 느낌을 낼 수 있어요. 여러 가지 색을 비비면서 섞을 수도 있어요. 그런데 딱딱해서 잘 부러지며, 칠할 때 가루가 많이 날리기 때문에 문지를 때 세게 문지르지 않고 조금씩 살살 문지르는 것이 좋아요. 아이들 코로 가루가 날려 들어가면 좋지 않으니까요. 색지에 그리면 효과가 좋아요.

☆ 수채화 물감

수채화 물감은 물을 이용해서 연하고 진함을 나타낼 수 있는 재료예요. 보통은 팔레트에 물감을 짜 놓고 말려서 굳힌 다음에 물을 묻힌 붓으로 녹여 쓰는데, 아이들은 아직 물 조절이 어려워요. 그래서 오히려 물감을 즉석에서 조금씩 짜서 쓰는 편이 더 쉬워요. 수채화 물감은 혼색할 때 아이들이 사용하기 가장 편리하며, 색의 변화를 가장 쉽게 볼 수 있어요. 그리고 수성이기 때문에 옷에 묻은 물감 얼룩은 빨래할 때 잘 지워져요.

☆ 아크릴 물감

아크릴 물감은 종이를 포함해 천, 나무, 유리 등 거의 모든 사물에 칠할 수 있어요. 잘 지워지지 않기 때문에 옷에 묻지 않게 조심해야 해요. 종이에만 칠하는 것이 지겹거나 새로운 미술 놀이를 시도하고 싶을 때 사용하면 좋아요. 아이가 커서 못 신는 신발을 가져와 아이와 물감칠을 하면서 놀거나, 버리는 생활 용품들에 물감을 칠해 보면 아이들이 좋아합니다. 하지만 아크릴 물감은 빨리 굳기 때문에 짜 놓은 물감은 다시 쓸 수 없는 단점이 있어요. 쓸 만큼만 짜서 써야 해요.

☆ 물통

물통은 크기가 다양해요. 아이들이 쓰기에는 밑이 넓적한 물통이 좋아요. 높이가 너무 높으면 아이들이 붓을 담갔다가 뺄 때 물통이 엎질러질 수도 있으니 높이 조절이 되는 것이 더 편해요. 높이 조절이 되는 물통은 흔히 '자바라 물통'이라고 해요. 자바라 물통은 겉이 약간 불투명한 흰색으로 되어 있는데 아이들이 물감이 묻은 붓을 씻으면 밖에서도 물의 색이 변하는 것을 볼 수 있어요. 아이들은 물의 색이 변하는 것을 신기해하거든요. 그리고 칸이 나눠져 있는 물통은 자바라 물통보다 조금 커요. 겉이 불투명한 노란색으로 되어 있어서 물 색을 볼 수 없어요.

☆ 팔레트

팔레트는 원래 물감을 짜서 굳혀 사용하게 되어 있지만, 아이들은 굳은 물감을 붓으로 개서 쓰는 것이 힘들 수 있어요. 물감을 미리 짜 놓기보다는 아이가 필요한 색을 사용하기 직전에 팔레트에 조금씩 짜서 쓰는 것이 편해요. 팔레트는 플라스틱으로 된 것과 알루미늄으로 된 것이 있는데, 플라스틱 팔레트가 가벼워서 아이들이 쓰기에 좋아요.

☆ 붓

붓은 전문가용과 비전문가용이 있어요. 가격도 제품에 따라 천차만별이고요. 문방구에서 파는 붓들은 가격이 싼 반면에 붓 털에 힘이 없어 아이들이 물 조절하는 것이 힘들어요. 붓에 물감을 묻혀 칠하다 보면 종이에 물이 고일 때가 있어요. 외국 상표의 붓이 아닌 국산 제품 중에도 좋은 붓이 많아요. 오래 쓰려면 너무 싼 붓보다는 가격이 조금 비싸더라도 좋은 붓을 사는 것을 추천해 드려요. 아이들이 붓에 물감을 묻혀 쓰기에도 탄력이 좋은 붓이 편하거든요. 그리고 너무 굵거나 가는 붓보다는 중간 정도 되는 붓(8호나 12호 정도)이 좋아요.

사물을 다르게 볼 수 있는 눈을 가진 아이들은 성인이 되었을 때 창조적인 사람이 될 수 있습니다. 있는 그대로의 사물의 모습이나 그 사물의 기능(종이컵은 물을 마시는 도구, 종이는 그림을 그리거나 글을 쓸 수 있는 도구 등)보다는 사물을 다르게도 볼 수 있다는 것을 가르쳐 주는 것이 좋아요. 네 살 이후의 아이들에게 종이를 구기거나 잘라서 이어 붙여 전혀 새로운 것들을 만들어 보는 놀이는 큰 도움이 됩니다. 위험하지 않은 재료들의 성질을 탐색하고 변형해 보는 연습을 시켜 주세요.

다르게 보게
해 주세요

종이컵이 변신을 해요

"어? 종이컵이다! 선생님, 물! 물!"
네 살인 민재는 책상 위에 만들기 수업을 위해 준비해 둔, 쌓아 놓은 종이컵들을 보자마자 물을 마시겠다고 했습니다. 그런 민재에게 선생님이 엉뚱한 질문을 던져 보았습니다. "민재야, 종이컵으로는 물 마시기만 할까? 다른 것은 할 수 없을까?" 민재는 잠시 생각하다가 포개진 종이컵들을 빼어 하나씩 늘어놓으면서 "one, two, three,……ten!" 하고 숫자 놀이를 하기 시작했습니다. 미국에서 태어나 한국말보다 영어를 먼저 배운 민재는, 스스로 셀 수 있는 만큼의 종이컵들을 늘어놓으며 수를 세었습니다. 물을 마시는 것 말고, 이렇게 숫자 공부도 할 수 있다고 보여 준 것입니다.

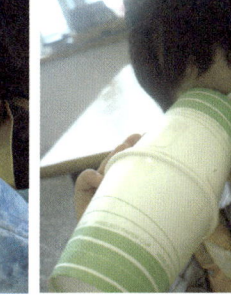

민재가 종이컵을 늘어놓고 수를 세는 모습   종이컵을 서로 붙여 보며 재미있어하는 모습

    종이컵이 한두 개가 아니고 여러 개 있다는 사실만으로도 민재에게는 흥분거리였습니다.

    종이컵으로 얼마나 다양한 모양을 만들 수 있을지 실험하기 위해 선생님이 컵들 가운데 하나를 집어 입 테두리 부분을 가위로 싹둑 잘라 보았습니다. 그러자 민재는 "그러지 마요, 그러지 마요!" 하며 컵이 망가진다고 걱정했습니다. "어? 이렇게 자를 수도 있네? 그리고 자른 부분을 접어 보니까 무슨 모양 같아?"라고 물으니, 민재는 한참 보다가 창밖을 손으로 가리키며 "sun! sun!" 하고 소리쳤습니다. "정말 그렇구나! 근데 다른 모양 같기도 한데, 또 무슨 모양처럼 생겼지?" 하자, "flower! flower!" 하고, 재미있다는 듯이 폴짝폴짝 뛰었습니다. 종이컵이 여러 모양으로 변신하는 것을 신기하고 재미있어했습니다. 다음에는 무엇으로 변신할지 궁금해하면서 종이컵을 들고 이리저리 훑어보기 시작했습니다.

"이번에는 길쭉한 뱀을 만들어 볼까?" "짜잔!" 종이컵을 돌리면서 가위로 오려, 길게 늘어나는 종이 띠를 만들며 노래도 불렀습니다. 그 노래 소리를 듣고 뱀이 나타날지도 모른다고 말하자, 민재는 진짜 뱀이 나타날 것 같은지 깜짝 놀랐습니다. 가위로 자르는 것 말고 또 종이컵으로 어떤 모양들을 만들 수 있을지 실험하기로 했습니다. 선생님이 종이컵 바닥에 송곳으로 작은 구멍을 뚫어 민재에게 주고, 연필을 사용하여 구멍을 더 크게 만들어 보도록 했습니다. 민재는 연필을 구멍 속에 넣어 구멍이 커지게 했습니다. 선생님은 "어? 이 구멍으로 연필도 들어가네? 또 무엇이 들어갈까? 민재가 해 볼래?"라고, 호기심을 가질 수 있는 질문을 했습니다. 민재는 옆에 준비된 두꺼운 빨대도 끼워 보고, 두꺼운 빨대 안에 얇은 빨대도 끼워 보며 너무나 재미있어했습니다. 민재

컵에 구멍을 뚫는 모습   구멍에 빨대를 끼우는 모습들

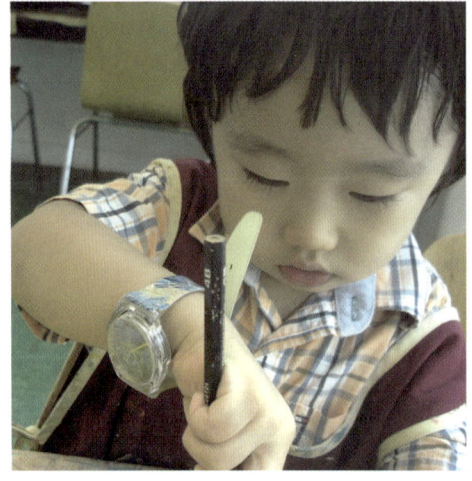
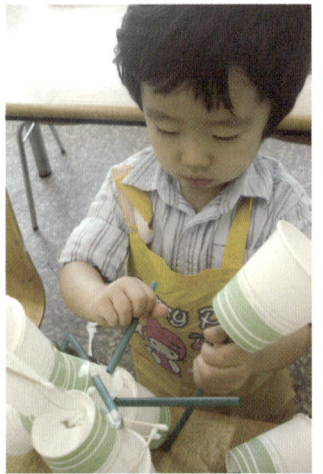
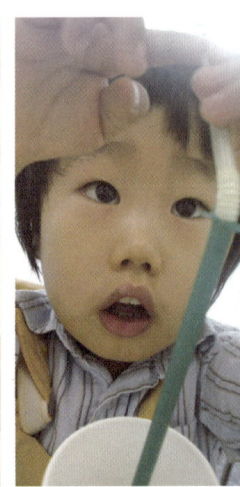

에게 종이컵은 이제 '물을 마시는 일회용 컵'이 아니고 '내 마음대로 변신시킬 수 있는 미술 도구'가 된 것입니다. 이제는 선생님이 알려 준 재료 응용을 넘어서 민재만의 다양한 응용법들을 발견하기 시작했습니다. 종이컵을 구겨 보고 접어 보고, 구멍을 뚫어 빨대를 꽂고 또 다른 종이컵을 연결하며, 머릿속에 떠오르는 모든 변신 가능한 이미지들을 손으로 표현할 수 있게 되었습니다. 종이컵을 변신시키는 일은 이제 민재에게 너무도 쉬운 일이 되었습니다. 여러 가지 실험을 통해 작품이 완성되었습니다. 종이컵과 길고 짧은 빨대가 만나 커다란 무엇인가가 되었습니다. 민재가 좋아하는 사탕을 만드는 공장이랍니다.

김민재(4세) 〈사탕 공장〉
종이컵, 빨대
25×25cm

민재는 "여기로 작은 사탕이 들어가 여기를 지나서 큰 사탕이 나와 제가 매일매일 맛있게 먹어요"라고, 이곳저곳을 손으로 가리키며 이야기해 주었습니다. 자신의 작품에 대해 설명하는 민재의 얼굴이 이미 사탕 공장 속으로 들어가 재미있게 노는 표정처럼 보였습니다. 평소에 물만 담아 마시던 종이컵이 잘리고 접히고 빨대로 이어져서 민재만의 공장으로 변신했습니다. 그리고 어느새 종이컵이라는 이름보다 태양이 되고, 꽃이 되고, 안경이 되고, 사탕이 만들어지는 공장이라는 이름이 더 어울린다는 민재만의 이야기가 생겨났습니다. 가위를 사용하기에도 아직 어설픈 네 살이지만 둥근 종이컵을 잘라 본다는 신기함에 대단한 집중력을 보였습니다. 어느 정도 하다가 '에잇!' 하고 내던질 줄 알았는데, 천천히 여기저기 자르고 접어 보기도 하며 즐겁게 작품을 완성했습니다.

네 살 전후의 아이들은 사물과 그것의 기능을 알게 되는 시기입니다. 컵은 음료수를 마시는 것, 주전자는 물을 끓이는 것, 냄비는 맛있는 음식을 만드는 것 등, 아이들은 눈에 보이는 모든 사물이 무엇에 쓰는 것들인지 알고 싶어 합니다. 그런데 가끔은 아이가 알고 있던 사물이 엉뚱하게 변하는 모습을 보여 주면, 아이는 재미를 느끼면서 자연스럽게 응용력과 상상력이 생깁니다. 'A는 B다'라는 정해진 설명도 좋지만, 'A는 B도 될 수 있고, C도 될 수 있다'라는 이야기로 다르게 생각할 수 있게 해 주는 것이 좋습니다. 아이들은 갑자기 다르게 생각하는 것이 어려울 수 있기 때문에 처음 몇 번은 부모가 먼저 다르게 생각할 수 있는 예를 이야기해 주거나 집 안에서 쉽게 구할 수 있는 재료를 가지고 만들기 활동을 통해 보여 주는 것이 좋습니다.

'보는 이해'보다는 '해 보는 이해'를 하게 해 주세요

체험 학습이 유행하면서 아이들을 데리고 여러 가지 '체험전'에 가는 부모들이 많아졌어요. 그런데 아이가 '체험전'을 통해 무엇을 이해했는지 아세요? '체험전'을 통한 체험 학습은 아이들이 워낙 많아서 체험을 한다기보다는 누군가가 하는 것을 보는 경우가 더 많아요. 체험을 하더라도 그 양이 매우 적지요. 아이들은 '봐서 이해하는 것'보다는, 한 가지 재료로 천천히 많은 시도를 하며 실패하고 성공하면서 배우는 것이 훨씬 좋아요. '이해'하게 되면 응용할 수 있거든요. 집에서 조금만 시간을 내어 아이와 종이 놀이를 해 보세요. 종이 한 장만 가지고도 부모와 함께 오리고 붙이고 구겨 보는 것이 아이에게는 훨씬 도움이 돼요.

좀 더 자세히 알아볼까요?

변형을 한다는 것은 '변형할 수 있는 사고'를 한다는 것입니다. 다시 말해, 아이는 재료를 마음대로 변형하는 과정을 거치면서 머릿속으로 어떠한 것도 다른 모양으로 바꾸어 볼 수 있는 변형적 사고를 할 수 있게 됩니다. 아이들은 미술 활동을 하면서 작은 문제에 부딪히게 됩니다. 자신이 만들고자 하는 것을 만들 수 없을 때, 아이는 생각할 것입니다. '포기할까? 아니면 선생님이나 엄마한테 해 달라고 할까?' 이러한 상황에 놓인 아이에게 스스로 생각의 변형을 통해 다른 방법을 찾아낼 수 있게 도와주어야 합니다. '물을 마시는 종이컵'으로만 생각했던 것을 아무 기능도 없는 종이 조각으로 생각하고, 자신이 원하는 모양으로 변형시켜 계획한 바를 이루게 도와줄 수 있습니다. 실제로 창조적인 사람들은 복잡한 사고의 변환 과정을 쉽게 다룬다고 합니다. 대부분의 사람들도 일상 생활에서 작게, 혹은 크게 변형적 사고를 하는 경우가 많습니다.

이 색 이름은 '우르르 쾅쾅 색' 이에요

민지와 지훈이는 선생님이 물감 놀이를 하자고 하자 아주 신이 났습니다. 물감을 섞으면 어떤 색들이 만들어지는지 실험하는 날이었거든요. 민지는 팔레트에 있는 모든 색을 섞어 보기도 하고, 흰색을 섞어 자기가 좋아하는 분홍색도 만들면서 색이 변하는 모습들을 탐색하기 시작했습니다. 선생님이 아이들이 만든 색 가운데 하나를 가리키며 "이 색 이름이 뭐지?"라고 묻자, 아이들은 어리둥절해했습니다. 아이들 눈에는 빨간색도 아니고 노란색도 아니고 파란색도 아니었거든요. 이제까지 보지 못한 색인데 이름을 물어보니 당황했던 것입니다. 아이들이 대답을 못 하자 "이 색은 이름이 없나? 그럼 우리가 이름을 지어 줄까?"라고 했더니, 민지와

정민지(5세)
물감 칠하기 연습

김지훈(6세)
물감 칠하기 연습

지훈이는 "어떻게요?"라고 물었습니다. "사실 선생님도 이 색 이름이 있는지 없는지 잘 몰라. 그냥 우리가 이름을 지어 주는 거지, 뭐. 이 색들을 어디에선가 본 적이 있는지 한번 생각해 보자"라고 하자, 아이들은 조금 부담이 덜어진 모습이었습니다.

먼저 빨간색과 비슷한 색을 가리키면서 "선생님은 이 색을 산에 놀러 갔을 때 나뭇잎에서 본 것 같아. '나뭇잎 빨간색'이라고 이름 지어 줄까?"라고 하자, 민지는 "어, 정말 그런 것 같아요. 근데 나는 엄마 입술에서 본 것 같은데요?"라고 색에 대해 생각나는 것들을 말하기 시작했습니다. 민지는 엄마, 아빠와 놀러 가서 본 색, 전날 유치원 친구한테서 본 색 등을 떠올리며 재미있는 색 이야기들을 했습니다. 지훈이는 한 가지 색을 더 만들겠다며 또 색을 섞기 시작했습니다. 초록색 물감과 파란색 물감 등을 섞으면서 입으로 "우르르 쾅쾅! 썬더! 썬더!"라고 소리를 냈습니다. "선생님, 여기는 여름이니까 '우르르 쾅쾅' 하는 거예요. 그리고 이 색 이름은 '우르르 쾅쾅 색'이에요"라고 하면서, 자신이 만든 물감 색으로 천둥이 치는 듯한 느낌을 표현하기 시작했습니다. 색을 섞을 때마다 한 번도 보지 못했던 색들이 만들어지는 것이 신기했는지 "우와!"라는 감탄사를 내뱉

우르르 쾅쾅 색을 만들고 있는 지훈이

으며 물감 섞기에 푹 빠졌습니다. 다음은 물감 섞기 연습을 통해 만들어진 색들과 색 이름들입니다. 물감 섞기 놀이를 하면서 마음에 드는 색들을 흰 종이에 동그란 모양으로 칠한 것입니다. 그리고 동그랗게 칠한 색마다 이름을 붙여 주기로 했습니다. 하지만 아이들은 아직 글자를 쓸 수 없어서, 아이들이 색 이름을 말하면

민지가 만든 색과 색 이름

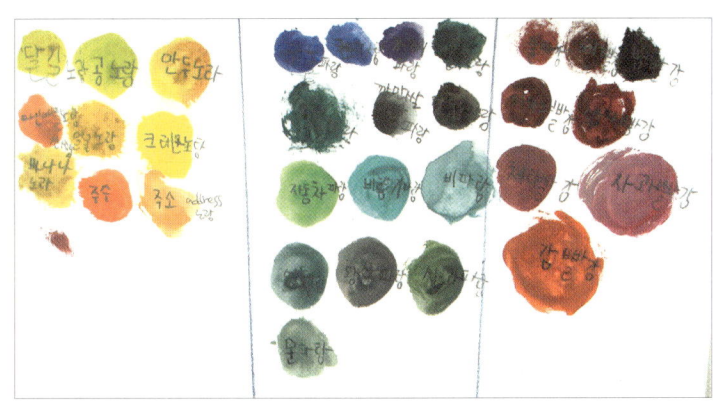

지훈이가 만든 색과
색 이름

선생님이 색 옆에 이름을 써 주었습니다.

　아이들이 만든 색에 재미있는 이름들이 생겼습니다. 민지와 지훈이는 자신이 아는 사물들을 이용해서 색 이름을 지었습니다. 달걀노랑, 만두노랑, 비행기파랑, 체리빨강 등 기발한 이름들이 보입니다. 그리고 미국에서 살다 온 지훈이는 아직 영어가 편해서인지 영어로 된 이름들을 지었습니다. fast blue, shy red, 아플 때 똥 노랑 등 재미있는 색 이름이 많이 보입니다. 서로 자신이 더 좋은 이름을 지어 주겠다며 경쟁하는 모습도 보였습니다. 아이들의 개성 있고 재미있는 생각들이 색 이름으로 지어졌습니다. 아이들은 네다섯 살이 되면 색에 관심이 많아집니다. 그런데 아이들이 아는 색들은 대부분 빨강, 주황, 노랑, 연두, 초록, 파랑, 하양, 검정 등 기본 색들입니다. 아이들이 늘 다니는 길에도 색이 아주 많습니다. 그런데도 아이들은 그림을 그릴 때 자신이 본 다양한 색보다는, 나무는 늘 갈색, 사람 얼굴은 늘 살구색 등 '배운 색'을 쓰는 경우가 많습니다. 가끔은 아이들에게 자신이 경험한 색을 떠올리게 하면, 느끼는 색이 매우 다양해질 것입니다. 크레파스 상자 속에 있는 색이 아니라 '내가 보았던, 내가 느꼈던 색'을 생각하게 하는 것입니다.

　아이들에게 '다르게 보는 것', '다르게 해 보는 것'은 표현력을 풍부하게 해 주고, 고정 관념을 가지지 않게 해 줍니다. '학습'을 통해서가 아니라 일상 생활에서 다양하게 볼 수 있고 다양하게 생각하는 습관을 가지면, 남들이 생각하지 못하는 것들을 생각해 낼 수 있는 아이가 될 수 있습니다. 다섯 살 무렵에는 시각적인 호기심이 왕성해지기 때문에 아이의 주변에서 볼 수 있는 것에 대해 이야기를 나누는 것이 좋습니다. 아이가 한층 더 풍부한 시각을 가지게 하는 데 효과적이기 때문입니다. 따라서 함께 길을 걸어갈 때에도 보이는 사물들의 색에 대해 다양한 이야기를 하면, 아이가 말을 할 때 표현이 풍부해진다는 것을 느낄 수 있을 것입니다. 되도록이면 자연의 색을 보게 하는 것이 좋습니다. 일주일에 한 번쯤은 아이와 공원을 걸으면서 주변에 보이는 꽃, 나무, 하늘의 색에 대해 이야기해 보세요. 그리고 아이와 함께 '평소와 다르게 생각해 보는 시간'을 가지는 것도 좋습니다. 색을 주제로, 혹은 다른 주제도 좋습니다. 조금은 엉뚱하고 말이 안 될 수도 있지만, 그 시간만큼은 누가 더 이상한 생각을 하는지 시합을 해 보는 것도 재미있을 것입니다.

물감 놀이를 하면서 색에 대해 아이와 이야기하세요

물감 놀이는 집에서 엄마와 쉽게 할 수 있는 놀이예요. 단순히 아이들이 손에 물감을 묻혀서 문지르게만 하는 것보다 만들어진 색으로 동물과 연관 지어 생각해 보게 하든지, 전날 있었던 일과 연관 지어 생각하게 하면 아이의 다양성과 연상력을 함께 키울 수 있을 것입니다.

종이 조각은 요술쟁이인가 봐요

네 살인 준서가 아침에 온 신문을 가져오더니 "엄마, 이 종이로 놀이터 만들어 줄게"라고 했습니다. 준서 어머니는 깜짝 놀라 "신문지로? 어떻게? 준서가 만들 수 있어?"라고 물었습니다. 준서는 "응!" 하고 자신 있게 대답했습니다. "미술 학원에서 만들었잖아. 엄마도 봤잖아. 여기를 엄마가 좀 잘라 줘" 하며 신문지의 한 부분을 가리켰습니다. 어머니는 그때서야 지난 주에 미술 학원에서 준서가 만든 놀이터가 생각났습니다. 그리고 준서가 신문지로 엄마가 생각하지도 못한 것을 만들고 싶어 하고, 또 만드는 것이 가능하다고 생각하니 신기했습니다. 준서는 지난 주에 미술 학원에서 종이를 사용해서 놀이터를 만들었습니다. 예쁜 놀이터를 만들려면 예쁜 종이가 있어야 하기 때문에 준서와 친구 정민이는 먼저 예쁜 종이를 만들기로 했습니다. 준서와 정민이에게 커다란 흰 종이를 나누어 주고, 물감으로 마음대로 칠하게 했습니다. 종이가 조금 마른 후에 아이들에게 작은 가위를 나누어 주고, 긴 띠 모양으로 오리게 했습니다. 아이들은 신나서 서로 긴 종이를 만들겠다며 시합을 하기도 했습니다. 준서는 "선생님, 종이를 자르니까 지렁이 같아요" 하며 깔깔 웃었습니다. 선생님이 "애들아, 다 잘랐니? 그럼 이제부터 너희들이 만든 긴 종이로 놀이터를 만들어 볼까?" 하자, 아이들은 깜짝 놀랐습니다. 정민이는 "종이로

준서가 넓은 종이에 물감을 칠하는 모습

정민이가 넓은 종이에 물감을 칠하는 모습

요? 종이로 어떻게 놀이터를 만들어요?"라며 불가능하다는 표정을 지었습니다. "왜 못 만들어? 너희들은 다 잘할 수 있어. 힘든 부분은 선생님이 도와줄게"라고 하자, 아이들은 일단 만들어 보기로 했습니다. 선생님은 준서와 정민이가 자른 종이들을 쉽게 활용할 수 있는 것부터 시작하게 했습니다. 접착 테이프를 주고, 각자가 자른 띠 모양의 종이를 연결해서 긴 종이로 만들어 보았습니다. 종이가 길어질 때마다 어떤 모양 같은지 물어보았는데, 준서는 지렁이 모양의 미끄럼틀이라 하고, 정민이는 기찻길 같다고 했습니다. 다음에는 선생님이 준서가 자른 종이의 옆쪽을 조금 자른 뒤에, 정민이에게 다른 긴 종이를 그 틈으로 끼워 보게 했습니다. "얘들아, 종이끼리 만났네. 선생님이 보기에는 꼬불꼬불 미끄럼틀 같기도 해" 하자, 정민이는 "맞아요!" 하며 신기한 듯이 살펴보았습니다.

   자른 종이를 아이들과 뚫어도 보고 꼬아도 보고 겹치게도 해 보고 휘게도 해 보면서, 종이로 만들 수 있는 여러 가지 모양을 만들었습니다. 종이로 여러 가지 신기한 모양들이 만들어지자 준서와 정민이 모두 매우 흥미로워했습니다. 잠시 후, 정민이가 "선생님, 이 종이는 잘 안 잘려요" 해서 보았더니, 조금 두꺼운 종이였습니다. 그래서 "이 종이는 두꺼워서 정민이가 자르기 힘들구나. 근데 옆에 있는 얇은 종이는 잘 잘리지?" 하며, 재료의 특성에 대해서도 다양한 이야기를 나누었습니다. 아이들은 '종이는 자르거나 그림을 그리거나 접기를 하는 데만 쓰인다'고 생각했는데, 그

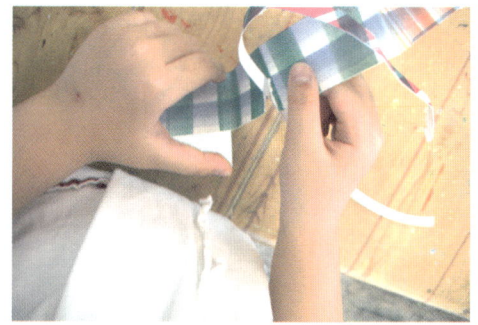
준서가 종이를 서로 끼워 보고 꼬아 보는 모습

정민이가 종이를 서로 끼워 보고 꼬아 보는 모습

준서가 자신이 만든 종이를
넓은 판에 붙이는 모습

박준서(4세), 김정민(4세)
〈놀이터〉
종이 40×35cm

외에 여러 가지 모양을 만들 수도 있다는 사실을 알게 되었습니다. 그리고 그 과정에서 얇은 종이와 두꺼운 종이의 성질도 알게 되고, 접착 테이프가 없이도 종이끼리 끼워 잇는 방법도 알게 되었습니다. 아마 아이들은 자신이 무엇이든 만들 수 있는 능력을 가진 사람이라고 생각할지도 모릅니다. 여러 가지 실험을 하고 나서 각자가 실험한 종이들을 모아 놀이터를 완성해 보기로 했습니다. 준서와 정민이는 자기가 만든 것들을 서로 접착 테이프로 이어 붙이면서 재잘재잘 놀이터 이야기를 했습니다. 정민이가 준서에게 "여기는 시소야. 그렇지? 그렇게 보이지?"라고 하자, 준서는 "맞아! 우와, 여기는 엄청 높은 모래산이네!" 하며, 머릿속으로 멋진 놀이터를 상상했습니다.

왼쪽 사진은 준서와 정민이가 만든 종이 놀이터입니다. S자 모양의 미끄럼틀도 있고 경사가 가파른 놀이 기구들도 있고, 다양한 모양의 종이 띠들도 보입니다. 블록을 사용한 것이 아니라 종이 한 장으로 멋진 입체 놀이터를 만들었다는 것은 아이들에게 매우 신기하고 멋진 일입니다. 이렇게 멋진 놀이터를 자신들이 만들었다는 것에 아주 만족해했습니다. 네 살 무렵의 아이들은 재료를 통해 다양한 실험을 하는 것이 매우 중요합니다. 재료의 특성을 잘 알게 되면, 스스로 무엇인가를 만들 때 쉽게 응용을 할 수 있습니다. 그리고 실험하는 과정에서 발견된 특이한 점들에 대해 대화하는 것도 중요합니다. 예를 들면, 정민이가 두꺼운 종이를 자르려고 했는데 잘 안 잘린다고 하면, 부모는 "정말이네. 두꺼우니까 자르기가 어렵네. 얇은 종이는 자르기가 쉬운데"라고 이야기해 주는 것입니다. 그런데 아이가 두꺼운 종이를 자르려고 할 때 "정민아, 그건 두꺼워서 자르기 힘들어. 엄마가 잘라 줄게, 넌 얇은 종이 잘라"라고 하기보다는, 위험하지 않은 것이라면 조금 시간이 걸리더라도 스스로 실험을 통해 느끼게 하는 것이 좋습니다. 경험을 통해 알게 된 것은 쉽게 잊히지 않기 때문입니다.

그런데 여러 가지 일들로 바쁜 부모들은 아이가 실험하는 시간을 기다려 주지 못하는 경우가 많습니다. 그러다 보면 아이는 누군가가 없으면 스스로의 계획을 진행하지 못하게 될 수도 있습니다. 아이가 무언가를 하려고 할 때, 시간을 충분히 가지고 실험할 수 있도록 조금 기다려 주세요. 그리고 부모는 실험을 충분히 할 수 있도록 한 가지 재료로 여러 가지를 활용할 수 있는 방법을 제시해 주면 좋습니다.

● 좀 더 자세히 알아볼까요?

페플러Pepler의 이론에 의하면, 놀이를 할 때 실험정신과 융통성, 그리고 놀이 과정에서 일어나는 구체적인 사고에서 추상적인 사고로의 전이가 창의성에 영향을 미칩니다. 유아들은 탐색을 통해 사물의 특성을 발견하거나 기술을 익히고 나면 적극적으로 실험을 합니다. 유아들은 사물에 편안하고 다양하게 접근함으로써 시행착오를 거치기도 하고 다양한 반응을 이끌어 낼 수도 있습니다. 다시 말해, 놀이를 통해 유아들은 다양한 기술들을 사용하고 다양한 방식으로 반응해 볼 수 있을 뿐만 아니라 융통성 있는 사고를 할 수 있게 되는데 이는 결국 창의성을 신장시키게 됩니다.

또한 몬테소리Montessori는 놀이에 대해 언급하기를, 어린이가 자신의 감정에 따라 무엇인가를 만드는 행동을 자유롭게 내버려 두어야 하고 이를 통해 그림은 언어와 마찬가지로 아이의 표현 욕구를 만족시킨다고 했습니다. 이러한 표현을 완벽하게 하기 위한 노력은 어린이가 자신의 생각을 현실화하기 위해 말을 완벽하게 하려고 노력할 때와 대단히 비슷한 것입니다. 진정한 그림 교사는 바로 아이의 내부에 있고, 아이는 스스로 자신들이 보고 있는 물체의 윤곽을 자발적으로 그리려는 시도를 합니다.

선생님의 한마디

다르게 생각하기

다르게 생각한다는 것은 무엇일까요? 창의적인 생각을 하는 데 필요한 요소 중 하나입니다. '창의력'이라고 하면 특별한 사람들만이 가진 능력이라고 생각하기 쉽지만, 어렸을 때부터 창의적으로 생각하는 연습을 하면 누구나 창의적인 사람이 될 수 있습니다. 파블로 피카소Pablo Picasso 1881-1973의 이야기를 예로 들어 볼 수 있습니다. 피카소는 길을 가다가 버려진 자전거를 보았습니다. 자전거를 한참 들여다보다 자전거의 안장과 손잡이를 떼어 내서 〈황소 머리〉라는 작품을 만들었습니다.

피카소는 작품을 완성한 후에 이렇게 말했습니다. "어느 날, 내가 자전거 안장과 핸들을 가져와 황소 머리를 만든다면, 그것은 아주 멋진 일일 것이다. 그러나 내가 곧바로 해야 할 일은 이 황소 머리를 내다 버리는 것이다. 길가든 수챗구멍이든 아무데나 버리되, 아주 버려야 한다. 그러면 청소부가 지나가다가 그것을 주워서 황소 머리를 가지고 어쩌면 자전거 안장과 핸들을 만들 수 있지 않을까 생각할 것이다. 그러고는 그것을 실행에 옮긴다. 이것은 멋진 일일 것이다."

피카소는 버려진 자전거 안장과 손잡이를 보고 자전거의 일부분으로 보지 않고 황소의 머리를 연상한 것입니다. 그리고 자신이 생각한 황소의 머리를 주워 온 자전거 안장과 손잡이를 이용해 작품으로 만들었습니다. 남들에게는 버려진 자전거지만 피카소의 눈에는 다르게 보인 것입니다.

이렇듯 다르게 생각하는 것은 단순히 '엉뚱함'을 넘어 위대한 결과를 만들 수 있는 능력이 될 수 있습니다. 매사에 창조적인 생각을 할 필요는 없지만, 분명히 '다르게 생각'해야 할 때도 있습니다. 그럴 때 남들보다 조금 더 창의적인 생각을 할 수 있기 위해서는 어렸을 때부터 훈련을 시키는 것이 좋습니다. 특히 사물에 관심이 생기고 사고의 폭이 넓어지는 다섯 살 전후의 아이들에게 다르게 생각해 보는 시간을 가지게 하는 것이 좋습니다. 집에서 부모와 책을 읽을 때도, 물감 놀이를 할 때도, TV를 보면서도 아이와 가끔은 '엉뚱한 생각의 대화'를 해 보세요. 너무 진지하게 기발한 생각을 떠올리지 않아도 됩니다. 편하고 가볍게 대화하면 아이의 생각에는 조금씩 변화가 생길 것입니다.

파블로 피카소 〈황소 머리〉
1943 청동(자전거 안장과 핸들로 아상블라주)
42×41×15cm 피카소 미술관
ⓒ2010-Succession Pablo Picasso-SACK(Korea)

4-6세용

놀이의 효과

45개월인 준서는 집에서도 하루종일 바쁩니다. 집안의 물건들을 거실 바닥에 늘어놓고, 던지고 쌓으며 놉니다. 물감 놀이를 하던 준서가 무엇인가에 열중하는 모습이 보입니다. 무엇을 하는지 보았더니 물통에 붓을 담갔다 꺼냈다를 반복하고 있었습니다. 붓을 물에 담갔다가 들어 올리면 붓에서 물이 주르륵 흐릅니다. 준서는 그 현상을 봅니다. 주르륵 흐르던 물이 똑똑똑 흐릅니다. 준서는 생각할 것입니다. '어, 왜 이러지?' 똑똑똑 흐르던 물은 이내 멈춥니다. 준서는 다시 붓을 물에 담급니다. 또 같은 행동을 반복합니다. 한참을 붓과 물을 가지고 놀면서 무엇을 알았을까요? 물에서 꺼낸 붓에서 물이 점점 없어진다는 것을 알았겠지요. '붓이 물을 어떻게 한 거지? 먹었나? 아니면 뱉었나?' 준서는 궁금증 때문에 많은 생각을 할 것입니다. 이번에는 얇은 붓을 가져옵니다. 그리고는 아까와 마찬가지의 행동을 합니다. 이번에는 주르륵 흐르는 시간이 짧아지고, 금방 물이 멈추었습니다. 준서는 생각하겠지요. '어, 왜 이러지? 털이 많지 않은 붓으로 하니까 물이 금방 없어지네.' 어떤 부모들은 "준서가 뭘 알았다는 거야?"라고 물을 수 있습니다. 네 살인 준서가 무엇을 정확히 알았는지 알 수 없지만, 적어도 '상황에 따라 결과가 다르고, 사물에 따라 현상이 다르다'는 것을 알았을 것입니다. 그것을 스스로 여러 가지 실험을 통해 깨달았다는 것이 중요합니다.

그리고 각 상황에서 호기심을 가지게 되고, 그 호기심은 또 다른 실험을 유도합니다. 이러한 행동은 준서가 자라면서 스스로 겪은 현상을 적극적으로 생각하고 탐구하는 아이로 변화시킬 것입니다.

'놀이'라고 하면 부모는 '아무것도 안 하는 것, 학습에 도움은 되지 않는 것, 스트레스를 푸는 것' 정도로만 생각하는 경우가 많습니다. 하지만 아이는 '놀이'를 하면서 여러 가지 복합적인 사고를 하며 그 안에서 작은 문제를 해결해 나가는 연습을 하게 됩니다. '놀이'라는 말보다는 '자발적으로 행동하며 삶에 필요한 것들을 이해하는 시간'이라고 정의하는 편이 좋을 듯 싶습니다. 아이의 사고력이 풍부해지기 위해서는 아이 스스로 어떠한 현상에 대해 충분히 시간을 가지고 관찰해야 합니다. 그리고 느끼게 해야 합니다. 가끔은 아이에게 충분히 즐기면서 놀 수 있는 시간을 마련해 주세요.

같은 이름을 가진 사물이라도 종류가 다양해요. 꽃과 나무들도 각각 특징이 다르고 생김새도 달라요. 아이들과 공원에 놀러 가서 "이건 꽃이고, 저건 나무야"라고 말해 주기보다는 먼저 꽃이나 나무들을 보게 해 주세요. 옆에 핀 꽃과 무엇이 다른지, 얼마나 다양한 생김새의 꽃들이 있는지 말해 주면, 아이들은 눈으로 직접 사물의 다양함을 인식하게 될 것입니다. 사물을 다양하게 볼 수 있는 아이들은 그림을 그릴 때나 만들기를 할 때도 다양하고 풍부하게 표현할 수 있어요.

다양한 것을
보게 해 주세요

우리 집은
세모와 네모로 된
집이 아니었어

네 살 반인 효진이는 친구들과 미술을 배우러 학원에 처음 왔습니다. 선생님이 아이들에게 거울을 주고, 각자 얼굴이 어떻게 생겼는지 보고 그리게 했습니다. 그런데 효진이는 종이에 자신의 얼굴을 그리지 않고 집을 그렸습니다. 선생님은 '효진이는 얼굴 그리기가 싫은가 보다'라고 생각하고 그냥 두었습니다. 그런데 다음 시간에도, 또 그 다음 시간에도 똑같은 집을 그렸습니다. 오른쪽 페이지의 그림이 효진이가 매번 그린 집 그림입니다.

　효진이 어머니는 그 모습을 보고 "우리 애는 집에서도 늘 이 집 모양만 그려요. 어떡하죠?"라고 걱정했습니다. 선생님은 효진이가 어떻게 집을 그리게 되었는지 어머니에게 물었습니다. "제

최효진(4세) 〈집〉
A4 용지에 색연필
19.8×29.7cm

가 가르쳐 주었어요. 그런데 왜 제가 가르쳐 준 모양 그대로 매번 똑같이만 그리는지 모르겠어요. 다른 모양은 그리지도 않고……." 선생님이 "어머니, 혹시 아이에게 다른 모양의 집들도 있다는 사실을 알려 주셨나요?" 하고 묻자, 어머니는 "아니요"라고 대답했습니다. 효진이 어머니처럼, 집에서 아이들에게 미술을 어떻게 지도해야 하는지 잘 모르는 부모들이 많습니다. 어머니는 효진이에게 집 그리는 방법을 알려 주었지만, 그 다음에 어떻게 더 알려 주어야 하는지는 잘 몰랐던 것입니다. 그리고 부모는 아이에게 한 가지를 알려 주면 아이가 다른 것들도 알 수 있을 것이라고 기대합니다. 그런데 자신의 기대에 못 미치는 결과가 나오면, 자기 아이에게 문제가 있다고 생각하기도 합니다.

　효진이는 다음 시간에도 또 같은 집을 그렸습니다. 선생님은 효진이에게 다양한 집의 모양이 있다는 것을 알려 주어야겠다고 생각했습니다. 선생님은 "우와, 그런 것도 그릴 줄 알아?" 하고 효진이가 그린 집을 우선 칭찬해 주고, "그럼, 그런 모양 말

최효진(4세)
〈기린 집, 토끼와 토끼 집〉
A4 용지에 색연필
19.8×29.7cm

고 다른 모양도 있는데 가르쳐 줄까?"라고 물었습니다. 효진이는 "네!" 하고 기다렸다는 듯이 대답했습니다. 다른 모양의 집들도 그리고 싶었지만 선생님한테 쑥스러워서 물어보지 못했던 것 같았습니다. 그래서 "효진이가 좋아하는 토끼가 사는 집을 그려 보자. 근데 토끼는 귀가 기니까 집이 길어야 될까, 아니면 뚱뚱해야 될까?" 하고, 세모 지붕과 네모로 된 집의 모양에서 벗어날 수 있는 질문을 했습니다. 그러자 "긴 집이 필요해요. 근데 토끼는 귀가 두 개니까, 지붕이 두 개 있어야겠어요"라고 대답했습니다.

효진이는 토끼를 그리고, 토끼의 집을 그 오른쪽에 그렸습니다. 그리고 왼쪽에 긴 집을 그리고 "이 집은 기린 집이에요. 기린은 키가 커서 집도 길어야 돼요"라고 말했습니다. 두 가지의 다른 모양의 집이 생겼습니다. 아직은 네모 모양의 형태가 보이지만 긴 네모, 짧은 네모로 변했고, 지붕의 모양에도 변화를 주었습니다. 어린 효진이에게는 그림에서 한 번에 많은 변화가 생기기는 어렵지만, '집'이라는 사물을 다양하게 표현하려고 노력하는 것이 변화의 시작이니 앞으로 많은 변화가 생길 수 있습니다. 효진이도 자신이 다른 모양의 집을 그릴 수 있다는 것에 놀라워했습니다.

 많은 부모들이 자신의 아이들에게 집 모양을 설명할 때 세모 지붕과 네모 모양의 집을 그릴 것입니다. 정작 아이와 함께 사는 집은 그런 모양이 아닌데도요. 그리고 효진이 또래의 아이들이 가장 즐겨 그리는 토끼의 경우에도 항상 토끼의 앞모습만 그려 주지는 않나요? 동그란 얼굴과 두 개의 펼쳐진 귀의 모습을 그려 줄 것입니다. 사과는 동그랗고 위에 잎사귀가 하나 달린 모양을 그려 주었을 것입니다. 아이에게 사물의 다양성을 알려 주기 위해서는 부모가 먼저 다양하게 생각할 줄 알아야 합니다. 사물에 관심을 가지고 구체적으로 보기 시작하는 다섯 살 전후의 아이들에게는 사물의 다양성을 알려 주는 것이 중요합니다. 효진이의 경우, 다른 모양의 집을 못 그리는 것이 아니라 그 모양의 집밖에 배운 적이 없었고, 그 전에 다양한 집들의 모양을 자세히 본 적도 없었습니다. 아이들에게 집 그리는 방법을 먼저 알려 주기보다는 어떠한 모양의 집들이 있는지 우선 이야기하는 것이 좋습니다. 예를 들면, 아이가 "엄마, 집은 어떻게 그려?"라고 질문한다면 "어떤 집 모양을 알고 싶은데? 우리가 살고 있는 아파트? 아니면 시골에 있는 할머니 집? 어떤 집?" 하고, 구체적인 집의 모양을 유도해 주십시오. 아이는 분명 자신이 그리고 싶은 집을 말할 것입니다. 그럼 그 집의 모양을 그림으로 그려 주면 됩니다. 만약 아이가 "몰라. 그냥 집"이라고 한다면, "집은 아파트처럼 높은 집도 있고, 효진이가 다니는 유치원같이 작은 집도 있어", 혹은 "효진아, 우리 집은 모양이 어떻게 생겼지? 위아래로 긴 네모일까, 아니면 옆으로 긴 네모일까?", 또는 "효진이가 좋아하는 뽀로로의 집은 어떻게 생겼더라?"라며, 아이가 여러 가지 집의 모양을 생각하게 하는 질문을 하고 대화하세요. 다섯 살 전후의 아이들에게는 짧고 길고, 두껍고 얇고 등 아이가 쉽게 이해할 수 있는 단어를 사용해서 사물의 다양함을 설명해 주는 것이 좋습니다. 부모가 조금 더 구체적으로 설명할 수 있다면 '조금'이나 '조금 많이', '많이' 등의 세분화될 수 있는 단어(예를 들어 조그만 나무, 조금 긴 나무, 길쭉한 네모, 끝이 조금 둥근 네모 등)를 사용해 주어도 좋습니다. 너무 어려운 단어를 쓰면 아이가 이해하기 어렵기 때문입니다.

또 한 가지 방법은 사진 자료를 보여 주는 것입니다. 효진이의 경우 다양한 집들의 사진을 보여 주면 스스로 집의 다양성을 인식하게 될 것입니다. 하지만 부모가 욕심 내어 너무 복잡하고 많은 양의 자료들을 보여 주면 아이의 눈에 어려운 형태로 인식되어 그리기를 포기할 수도 있습니다. 효진이처럼 늘 똑같은 모양의 집을 그리는 아이에게는 위아래로 기다란 네모, 옆으로 기다란 네모, 뾰족한 세모, 모서리가 조금 둥근 세모 모양으로도 얼마든지 다양한 집을 그릴 수 있다는 사실을 알려 주면 됩니다. 거기에서 더 구체적으로 들어가면, 문을 그려 보든지 창문을 그려 보든지 정원을 그려 보든지, 단순했던 집 모양을 조금 다르게 표현할 수 있게 도와주세요. 여유를 가지고 아이가 사물을 다양하게 볼 수 있는 시간을 주면 아이는 얼마 지나지 않아 말과 그림에서 변화를 보일 것입니다.

벗어나기 힘든 그림책 속의 집

세 살 정도의 아이들이 보는 책에는, 도식화되어 있는 그림들로 사물을 설명한 것이 많아요. 그중에 집의 모양은 세모 지붕과 네모 모양의 벽면이 대부분입니다. 아이들이 처음 접한 도식화되어 있는 그림들은 아이들에게 많은 영향을 줍니다. 물론 그런 그림을 본다고 해서 나쁘지는 않지만, 사물을 구체적으로 볼 수 있는 네 살 전후가 되면 '집'도 다양한 모양이 있다는 것을 알려 주세요. 길을 가다가 보이는 건물들을 보게 해도 좋고, 놀러 가서 찍은 사진을 보면서 다양한 건물들의 모양을 생각하게 해 주어도 좋아요. 책을 살 때도 도식화된 그림책보다는 사물들의 실제 사진으로 되어 있는 책이 더 도움이 돼요. 네 살이 지나면 부모가 생각하는 것보다 훨씬 많은 것을 볼 수 있고, 구체적이고 세밀한 부분까지도 볼 수 있기 때문이에요.

엄마가 이렇게 그리라고 했어요

여섯 살인 정은이네 반은 오늘 꽃 그림을 그리는 날입니다. 여러 종류의 꽃을 꽂아 놓고 아이들에게 관찰해 보라고 했습니다. 아이들은 "이거 진짜 꽃이에요?" 하면서 꽃을 만져 보았습니다. 꽃이 가게나 꽃밭이 아니라 미술 학원에 있다는 것이 신기한 것 같았습니다. 아이들이 그림을 그릴 때 꽃을 자주 그리지만, 직접 만져 보고 자세히 볼 기회는 많지 않습니다. 정은이는 "선생님, 어제 엄마가 꽃 그리는 방법을 가르쳐 줬어요. 그래서 전 꽃을 안 보고도 그릴 수 있어요"라며 자랑했습니다. 정은이에게 종이를 주자 자신 있게 꽃을 그리기 시작했습니다.

대부분의 아이들이 정은이처럼 꽃을 그립니다. 물론 이렇게 그

박정은(6세) A4 용지에 연필 19.8×29.7cm

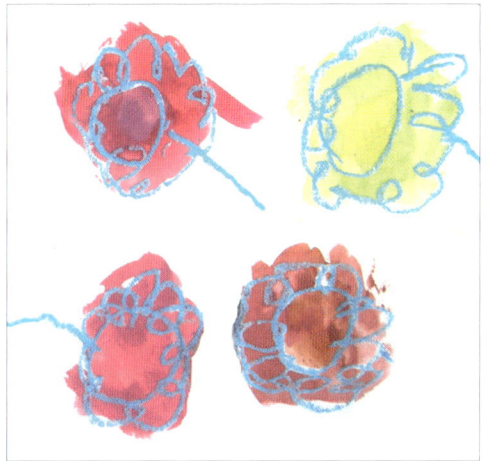
박정은(6세) A4 용지에 크레파스, 수채 19.8×29.7cm

리는 것이 잘못되었다는 것은 아닙니다. 하지만 한 번쯤은 아이들에게 다른 모양의 꽃들도 있고, 다르게도 그릴 수 있다는 사실을 알려 주면 더 좋습니다. 아이들에게 꽃들이 얼마나 다양하게 생겼는지 알려 주기 위해 꽃을 한 송이씩 손에 쥐고 관찰하게 했습니다. 아이들은 냄새도 맡아 보고, 꽃 속에 무엇이 들어 있는지 꽃잎을 살짝 벌려 보기도 했습니다. 선생님은 아이들에게 서로 어떤 꽃이 마음에 드는지, 어떤 꽃의 색이 제일 좋은지 말해 보게 했습니다. 아이들은 말하고 보는 사이에 이미 꽃들의 모양이 각각 다르고 색도 다양하다는 것을 알게 되었습니다. 아이들에게 충분히 꽃을 관찰하게 한 뒤 각자 그릴 수 있는 만큼 꽃을 그리게 했습니다. 91쪽에 있는 정은이의 그림에는 커다랗고 둥근 꽃도 보이고, 아직 피지 않은 꽃 봉오리도 보입니다. 크기와 모양이 다양한 꽃들을 잘 표현했습니다. 화분은 꽃무늬 벽지를 오려서 장식했습니다. 정은이 어머니는 수업이 끝난 정은이의 작품을 보더니 "어머나, 우리 정은이가 그린 것 맞아요? 혹시 선생님께서 도와주신 것은 아니에요?" 하면서 그림을 자세히 보았습니다. 정은이가 옆에서 "아니야, 내가 혼자 그렸어"라고 말했습니다. 그러자 어머니는 선생님에게 작년에 있었던 일을 말했습니다. "정은이가 네 살 때 제가 집에서 그림 그리기를 시켰어요. '정은이가 그림을 잘 그렸으면……' 하는 마음에 우선 구름 모양의 꽃 그리는 방법을 가르쳐 주었어요. 그런데 정은이가 아주 잘 따라 그렸어요. 저는 '우리 애가 혹시 천재가 아닌가?' 하여 나무 그리는 방법, 구름 그리는 방법도 가르쳐 주었어요. 우리 정은이가 그림을 잘 그린다는 것을 자랑하고 싶어서 친구 어머니들이 놀러 왔을 때 정은이한테 제가 가르쳐 준 대로 꽃, 구름, 나무를 그려 보라고 했죠. 정은이가 그리는 것을 보고 어머니들이 무척 놀라시는 거예요. 정은이도 칭찬을 받으니까 좋아하고요. 그런데 커 가면서도 제가 가르쳐 준 것밖에 못 그리는 거예요. 혹시 우리 아이에게 문제가 있지 않은가 해서 미술 배우는 곳에 데리고 오게 되었어요." 그래서 선생님은 "어머니, 혹시 정은이에게 다른 꽃 모양과 다른 구름 모양에 대해서도 가르쳐 주셨나요?" 하자, 어머니는 아니라고 했습니다.

아이들이 꽃을 만져 보며 관찰하는 모습

박정은(6세)
종이에 수채,
크레파스
39.4×27.2cm

다양한 것을 보게 해 주세요

그리고 "저는 우리 아이가 또래 아이들보다 잘 그리는 것에 자부심을 느꼈는데, 이제 생각해 보니 우리 정은이를 자랑의 도구로 이용했던 것 같아요" 하면서 정은이에 대해 미안하게 생각했습니다.

모든 부모들은 자신의 아이가 뛰어나기를 바랍니다. 그런데 걸음마를 할 아이에게 뛰어가길 바라는 것은 부모의 욕심입니다. 오히려 아이의 발전을 방해할 수 있습니다. 정은이 같은 경우는 자신이 그린 그림이 칭찬을 받았기 때문에 계속 칭찬을 받고 싶어서 어머니가 가르쳐 준 꽃 모양을 계속 그렸을 수도 있습니다. 그래서 다양한 것을 보려고 하지 않게 된 것입니다.

아이에게는 '학습시키는 것'이 아니라 '스스로 호기심을 가지고 사물에 욕심을 내게 하는 것'이 중요합니다. 부모들은 아이가 사물에 호기심을 가질 수 있도록 유도하는 역할을 해야 합니다. 여섯 살 이전의 아이들에게는 무엇이든 '남들보다 빠르게 하는 것'이 중요한 것이 아니라 조금 늦더라도 차근차근 사물을 알아 가고 보는 시야를 넓게 해 주는 것이 중요합니다. 아이가 그림을 정말 잘 그리기를 원한다면 같은 사물에도 다양한 모양이 있다는 것을 가르쳐 주고, 그 다양성을 자세히 관찰할 수 있는 시간을 가지게 하세요. 그리고 이 또래의 아이들은 어른들이 생각하는 것보다 훨씬 다양한 것을 인식할 수 있고 자세히 관찰할 수 있습니다. 오히려 초등학생들보다 더 호기심을 가지고 스펀지처럼 어른들이 제시해 주는 것을 흡수할 때도 있습니다. 그런데 대부분의 부모들은 은연중에 '에이, 어린애가 뭘 이런 것까지 알 수 있겠어?'라고 아이의 능력을 과소평가할 때가 있습니다. 아이들이 한 가지 물체라도 자세히, 차근차근히, 또 다양하게 볼 수 있도록 도와준다면 어른 못지않게 물체의 다양성을 느낄 수 있을 것입니다. 그리고 정은이처럼 다양한 것들을 그림으로 표현할 수 있습니다.

엄마, 바람은 어떻게 그려요?

다섯 살인 현정이는 수업 시간에 지난 주말에 있었던 일을 친구들과 이야기하고 있었습니다. 엄마, 아빠와 놀이 공원에 갔는데 바람이 불어 모자가 날아갔다고 했습니다. 친구 기범이는 현정이의 이야기를 듣고 깔깔 웃었습니다. 그러다 기범이는 "선생님, 저는 바람을 그릴 수 있어요!" 하고, 종이에 바람을 그리기 시작했습니다. 현정이도 "나도 그릴 수 있어!" 하며, 종이에 바람 부는 날을 그리기 시작했습니다. 현정이가 "선생님, 저 잘 그렸죠? 어제 엄마가 가르쳐 줬어요"라며, 자신이 그린 바람을 보여 주었습니다. 현정이, 기범이처럼 대부분의 아이들은 바람을 선으로 그립니다. 그런데 다섯 살이 되면 바람을 선이 아닌 것으로도 표현할 수 있

김기범(5세) (왼쪽)
A4 용지에 연필
19.8×29.7cm

김현정(5세) (오른쪽)
A4 용지에 연필
19.8×29.7cm

다고 알려 주면 좋습니다. 그래서 선생님은 아이들에게 "우리 바람 부는 날을 그려 보자. 근데 바람이 불면 어떤 일들이 생기지? 아까 현정이가 얘기한 것처럼 모자가 날아가기도 하고, 머리카락이 날리기도 하지?"라고, 바람이 불면 일어나는 일들을 생각할 수 있게 질문했습니다. 기범이는 "나무에서 잎이 떨어지기도 해요! 그리고 바람이 너무 세게 불면 눈을 잘 못 뜨겠어요"라고 바람이 불 때 보고 겪었던 일들을 이야기했습니다. 현정이는 "맞아, 나도 나뭇잎이 떨어지는 거 봤어요. 바람이 많이 불면 비도 와요"라고 대답했습니다. 그래서 아이들과 센 바람, 약한 바람, 비 오는 모습들을 물감과 크레파스를 이용하여 표현해 보는 연습을 했습니다. 뿌리기도 하고 문지르기도 하고 붓으로 비비기도 하여 여러 가지 바람을 표현했습니다.

현정이는 "와, 정말 바람이 부는 것 같아요"라고, 자신이 그린 그림을 보며 좋아했습니다. 기범이도 물감을 묻힌 붓을 종이에 찍어 보며 비를 표현했습니다. 연습을 한 뒤 현정이와 기범이는 '바람 부는 날씨'에 대해서 그렸습니다. 현정이는 바람이 불어 파란 나무에서 동그랗고 알록달록한 나뭇잎이 많이 떨어져 있는 그림

현정이가 물감으로 바람과 비 등을 표현하는 모습 　　　기범이가 물감으로 바람과 비 등을 표현하는 모습

을 그렸습니다. 하늘에서는 더운 바람이 분다며 빨간색으로 바람을 표현했습니다. 기범이는 밤에 바람이 부는 모습을 그렸습니다. 마찬가지로 흰색 나무에서 나뭇잎이 땅에 떨어져 있고, 하늘에서는 바람이 불고 빗방울도 떨어지는 모습입니다. 아이들은 바람이 불면 어떤 일들이 일어나는지 알고 있습니다. 하지만 정작 그림을 그릴 때는 사람들의 머리카락이나 나뭇잎들은 정지해 있고 선으로 바람이 부는 모습들만 그립니다. 하지만 아이들은 '바람'에 대해 구체적인 대화를 하고 자신이 생각한 것들을 그려 보면서 바람을 다양하게 표현할 수 있다는 사실을 알게 되었을 것입니다. 그러고 나서 그린 자신의 그림이 전과는 비교도 안 될 만큼 멋지다는 것에 만족했습니다.

김현정(5세) 〈바람 부는 날〉
종이에 크레파스, 수채,
콜라주 39.4×27.2cm

김기범(5세)
〈바람 부는 날〉
종이에 크레파스, 콜라주
27.2×39.4cm

집에서도 아이들과 '바람', '비'처럼 날씨와 관련된 이야기를 해 보세요. 하지만 아이가 재미있는 이야기를 했다고 해서 "재미있네. 그럼 그려 봐"라고 하지는 마세요. 다섯 살인 아이는 아직 자신이 겪은 일들을 '형태'로 표현하기가 어렵기 때문입니다. 그렇지만 한 가지 단어를 다양하게 생각하는 연습을 하면 '형태력'이 생기는 일곱 살 전후가 되었을 때, 그림 속의 내용이 풍부해질 것입니다. 가끔 조급한 부모들이 갑자기 아이들에게 "그려 봐"라며 강요하는 경우도 있는데, 아이들은 부담스러워할 수 있습니다. 다섯 살 가량인 아이들은 다양하게 생각하는 연습을 하는 것이 중요합니다. 이 시기의 아이들은 아빠보다는 엄마와 보내는 시간이 많아 자신이 모르는 것을 언제든지 편하게 물을 수 있습니다. 그래서 자신이 그리고 싶은 것을 어떻게 그리는지 많이 물어봅니다. 이럴 때 엄마는 '형태'를 먼저 알려 주기보다는 궁금해하는 '단어'를 다양하게 생각해 볼 수 있는 이야기를 먼저 해 주는 것이 좋습니다. 아이들에게 "바람은 이렇게 그리는 거야" 혹은 "비는 이렇게 그리면 돼"라고 말하기보다는, "현정아, 저번에 바람 불 때 나뭇잎이 막 날아갔지?", "비 올 때 하늘이 깜깜해지고 우산이 날아가 버렸었지? 기억 나?" 하고, 그때의 상황에 대해서 아이가 기억을 더듬어 갈 수 있게 도와주는 것이 좋습니다. 아이들은 나누었던 이야기를 꼭 그리지 않아도 대화하는 과정에서 바람이 부는 상황을 머릿속에 떠올리게 됩니다. 그것만으로도 아이들이 한 가지 단어, 또는 주제를 다양하게 생각할 수 있는 훈련이 충분히 됩니다.

아이들은 커 가면서 어떤 주제에 대해 생각할 기회가 많이 생깁니다. 이럴 때 자신이 경험한 것들을 기억에서 다양하게 꺼내어 쓸 수 있는 훈련이 되어 있다면, 글로든 그림으로든 표현할 수 있는 양이 다른 아이들보다 많아질 것입니다. 여덟 살 이상인 아이들에게 '겨울 풍경'에 대해 그려 보라고 하면, 대부분의 아이들이 눈사람 또는 눈싸움을 하는 모습을 그립니다. 실제로 겨울이 되면 눈이 녹아서 지저분한 길도 있고, 군고구마 장수도 있고, 눈을 치우는 사람도 보이고, 김장하는 할머니, 엄마의 모습도 있지만 '겨울=눈'의 공식처럼 '생각하지 않고 의무적으로 그리는 아이들'이 많습니다. 분명히 알고 있는 것인데도 그것을 꺼내어 표현하는 것이 연습되지 않았기 때문입니다. 그래서 네 살, 다섯 살, 여섯 살인 아이들에게는 '한 가지 주제를 다양하게 표현'할 수 있게 도와주는 것이 아주 중요합니다.

아이디어를 많이 내야 하는 직업을 가진 사람들이 자주 쓰는 방법인 '아이디어 맵idea map'을 작성해 보세요. 만약 '해'에 대해 이야기를 나눈다고 가정해 보면, 부모가 '아이디어 맵'을 이용해서 아이에게 '해' 한 가지를 여러 가지로 생각하는 연습을 시킬 수 있습니다.

우선 종이 가운데에 '해'라고 단어를 써도 되고 그림을 그려도 됩니다. 그리고 '해'가 쨍쨍할 때 어떤 일이 일어나는지 이야기합니다. 계절을 이야기해도 좋고, 더워서 선글라스를 쓰고 다니는 사람에 대해 이야기해도 좋습니다. 구름이 해를 가린 이야기, 해가 져서 노을이 지는 모습에 대한 것도 좋습니다. 하나하나 '해'에서 파생시켜 가면서 아이디어를 그림으로 또는 단어로 만듭니다. '해'에 대해 아이가 한 가지를 말하면 부모가 한 가지를 말하는 식도 좋습니다. 아이가 혼자 하면 부담스러워할 수도 있으니까요. 아이가 어느 정도 그림을 그릴 수 있다면 부모가 함께 그려도 되지만, 어려서 그리기 어려울 때는 부모가 그려 주어도 무방합니다. '아이디어 맵' 훈련은 그리는 것보다 한 가지 단어, 또는 주제를 다양하게 생각할 수 있는 연습을 하는 것이니까요.

▶ 이렇게 아이디어 맵을 그려 보세요.

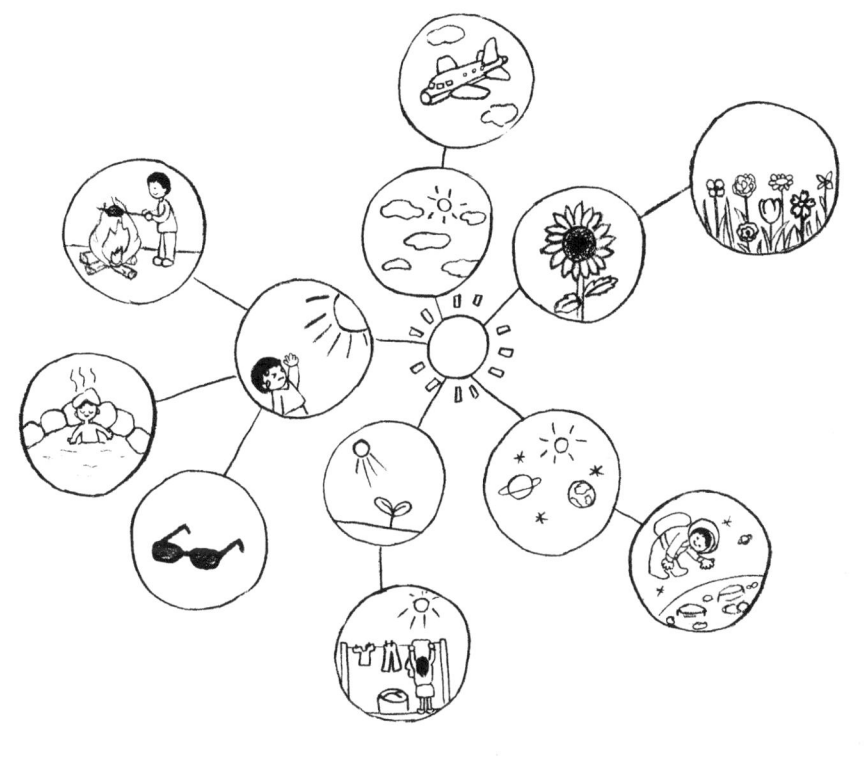

선생님의 한마디

벌써부터 사물을 보고
따라 그리게 해도 되나요?

가끔 어린아이에게 사물을 그대로 따라 그리게 하는 것이 맞는지 물어보는 부모님들이 있습니다. 따라 그리는 것이 습관이 되어 자신의 생각을 표현하지 못하면 어쩌나 걱정하기도 합니다. 지금 어린 자녀를 둔 부모가 기존에 받았던 획일적인 미술교육 때문에 걱정이 더할 수도 있습니다. 하지만 '사물을 따라 그리는 것'이라고 생각하기보다는 '꽃을 자세히 들여다 보고 사물의 다양성을 인식하고 관찰력을 키우는 시간'이라고 생각했으면 좋겠습니다. 사물을 관찰하여 그것의 다양성을 알게 되는 아주 기본적인 행위를 무시한 채 그림의 결과와 그림을 그리는 방법에만 초점을 두게 되면, 아이는 늘 같은 모양의 사물을 습관적으로 그리게 될 수 있습니다. 한 예로 같은 꽃을 보고 그린 아이들의 그림을 볼까요? 같은 꽃을 보고 그렸다고 믿어지지 않을 만큼 다양하게 표현된 것을 볼 수 있습니다. 일곱 살 준교는 꽃 주위에 자신이 좋아하는 곤충들을 그렸고, 여섯 살 주연이는 꽃병 속의 물이 움직이는 모습과

정준교(7세) (왼쪽)
종이에 색연필. 수채. 먹
39.4×27.2cm

박주연(6세) (오른쪽)
종이에 색연필. 파스텔
39.4×27.2cm

꽃 주위에 나비를 그려 주었습니다. 다섯 살 명진이는 꽃병의 많은 꽃들을 다양하게 그리지 못했지만 꽃잎이 겹쳐 있는 것을 매우 잘 관찰하여 그려 주었습니다. 네 살 상현이도 아직은 형태가 나오지 않지만 꽃들을 충분히 관찰한 것이 보입니다. 해바라기 가운데의 어두운 부분도 검은색으로 점을 찍어 표현했습니다.

아이들의 그림은 꽃의 모양도, 배경의 색도 모두 다양합니다. 각각의 아이들마다 같은 것을 보고 그렸지만 각자의 개성에 맞게 표현한 것이 보입니다. 다양한 꽃을 그려야 하는 수업이라면 꽃을 잘 관찰해서 성실하게 표현해 주는 것이 목표입니다. 그 외의 것들은 아이들이 자유롭게 상상하고 표현할 수 있도록 해 주는 것이 좋습니다. 아이가 꽃을 그리다가 문득 재미있는 상황들이 생각났을 수도 있고 꽃을 더 예쁘게 그리고 싶어서 꽃병을 나름대로 디자인해 주고 싶을 수도 있는 것입니다. "오늘은 보이는 대로만 그리는 날이야"라고 강압적으로 아이를 대한다면 아이는 그림에 부담을 가질 수도 있고 흥미를 잃을 수도 있습니다. 아이들이 그림을 그리면서 감성이 풍부해지고, 무언가 보이는 것 말고 자신의 이야기도 함께 풀어낼 수 있게 지도해야 할 것입니다. 아이들은 부모가 걱정하는 것처럼 보고 그린다고 해서 모두 똑같은 그림을 그리지 않습니다. 각자 그리고 싶은 꽃이 다를 것이고 자신이 본 꽃 모양이 옆의 아이가 본 꽃 모양과 다를 것이며, 꽃을 그리면서 떠오르는 생각들이 다를 것이기 때문입니다. 보고 그린 그림의 '결과'에 너무 치중하여 걱정하지 말고 아이와 사물의 다양함을 인식할 수 있는 시간을 가져 보세요.

김명진(5세) (왼쪽)
종이에 파스텔, 먹
39.4×27.2cm

주상현(4세) (오른쪽)
종이에 수채, 크레파스, 콜라주
39.4×27.2cm

사물을 자세히 본다는 것은 아이들에게 많은 인내를 요구하는 힘든 일입니다. 그렇지만 네 살 전후부터 조금씩 습관을 들이면 좋습니다. 부모가 사과를 설명할 때 "사과는 빨간색이야"라고 단정해 버리면, 아이는 빨간색 사과만 기억하게 됩니다. 서너 살의 아이들을 하얀 도화지라고 생각하면 됩니다. 하얀 도화지에 어떤 그림을 처음 그리느냐에 따라 결과가 달라지듯이 아이들도 마찬가지입니다. 처음 들인 좋은 습관이 좋은 결과로 이어지기 때문입니다. 처음부터 어른들이 생각하는 정형화된 생각을 심어 주기보다는 스스로 사물의 특징을 살펴볼 수 있게 관찰하는 습관을 들여 주어야 합니다. 단순히 있는 사물을 그대로 보고 그리는 것이 목적이 아니라, 잘 그리지 못하더라도 자꾸 자세히 보는 습관을 기르면, 형태력이 생기는 예닐곱 살에는 스스로 잘 그릴 수 있을 것입니다.

자세히 보게
해 주세요

나도 형아처럼 그릴 수 있어요

다섯 살인 희수는 코끼리를 좋아합니다. 며칠 전에 엄마, 아빠와 동물원에 가서 본 코끼리의 긴 코가 재미있었나 봅니다. 그래서 희수는 미술 학원에 오자마자 코끼리를 그려 보고 싶어 했습니다. 선생님은 잘 그릴 수 있게 코끼리 사진을 보여 주었습니다. 희수는 코끼리 코가 어디에 붙었는지, 코가 긴지 짧은지 관찰한 뒤에 그리기를 했습니다. 분명히 선생님과 함께 사진을 보며 코끼리의 특징들을 다 이해해서 눈, 코, 입, 귀, 꼬리가 모두 있지만, 막상 그림을 보면 코끼리처럼 보이지 않습니다. 코끼리의 몸통과 얼굴, 다리, 귀의 비례가 잘 맞지 않기 때문입니다. 그래서 희수가 좀 더 코끼리의 머리, 몸통, 다리 등의 구조와 비례를 쉽게 이해할 수 있

정희수(5세) 〈코끼리〉
A4 용지에 색연필
19.8×29.7cm

도록 어디서나 구할 수 있는 재료들로 코끼리 만들기를 해 보았습니다. 만들기를 하면, 사진을 보며 설명할 때보다 아이가 쉽게 이해할 수 있습니다. 희수와 코끼리 만들기 순서를 정하고, 종이컵과 길이를 조절할 수 있는 빨대로 코끼리를 만들기 시작했습니다. 희수는 코끼리 몸통-얼굴-코-다리-꼬리의 순으로 만들고 싶어 했습니다. 만드는 순서를 정하는 것은 몸의 구조를 익히는 데 도움이 됩니다. '코끼리'라는 하나의 덩어리로 보는 것이 아니라, 코끼리를 몸의 구조별로 생각해 보는 과정을 거치기 때문입니다. 희수는 재활용품인 상자와 종이컵, 빨대, 풀로 코끼리를 만들었습니

정희수(5세) 〈코끼리〉 (왼쪽)
재활용품
25(가로)×20(높이)cm

정희수(5세) (오른쪽)
종이에 색연필
27.2×39.4cm

다. 그리고 방금 만든 코끼리를 보고 그림을 그리게 했습니다. 위의 오른쪽 그림은 희수가 다시 그린 코끼리 드로잉입니다. 전보다 훨씬 구조를 잘 이해한 것 같습니다. 희수는 "선생님, 이 코끼리는 여섯 살 형아가 그린 것 같죠?" 하고, 자신이 코끼리를 잘 그린 것에 매우 만족해했습니다.

  아이들이 동물을 그리고 싶어 할 때 도움을 줄 수 있는 것이 '사진'입니다. 동물 도감에 있는 사진일 수도 있고, 동화책 속에 있는 사진이나 그림을 보고 그릴 때도 있습니다. 그런데 아이들에게 사진을 보여 주어도 그리기를 힘들어할 때가 있습니다. 복잡한 모양의 동물을 평면의 종이 위에 그려 내기란 생각보다 쉽지 않기 때문이지요. 특히 여섯 살 이하의 아이들에게는요. 이런 경우 도움을 줄 수 있는 것이 만들기입니다. 모형을 만드는 것은 사진 속의 동물을 바로 그림으로 그리는 것이 아니라, 만들기를 통해 동물의 몸의 구조와 비례 등을 연습할 수 있는 장점이 있습니다. 시간을 오래 들여 멋지게 만드는 만들기가 아니라 쉽게 구할 수 있는 재료로 동물의 몸 구조만 단순히 만들어 보는 것입니다. 복잡한 구조를 가진 동물의 경우일수록 도움이 됩니다. 아이들은 몸통, 다리, 코, 귀, 얼굴, 뿔 등 각각의 구조에 필요한 재료들을 고르면서 구조에 대해 이해하게 됩니다.

  모형을 만들 때도 만들기 전 관찰은 필수입니다. 부모가 사진 속 동물들 몸의 각 부분을 손가락으로 짚어 가며 설명해 주면, 아이는 손가락을 따라 차근차근 구조를 익힐 수 있습니다. 그러고 나서 자신이 만든 동물을 보고 그리게 해 보세요. 아이의 그림에 동물의 몸통, 얼굴, 다리, 귀 등의 비례가 잘 나타나게 될 것입니다. 그 다음에 세부적인 동물의 주름이라든지 발톱, 이, 털 등은 사진을 다시 보며 관찰하게 하세요. 그럼 다섯 살 아이임에도 멋진 형태가 나올 수 있습니다. 부모가 아이와 함께 동물 사진을 볼 때도 동물의 크기에 대해서 이야기해 주면 좋습니다. 얼굴이 몸통에 비해 얼마나 큰지, 앞다리가 뒷다리보다 긴지 짧은지, 구부러져 있는지 등, 세부적인 것들을 손가락으로 짚어 가며 관찰하면 아이도 재미있어하면서 관찰하게 됩니다. 관찰하는 습관이 길러지면 사물의 '형태'도 더 잘 그리게 될 것입니다.

사과는 빨간색?

네 살인 정민이, 준서, 서영이가 정물화를 그리는 날입니다. 네 살인 아이들이 과연 정물화를 그릴 수 있을까요? 정물화 그리기는 '형태'를 그리기 위함이 아니라 정물을 하나하나 자세히 관찰하여 특징을 파악하기 위함입니다. 그래서 아이들이 평소에 흔히 보던 사과, 무, 오이, 참외 등을 준비해 놓았습니다. 그리기를 하기 전에 아이들에게 물었습니다. "사과는 무슨 색일까?" 정민이가 사과를 보지도 않고 크게 대답했습니다. "빨간색이요!" 그러자 준서가 눈을 동그랗게 뜨고 "아니야!" 했습니다. 준서는 책상에 놓여 있는 사과 하나를 들고 정민이의 눈에 가까이 가져가서 "봐, 사과에는 빨간색도 있고 노란색도 있고 연두색도 있고, 점

정물화를 그리기 위한 소재들

사과에서 본 색들을 물감으로 만들어 칠하는 정민이

같은 것도 있다고"라고 했습니다. 정민이는 준서가 건네 준 사과를 자세히 보다가 "정말이네. 그리고 썩은 것도 있어요!"라고 선생님에게 말했습니다. 준서의 말과 행동에 선생님은 깜짝 놀랐습니다. 다른 아이들에게도 과일을 구석구석 살펴보며 어떤 색들이 있는지 관찰하게 했습니다. 정민이는 바나나를 보면서 "어, 여기 썩었어요. 그래서 갈색이 조금 있어요"라고 했습니다. 서영이도 "여기 이 사과도 썩었네" 하며, 과일들 속에서 서로 다른 색을 찾는 것을 매우 재미있어했습니다. 그리고 사과의 모양에 대해서도 이야기했습니다. "베어 먹지 않은 사과는 둥글지만, 한 입 베어 먹은 사과는 어떨까? 그리고 엄마가 너희들한테 사과를 줄 때 칼로 잘라 놓은 것은 어떤 모양일까?"라는 선생님의 질문에 아이들은 저마다 전에 본 사과의 모습들을 상상했습니다.

다음 페이지에서 아이들이 관찰하여 그린 그림들을 보면, 아직 네 살이어서 형태가 잘 나오지는 않았지만, 과일에 있는 다양한 색들을 아주 잘 칠했습니다. 사과가 빨간색이라고 말했던 정민이는 사과에서 본 많은 색들을 한 가지씩 만들어 칠했습니다. 색칠하기를 워낙 좋아하기 때문에

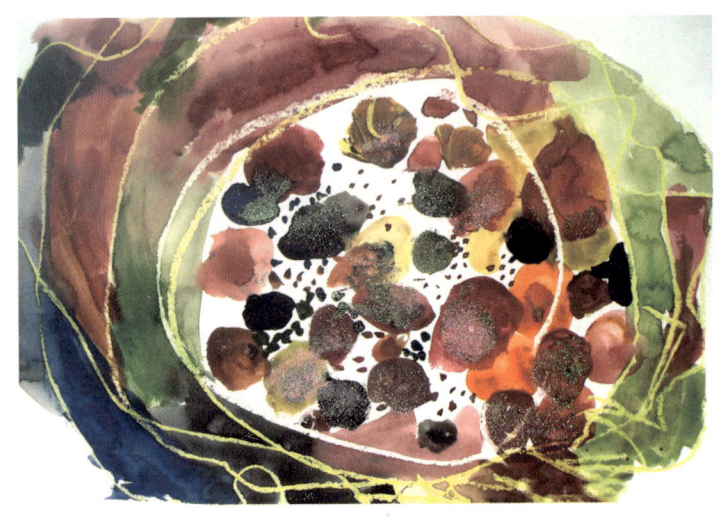

김서영(4세)
종이에 수채, 색연필
27.2×39.4cm

사과의 동그란 모양은 그려 주기 싫고 색들만 만들고 싶다고 했습니다. 빨간색도 칠하고 노란색도 칠하고 주황색도 칠했습니다. 정민이는 선생님이 준 네모난 종이를 온통 사과의 색들로 칠했습니다. 서영이는 흰색 크레파스로 동그랗게 사과를 그리고 그 안을 여러 가지 색으로 채워 주었습니다. 조금 썩은 부분은 갈색으로 칠하고, 너무 썩어서 구멍이 난 부분은 검은색으로 칠했습니다. 사과의 작은 점들도 표현했습니다. 준서는 초록색 사과, 여러 가지 색이 있는 사과, 갈색의 썩은 사과를 그렸습니다. 사과를 관찰하면서 보았던 점도 표현했습니다. 세 아이 모두 같은 사과를 관찰하고 그렸지만 표현 방식은 모두 다릅니다. 아이들마다의 개성이 보이는 그림입니다. 수업이 끝나고 준서 어머니에게 준서가 수업 시간에 사과의 색에 대해 정확히 알고 있어서 놀랐다고 했습니

박준서(4세)
종이에 크레파스
27.2×39.4cm

다. 어머니는 이렇게 말했습니다. "아마도 어제 가게에서 있었던 일 때문일 거예요. 어제 준서와 과일을 사러 갔는데 사과를 먹고 싶다고 하더라고요. 그래서 사과를 사면서 그냥 한 번 사과를 자세히 보여 주었어요. 그러면서 사과에 있는 색들을 모두 보여 주었지요. 약간 멍이 들어 있는 것을 보고 준서가 재미있어하더니 오늘 수업 시간에 그걸 생각했나 봐요. 신기하네요."

대부분의 아이들은 사과는 빨간색이라고 생각합니다. 그것은 아이들이 관찰을 잘 못해서가 아니라 아이들에게 사과에 대해서 처음 가르쳐 줄 때 사과는 빨갛다고 해서 그런 경우가 많습니다. 그리고 아이들이 보는 책에서 사과를 사진보다는 일러스트로 간략하게 보여 주기 때문이기도 합니다. 과일은 색을 관찰하는 데 좋은 자료가 됩니다. 하나의 과일에도 여러 가지 색이 있기 때문에 아이들과 하나하나 살펴보면서 색 찾기 놀이를 해 봐도 좋습니다. 네 살부터는 사물을 잘 관찰하는 습관을 들이는 것이 좋습니다. 관찰력이 좋은 아이들은 그렇지 않은 아이들에 비해 표현력도 좋고 학습적인 면에서도 차이가 나기 때문입니다. 특히 대충대충 하는 습관을 가진 아이들에게는 관찰하는 습관이 아이들을 꼼꼼해지게 하는 데 도움이 됩니다.

하지만 관찰력을 많이 키우겠다며 사물을 보여 줄 때마다 분석하듯이 보게 하는 것은 좋지 않습니다. 매번 사물을 관찰하면서 보여 주기도 힘들고요. 준서 어머니처럼 가게에 갔을 때나 집에서 심심할 때, 자연스럽게 아이와 놀듯이 가끔 관찰하는 것이 더 좋습니다. 자연스럽게 익힌 것이 더 오래 기억되기도 합니다. 아이들이 처음에는 색을 다양하게 쓰다가도 어느 순간 사과를 그냥 빨간색으로 칠할 때가 있습니다. 그럴 때 '어머, 우리 아이가 또 대충 봤나?'라고 생각하거나, "사과가 빨간색이니? 아니잖아. 여기 봐" 하면서 아이를 나무라면 절대 안 됩니다. 매번 사과를 그리고 색칠할 때 사과를 직접 보면서 하지 않기 때문에, 아이가 알고 있는데도 다양한 색을 칠하기가 힘들어서 그냥 한 가지 색으로 칠할 수도 있습니다. 몇 번은 마음대로 칠할 수 있게 해 주고, 그 다음에는 부모가 같이 칠해 주세요. "엄마는 여기 멍든 거 칠해야지" 하며 전에 관찰할 때 본 것을 아이에게 생각나게 하는 방법이 좋습니다.

● 좀 더 자세히 알아볼까요?

화가들이 말하는 '관찰'

빈센트 반 고흐Vincent Van Gogh는 '잘 보는 능력'을 가진 화가였습니다. 고흐는 오후 한나절 본 것만 가지고도 많은 명작을 남겼습니다. 사진을 찍어서 보고 그린 것도 아니고 잘 관찰하고 느낀 것으로 그림을 그렸던 것입니다. 피카소는 추상화가로 유명하지만, 미술을 처음 배울 때는 세밀화를 사실적으로 그리곤 했습니다. 미술 선생님이었던 피카소의 아버지는 피카소에게 비둘기 발만 반복해서 그리게 했습니다. "열 다섯 살이 되자 나는 사람의 얼굴, 몸체 등도 다 그릴 수 있게 되었습니다. 그동안 비둘기 발밖에 그리지 않았지만, 어느 때는 모델 없이도 그릴 수 있었습니다"라고 피카소는 회상했지요. 이처럼 그는 한 사물을 관찰함으로써 다른 것들도 묘사할 수 있게 되었던 것입니다.

고흐는 자신이 잠시 본 것을 머릿속에 오랫동안 담아 자신의 느낌으로 표현할 수 있는 뛰어난 관찰력을 가지고 있었고, 피카소는 관찰을 통해 사물을 바라보는 예리한 눈을 가지고 있었습니다. 그리고 그러한 관찰력을 바탕으로 훌륭한 명작을 남길 수 있었던 것입니다. 예리한 눈을 가지고 태어나서 선천적으로 관찰력이 좋은 아이도 있지만, 관찰력은 연습을 통해 얼마든지 발전할 수 있습니다. 그리고 관찰을 하는 행위는 주의력 집중에 도움을 주며 인내력을 증진시킵니다. 미술 활동은 아이들이 관찰할 수 있는 습관을 들이기에 아주 좋습니다.

관찰은 단순히 그림을 잘 그리게 하는 것이 아니라 다른 사람들이 볼 수 없는 것까지 볼 수 있는 능력을 가질 수 있게 합니다. 그리고 관찰한 것을 그림으로 그리는 과정에서 아이들은 사물에 대한 수많은 지식을 저절로 습득할 수 있게 될 것입니다.

구운 생선이 아니잖아

다섯 살인 지현이와 지원이는 물고기 잡기 놀이를 좋아합니다. 그래서 가끔 미술 시간에 물고기를 그리고 싶어 합니다. 지현이와 지원이가 함께 그린 오른쪽 그림에서는 물고기가 모두 똑같은 모양이고, 헤엄치는 방향도 일정합니다. 그래서 물고기들이 어떻게 생겼는지 아이들에게 알려 주기 위해 다양한 물고기들을 관찰하여 그려 보는 수업을 하기로 했습니다. 우선 아이들이 어떤 물고기들을 알고 있는지 물었습니다. "애들아, 너희들 살아 있는 물고기 본 적 있니?" 지원이는 "네! 저는요, 집게가 엄청 무서운 게도 봤어요", 지현이는 "나는 마트에서 커다란 물고기도 봤어요"라고 했습니다. "그럼 만져 본 적도 있어?"라고 묻자 아이들은 눈이 동

방지현(5세), 이지원(5세) 종이에 수채, 크레파스 27.2×39.4cm

지현이와 지원이가 물고기를 관찰하여 그리는 모습

그래졌습니다. "오늘은 물고기를 만져 볼 거야. 입 속에 뭐가 있는지도 볼까?" 하고, 그릴 것에 대해 알려 주었습니다. 아이들은 "와, 재미있겠다!" 하며 신났습니다. 봉지에 든 물고기 중 하나를 꺼내 보여 주었습니다. 지현이는 "우와, 신기하다! 선생님, 난 이 생선 먹는 거 좋아해요!" 하면서 조기를 가리켰습니다. 조기의 몸통에 있는 옆줄에 대해서도 설명

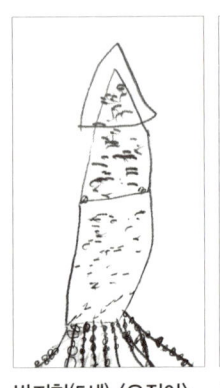

방지현(5세) 〈오징어〉
종이에 드로잉 연필
27.2×39.4cm

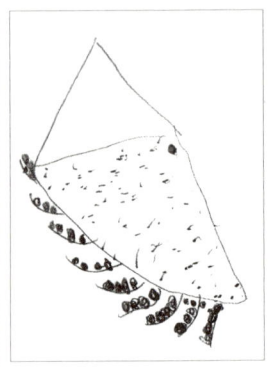

이지원(5세) 〈오징어〉
종이에 드로잉 연필
27.2×39.4cm

해 주었습니다. 아이들은 다른 생선들도 옆줄이 있는지 확인했습니다. 모든 생선에 옆줄이 있다는 사실에 재미있어했습니다. 이번에는 생선의 비늘도 만져 보고, 입 속에 혀가 있는지 보려고 입을 벌려 보기도 했습니다. "선생님! 여기 혀가 있어요. 이도 뾰족해요. 우와!" 하며 신기한 듯 생선에서 눈을 떼지 못했습니다. 지현이도 뾰족한 생선의 이빨을 보고 놀라기도 하고, 생선의 여기저기를 만지고 재미있게 관찰하며 신기해했습니다.

위 그림은 지현이와 지원이가 오징어를 관찰하면서 그린 그림입니다. 오징어의 형태가 멋지게 표현되었습니다. 오징어 표면의 작은 점들도 그리고, 다리에 붙어 있는 빨판도 정성스럽게 그렸습니다. 옆 페이지의 그림에서도 지원이는 가자미의 배가 하얗고 아무런 모양도 없어 징그러운지, 가자미에게 예쁜 옷을 입힌 것처럼 색칠했습니다. 아이들은 만져 보며 관찰하고 그림을 그리는

이지원(5세) 〈가자미〉
종이에 색연필
27.2×39.4cm

과정을 통해 오징어 다리가 여덟 개인데 그중 가장 긴 다리는 두 개라는 사실, 오징어 다리의 끝쪽에서 가운데까지만 빨판이 있다는 사실을 알게 되었고, 가자미는 다른 생선들과는 다르게 한쪽에 눈이 두 개 달려 있고 반대쪽에는 아무것도 없다는 사실을 알게 되었습니다. 그리고 생선의 입 속에 혀도 있고, 머리에 콧구멍도 있고, 몸통에 옆줄도 있다는 것을 발견했습니다. 수업이 끝난 후, 그림을 보고 어머니들이 깜짝 놀라며, 아이들이 그린 그림이라고는 믿어지지 않는다고 했습니다. 선생님은 "아이들이 보이는 대로만 그렸을 뿐인걸요. 먼저 관찰을 하고 그려서인지 특징들을 잘 그렸어요. 오히려 뭐 더 그릴 게 없나 생선의 몸을 구석구석 살펴 보던걸요" 하고 설명해 주었습니다.

대부분의 부모들은 아이들이 어리다고 해서 아이들이 그릴 수 있는 만큼만 알려 주고, 몸통이 동그랗고 꼬리가 세모꼴인 흔한 모양의 생선을 그려 주는 경우가 많습니다. '설마 아이들이 생선의 비늘이며 이빨, 눈까지 자세히 그릴 수 있겠어?'라고 생각하지요. 그런데 아이들은 부모가 생각하는 것보다 훨씬 더 자세히 볼 수 있고, 또 그릴 수 있는 능력이 있습니다. 으례 아이가 자세히 그리지 못할 것이라고 생각해서 자세히 보여 주지 않아 그리지 못할 뿐입니다. 자세히 본 만큼 그리지 못하더라도 사물을 자세히 관찰하는 습관을 가지는 것은 아주 중요합니다. 생선 같은 경우는 평소에 음식으로 먹기 때문에 잘 관찰할 기회가 없습니다. 특히 살아 있는 물고기들은 움직이기 때문에 아이들이 관찰하기가 더욱 힘듭니다. 그래서 시장이나 슈퍼마켓에 아이를 데리고 갔을 때 조금 시간을 들여서라도 아이가 미처 보지 못하는 부분들을 볼 수 있게 유도해 주면 좋습니다. 아이들은 엄마와 함께 다닐 때 재미있게 이야기하면서 본 것들은 잘 기억합니다. 일상 생활에서도 함께 관찰하는 시간을 만들어 보세요. 아이는 책으로 익힌 것보다 훨씬 많은 것을 알게 되고, 관찰한 내용을 오랫동안 기억할 것입니다.

'관찰'은 '지식'이 됩니다

다섯 살 아이들이 생선의 옆줄을 안다는 것은 놀라운 일일 수 있습니다. 하지만 지식을 주입한 것이 아니라 관찰을 통해 자연스럽게 알게 된 것입니다. 관찰을 통해 알게 된 지식은 '알아야 되는 것'이 아니라 '저절로 알게 되는 것'입니다. 미술 활동을 단순히 그림을 그리는 것과 만들기를 하는 것에 국한하여 생각하지 않았으면 합니다. 제대로 된 미술 활동을 통해 아이들은 사물에 호기심을 가지게 되고, 관찰하며 스스로 지식도 얻게 됩니다. '그림을 잘 그렸네, 못 그렸네'의 작은 범위에서 벗어나 아이들의 생활에 큰 도움을 줄 수 있는 넓은 범위로 생각해 주세요.

관찰을 중요시하세요

해부학자 프랜시스 세이모어 헤이든Francis Seymour Haden은 화가들이 필수적으로 해부학을 공부했던 것처럼 자신이 가르치는 모든 학생들에게 미술을 공부하도록 시켰습니다. 그래야만 관찰 능력과 기술이 발전한다고 생각했기 때문입니다. 노벨상 수상자를 포함한 40명의 과학자들을 대상으로 조사한 결과, 예술적 조예와 시각적 사고 능력, 과학적 성취도 사이에 상당히 밀접한 관련성이 있음이 발견되기도 했습니다.

글쓰기에도 관찰의 기술이 요구됩니다. 사람의 외관뿐만 아니라 대화, 행동까지 자세히 관찰해야 훌륭한 글을 쓸 수 있는 것입니다. 소설가 서머싯 몸Somerset Maugham은 "간접적으로 전해지는 얘기라도 몇 시간 동안 들어 줄 수 있어야 무심결에 새어 나오는 중요한 단서를 포착해 낼 수 있다"라고 말할 정도였습니다.

이처럼 '관찰'은 그림을 그릴 때뿐만 아니라 모든 분야에서 아주 기초적으로 필요한 것입니다. 그리고 관찰력을 잘 기른 사람은 다른 사람들과 차별화된 능력을 보여 줄 수 있게 됩니다. 간혹 어린아이들에게 '보고 그리는 것'에 대해 무슨 효과가 있는지 궁금해하는 부모들이 많습니다. 관찰을 통해 그림을 그리는 것은 단순히 그림을 잘 그리기 위해서가 아닙니다. 다른 사람들보다 사물을 자세히 들여다보고 많은 것을 볼 수 있는 능력을 기를 수 있기 때문입니다. 많은 것을 본 사람이 그림을 그릴 때도 풍부한 표현을 할 수 있는 것과 마찬가지입니다. 관찰하는 습관을 기르면 다른 사람이 보지 못한 부분까지 볼 수 있게 되고 그것이 지식이 되어 뛰어난 실력을 가질 수 있게 됩니다.

상상력을 키우기 위해서는 부모가 아이들에게 상상할 수 있는 질문을 해 주어야 합니다. 아이들이기 때문에 저절로 상상력이 풍부해질 것이라고 생각하는데 상상력도 연습을 통해서 키워지는 경우가 많습니다. 특히 부모들이 평소에 아이에게 하는 질문들이 아이의 상상력을 자극할 수 있습니다. 그러기 위해서는 '틀에 박힌 정답'을 요구하거나 '맞고 틀린 것', 즉 정답을 요구하는 질문들보다는, 아이들의 입장에서 정답이 없는 생각을 유도하는 질문들을 해 주는 것이 좋습니다.

질문해 주세요

오늘은 사자의
생일 파티 날이래요

아이들이 가장 좋아하는 놀이 중 하나가 '생일 파티 놀이'일 것입니다. 모래 놀이를 할 때도 모래더미 위에 작은 나뭇가지를 꽂아 모래 케이크를 만들며 놀고, 생일 파티를 할 때도 자신의 생일이 아닌데도 서로 촛불을 불어 끈다고 싸우기도 합니다. 이처럼 '생일'에 대한 놀이는 아이들에게 상상력을 키울 수 있는 소재로 아주 좋습니다. 아이들은 '생일' 하면 생일 케이크와 촛불을 끄는 모습만 생각하는 경우가 대부분입니다. 더 재미있는 모습들도 많은데요. 아이들에게 '생일'을 주제로 상상 훈련을 시키기로 했습니다. 다섯 살인 수민이와 재은이는 미술 시간에 생일 파티를 한다고 하자 소리를 지르며 신났습니다. "자, 오늘은 특별한 생일이래. 오늘은 어떤 동물의 생일인데, 누구 생일일까?" 하고 선생님이 물었습니다. 수민이와 재은이는 동물의 생일이라니까 더 흥미로워했습니다. 재은이가 "사자요!" 하자, 수민이는 "맞아요, 사자 생일이에요."라고 했습니다. 아이들은 생일의 주인공인 사자를 그리려고 하다가 잘 못 그리겠는지, 선생님을 쳐다보며 "어떻게 그려요?" 하고 물었습니다. 다섯 살 아이들은 아직 자신이 상상한 것들을 모두 그리기가 힘듭니다. 아이들에게 동물 사진을 보여 주면서 몸이 큰지 작은지, 목이 긴지 짧은지, 털이 나 있는지, 꼬리가 긴지 보게 한 뒤 간단한 도형으로 그리게 했습니다. 아이들 나름대로 사자를 그럴싸하게 그렸습니다.

그 다음에 생일 파티에 대한 구체적인 질문들을 했습니다. "생일 파티를 하면 친구들이 와서 축하해 주지? 그럼 사자의 생일에는 어떤 친구들이 왔을까?" 하고 물으니 아이들은 또 생각하기 시작했습니다. 수민이는 "코끼리랑 돼지요", 재은이는 "음……, 얼룩말이랑 호랑이요" 하고 대답했습니다. "너희들은 친구 생일에 선물을 하지? 이 동물 친구들은 선물을 가지고 왔을까, 안 가지고 왔을까? 갖고 왔다면 큰 선물일까, 작고 귀여운 선물일까?" 하고 한 번 더 구체적으로 물었습니다. "코끼리는 수박을 가져왔고요, 호랑이는 깜빡 잊고 안 가져왔어요."라고 수민이가 대답하자, 재은이가 옆에서 "그럼 난 선물 말고 생일 축하 카드를 갖고 왔다고 해 줄래요" 하고, 각자가 상상한 것들을 말했습니다. 이제 아이들이 선생님의 질문을 통해 상상한 멋진 생각들을 그려 보기로 했습니다. 재은이는 생일 파티의 주인공인 사자를 그리고, 수민이는 생일 파티에 초대 받은 코끼리부터 그리기 시작했습니다. 그림을 그리면서도 수민이와 재은이는 친구 생일 파티에 갔던 일들을 이야기하며 재미있는 생각들을 했습니다. 아래 사진은 아이들이 함께 완성한 '사자와 기린의 생일 파티' 작품입니다. 알록달록한 예쁜 색도 칠해서 화려한 생일 파티 분위기가 납니다.

    재은이는 찰흙으로 만든 케이크에 숟가락과 빨대로 촛불을 만들었습니다. 작품을 자세히 볼까요? 생일의 주인공인 사자는 고깔모자를 쓰고 있습니다. 유치원에서도 생일을 맞은 주인공 아이

심재은(5세), 문수민(5세)
〈생일 파티〉
입체조형 27×30cm

심재은(5세) (왼쪽)
종이에 크레파스
12×5cm (부분)

심재은(5세) (오른쪽)
종이에 크레파스
9×16cm (부분)

가 생일 파티용 고깔모자를 쓰기 때문에 사자에게도 멋진 고깔모자를 오려 붙여 주었습니다. 사자의 오른쪽에는 등에 선물을 얹어 가져온 점박이 얼룩소도 보입니다. 얼룩소는 등 위에 주황색의 손잡이가 달린 네모난 선물을 싣고 왔습니다. 아직은 동물을 의인화한다는 것이 어려운 것 같아 보입니다. 아마도 의인화해서 그리는 것이 익숙하지 않아서일 것입니다. 사자 뒤쪽에는 코끼리가 반짝이는 하트 무늬 선물을 가져왔고, 꼬불꼬불한 꼬리를 가진 돼지는 선물로 꽃을 가져왔습니다. 생일 파티 속 동물들의 특징도 대체로 잘 그렸고, 모두 재미있게 표현되었습니다. 아이들의 재미있는 상

문수민(5세) (왼쪽)
종이에 크레파스
13×20cm (부분)

문수민(5세) (오른쪽)
종이에 크레파스
10×15cm (부분)

상력도 볼 수 있고요. 재은이도 작품을 완성하고 나서 멋있는지 아주 좋아했습니다.

아이들은 '동물들의 생일 파티'라는 주제로 그림을 그리기 전에 먼저 상상을 했습니다. 생일의 주인공인 '사자'를 상상하고, 사자의 생일 파티에 온 동물 친구들을 상상하고, 그 친구들이 가져온 선물들을 상상했습니다. 선생님의 질문을 통해 아이들이 조금씩 상상의 폭을 넓힐 수 있었던 것입니다. '꼭 질문을 해야만 아이들이 상상할 수 있나요?'라고 생각할 수도 있습니다. 아이들을 오랜 시간 가르쳐 보니 상상하는 것이 쉽지만은 않다는 것을 알게 되었습니다. 질문을 하다 보면 아이들은 분명히 상상할 수 있고 충분히 경험한 일인데도 쉽게 머릿속에서 꺼내어 표현하지 못합니다. 또한 아이들에게 동화책을 많이 읽어 주고, 상상력에 도움이 되는 비디오 자료를 많이 보여 주기 때문에 부모들은 으레 아이들이 상상하는 것이 쉬우리라 생각합니다. 동화책이나 비디오 자료들이 도움은 되지만, 정작 아이들이 자신의 생각을 말할 기회는 별로 없습니다. 단순히 수동적으로 이야기를 듣거나 눈으로 볼 뿐입니다. 충분히 듣고 보지만, 그 다음에 '나는 이렇게 생각해요'라고 말해 보지는 않는 것입니다.

상상想像, imagination이란 과거의 경험으로 얻어진 심상心像을 새로운 형태로 재구성하는 정신 작용을 뜻합니다. 즉, 자신이 경험한 것을 '자신의 생각'으로 바꾸는 것입니다. 미술은 상상 훈련을 하기에 아주 유용한 교육 활동입니다. 그리고 상상을 잘하게 하기 위한 방법이 '질문'입니다. '질문'은 아이의 기억 속에 담겨진 경험들을 꺼내어 주는 역할을 하기 때문입니다. 아이들은 질문에 대한 자신의 생각을 말하면서 점점 상상의 폭을 넓히게 됩니다. 또한 스스로 이야기를 처음부터 끝까지 만들어 내기에는 아직 어리기 때문에 중간 중간에 이야기를 연결하여 끝까지 지어낼 수 있도록 질문해 주어야 합니다. 아이들의 단편적인 생각들을 연결시켜 줄 수 있기 때문입니다. 이것이 훈련되면 아이들은 스스로 재미있고 독특한 생각을 할 수 있습니다. 생활 속에서도 부모가 아이에게 질문하는 것이 중요합니다. 따지듯이 하는 질문이 아니고, 대화하는 질문입니다. 부모가 질문하면 아이들이 대답하고, 아이가 한 말에 대해 부모는 자신의 의견을 말해 주세요. 서로 친구처럼 대화하는 것이 좋습니다. 그리고 상상하는 것은 정답이 없기 때문에 아이가 말도 안 되는 대답을 했을 경우에도 긍정적인 웃음으로 반응해 주세요.

문을 열면 깜짝 놀랄 거예요

여섯 살인 병준이와 다섯 살인 혁진이에게 선생님이 종이로 만든 문을 각각 주었습니다. 문은 실제로 열 수 있게 만들어진 것입니다. 아이들에게 문을 열어 보게 한 뒤, 문 안에 무엇이 보이는지 물었습니다. 병준이는 무엇이 보이는지에 대한 질문에 "선생님 얼굴요" 하며 깔깔 웃었습니다. 혁진이도 실제로 열린 문으로 보이는 선생님의 얼굴을 보면서 웃었습니다. "그리고 또 뭐가 있을 것 같아?"라고 다시 묻자, 병준이는 "내 방이요"라고 말하고, 혁진이는 "이 문은 냉장고 문이에요! 그래서 반찬이 보여요!"라고 말했습니다.

대부분의 아이들이 '문'에 대해 생각할 때 상상의 문보다는 자

문을 열어 보는 병준이

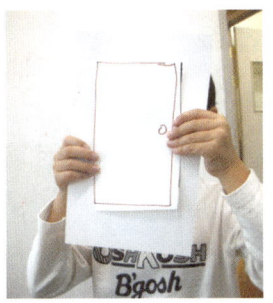

기 주위에서 자주 접하는 방의 문을 많이 생각합니다. 그런데 아이들에게 조금 질문을 다르게 하면 아이들은 '문'에 대해 자신만의 상상을 하게 됩니다. 다시 한 번 물어보았습니다. "자, 다시 한 번 생각해 볼까? 선생님이 준 종이 문은 어느 곳의 문일까? 혹시 개미집 문인가? 아니면, 뽀로로가 사는 집 문인가?" 하고, 아이들이 조금 다르게 생각할 수 있게 구체적인 질문을 했습니다. 아이들은 첫 번째 질문을 했을 때보다 조금 더 오래 생각했습니다. 병준이는 무엇인가 재미있는 생각이 떠올랐는지 선생님의 질문에 대답하지 않고 종이에 문을 그리기 시작했습니다.

첫 번째 문을 그리는 병준이　　　　　두 번째 문을 그리는 병준이

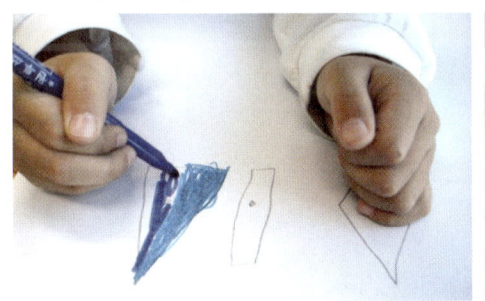

첫 번째 문을 지난 공간

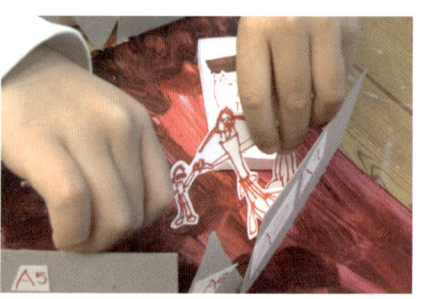

병준이의 세 개의 문이 있는 공간

두 번째 문을 지난 공간

    첫 번째 문을 그린 뒤 다시 두 번째 문을 그렸습니다. 선생님은 병준이가 그려 오린 종이 문을 준비된 판에 접착 테이프로 세워서 공간을 만들었습니다. 병준이는 자기가 만든 문이 마트에 있는 문이라고 했습니다. 그리고 "선생님, 마트의 첫 번째 문으로 들어가서 먼저 반찬을 사야 하니까 반찬 코너를 그려야겠어요. 그리고 내가 좋아하는 사자 인형을 사야 하니까 사자 인형도 한 마리 그릴래요"라고 했습니다. 왼쪽에는 반찬 코너를 만들어 진열대에 반찬들을 그리고, 오른쪽에는 병준이가 사고 싶은 사자 인형을 그려 붙였습니다. 병준이 어머니는 실제로 마트에 가면 제일 먼저 반찬을 산 뒤에 병준이가 좋아하는 장난감을 사 준다고 했습니다. 병준이는 두 번째 문을 지나면 주차장이 나온다고 했습니다. 물건을 다 산 병준이 가족이 A5라고 쓰여 있는 주차장으로 차를 타러 가는 모습을 그려 붙였습니다. 세 번째 문을 지나면 엘리베이터가 있습니다. 왼쪽의 넓적한 엘리베이터는 키가 작은 아이들이 여러 명 탈 수 있는 것이고, 가운데의 긴 엘리베이터는 날씬하고 키가 큰 어른들이 타는 것이며, 오른쪽의 보통 엘리베이터는 보통 어른들이 타는 것이라고 합니다. 병준이만의 재미있는 생각으로 '세 개의 문이 있는 공간'을 완성했습니다.

그럼 혁진이는 어떤 공간을 상상했을까요? 다음 페이지 오른쪽 사진은 혁진이가 완성한 '세 개의 문이 있는 공간'입니다. 혁진이

세 번째 문을 지나 서 있는
세 개의 엘리베이터

정병준(6세) 〈마트〉 (왼쪽)
종이에 매직

**권혁진(5세)
〈동물원〉** (오른쪽)
종이에 매직

는 버스를 타고 도착한 동물원을 만들었습니다. "동물원의 첫 번째 문으로 들어가면 뭐가 있을까?"라고 물어보자 "공룡요. 저랑 공룡이 놀아요"라고 했습니다. "와, 공룡이랑 놀면 정말 재미있겠다! 그런데 혁진이는 공룡이 무섭지 않아?"라고 물었더니 "제 동물원의 공룡은 사람을 좋아해요. 그래서 이빨도 세 개밖에 없어요. 자꾸만 등에 타라고 나한테 와요"라고, 공룡을 그리는 이유를 말했습니다. 혁진이의 두 번째 방을 보며 선생님이 "왜 여기는 온통 검은색이야?"라고 묻자, 혁진이는 "밤이니까요. 동물원에서 많이 놀면 금방 밤이 돼요"라고 말했습니다. 혁진이는 첫 번째 문을 상상할 때보다 하고 싶은 말도, 그리고 싶은 것도 많아졌습

권혁진(5세) (왼쪽)
종이에 매직 (부분)
혁진이가 그린 공룡

권혁진(5세) (오른쪽)
종이에 매직 (부분)
혁진이가 만든 두 번째 방

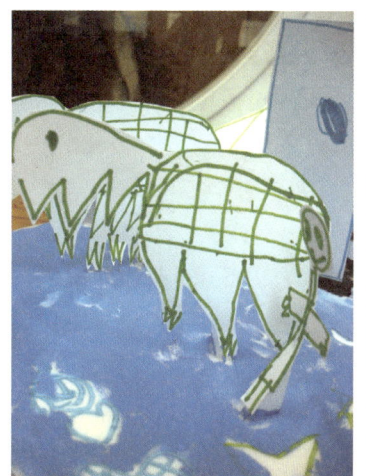

니다. "달님은 왜 이렇게 기분이 좋아?" 하고 묻자 혁진이는 "여기는 별이 많아서 달이 기뻐해요. 친구들이 많으니까요"라고 말하면서 사다리를 그리기 시작했습니다. "와, 어디로 가는 사다리일까?"라고 물었더니, "하늘에서 별을 따다가 달님한테 줄 거예요. 달님은 내가 하늘에 갈 수 있도록 사다리를 잡아 주는 착한 친구예요"라고 말했습니다. 세 번째 문으로 들어가면 혁진이 얼굴만한 해가 가운데 떠 있습니다. "이번 문을 열면 어디로 가는 거야?"라고 선생님이 물었더니, "밤이 지나서 아침이 와요. 내가 아침에 일찍 일어나면 해가 좋아해요"라고 하면서 크게 웃는 해를 그려 넣었습니다. "그런데 해 옆에는 왜 아무도 없어?"라고 다시 묻자, "해가 너무 뜨거워서 아무도 없어요. 아침에는 원래 사람이 많지 않아요"라고 말했습니다. "그럼 아침에 사람들은 다 어디 있

권혁진(5세)
종이에 매직 (부분)
혁진이가 만든 세 번째 방

는데?"라고 하자 "친구들은 다 늦게 일어나요. 그래서 해가 어디서 오는지 모른대요"라고 하면서, 자리에서 일어나 창밖 하늘을 가리켰습니다. 혁진이가 문을 단순히 '공간'으로 들어가는 것이 아니라 '시간의 흐름'으로 생각했다는 것이 놀랍습니다.

  부모는 아이들이 상상하는 것이 쉬울 것이라 생각합니다. 아무래도 어른들에 비해 고정 관념이 없기 때문입니다. 하지만 처음부터 멋지고 신기한 상상을 할 수 있는 아이는 흔하지 않습니다. 상상할 수 있는 첫걸음은 '경험'입니다. 책을 통한 간접 경험이든 아이가 직접 경험한 것이든 자신이 경험한 것을 생각 속에서 다시 꺼내어 시각적으로 표현하는 것이 첫 시작입니다. 아이들에게 종이 문을 나누어 주고 어떤 문인지 물었을 때, 두 아이 모두 상상의 문이 아니라 '냉장고 문' 또는 '방 문'이라고 했습니다. 이럴 때 선생님이 먼저 '상상한 문'을 말해 주면, 아이들은 '문'에 대해 자유롭게 생각할 수 있게 됩니다. 그리고 다시 '문'에 대해 상상하기 시작합니다. 아이들이 상상할 수 있게 단계마다 질문을 해 주면, 아이들은 쉽게 상상할 수 있습니다. 아이들이 조금씩 상상의 세계로 들어갈 수 있도록 부모가 질문해 준다면, 병준이와 혁진이처럼 점점 기발하고 재미있는 상상을 할 수 있을 것입니다.

개미집에 비가 왔대요

네 살인 준서와 호영이는 오늘 '개미의 집' 만들기를 하는 날입니다. 준서에게 "사람들은 집에서 사는데 개미는 어디서 살까?"라고 물어보았습니다. 준서는 분명히 공원이나 집 앞의 땅에서 개미를 보았는데, 개미집에 대해서는 생각을 못 해 봤다는 표정을 지었습니다. 그래서 "개미들도 집이 있대. 개미들만 집이 있는 게 아니고, 사자들도 집이 있고, 물고기들도 다 집이 있대. 신기하지? 그럼 개미집에도 우리 집처럼 화장실이 있을까?" 하고 물었습니다. 아이들은 크게 웃었습니다. 준서는 "그럼 침대도 있겠네"라고 농담하며 웃었습니다. 아이들이 상상할 수 있게 하는 좋은 방법은 '재미있는 상황'을 만들어 이야기하는 것입니다. 준서

박준서(4세) 〈개미집〉
찰흙 30×22cm

이호영(4세) 〈개미집〉
찰흙 30×25cm

와 호영이는 서로 개미집이 어떻게 생겼을지 농담도 주고받으면서 상상하기 시작했습니다. 아이들이 쉽게 만들 수 있는 찰흙으로 각자 생각한 개미집을 만들기로 했습니다. 이 연령대의 아이들은 아직 찰흙으로 만들기가 어렵기 때문에 도구를 이용하여 큰 찰흙 덩어리를 파내어 형태를 만들게 하는 것이 쉽습니다. 커다란 찰흙 덩어리를 연필로 긁어도 보고 구멍도 내 보면서 준서와 호영이가 만든 개미집은 정말 땅속 같은 느낌이 듭니다. 땅 위에는 가짜 잎 모형을 꽂아 더 땅 같은 느낌을 주었습니다.

이번에는 더 많은 상상을 해 보게 하려고 선생님이 질문을 하였습니다. "너희들이 만든 개미집이 갑자기 비가 오면 어떻게 될까? 개미들은 어떡하지? 우산도 없을 텐데……" 아이들은 또 한 번 생각하기 시작했습니다. 네 살인 준서와 정민이에게는 조금 어려운 것 같아서 직접 실험을 해 보기로 했습니다. 주사기에 물을 넣어 개미집에 비처럼 뿌려 보기로 했습니다. 아이들은 물을 뿌려 보면서 개미가 어떤 상황일지에 대해 말하기 시작했습니다. 준서는 "큰일나겠어요. 집이 바다가 되고 있어요"라고 다급하게 말했고, 호영이는 "개미들이 수영을 해서 빠져 나와야겠어요"라고 말했습니다. 그런데 물을 뿌리다 말고, 준서가 갑자기 "선생님, 지렁이를 만들어야 돼요"라고 했습니다. "왜?"라고 묻자 "비 오고 나서 밖에 나가면 지렁이가 엄청 많아요. 지렁이는 땅속이 집인데, 비가 와서 집이 바다가 되어 버려 살 수가 없대요. 엄마가 그랬어요. 그래서 밖으로 자꾸만 나와요"라고 대답했습니다. 선생

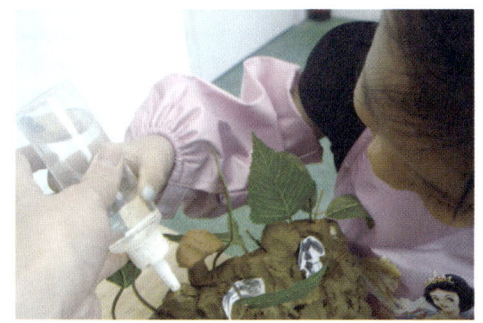 

호영이가 만든 개미집에
물을 뿌리는 모습 (왼쪽)

땅 위에 지렁이를 그려
붙인 준서의 작품 (오른쪽)

님은 준서의 말에 놀랐습니다. 그리고 그 상황을 직접 표현한 것에 더욱 놀랐습니다. 땅 위에 지렁이 한 마리를 그려 올려 주었습니다. 지렁이만 한 개 그렸을 뿐인데 비가 온 뒤의 땅의 모습이 저절로 떠올랐습니다.

조그만 상상이 표현을 훨씬 풍부하게 해 줍니다. 비가 오면 땅 위로 지렁이가 올라온다는 것은 '상상'이 아니라 '사실'이지만, 자신이 본 '사실'을 작품 속에 표현해 주면 멋진 '상상'이 될 수 있습니다. 준서의 경우에서도 알 수 있듯이 아이들의 상상력을 자극하기 위한 좋은 방법은 생활 속에서 부모가 이야기해 주는 것입니다. 그것이 가장 쉽고 아이들이 기억하기 좋습니다. 네 살 전후의 아이들은 세상의 보이는 것에 궁금증이 생기는 시기여서 아이와 산책을 하거나 길을 가다가 보이는 것들에 대해 이야기해 주면 좋습니다. 아이가 묻기 전에 먼저 아이에게 이야기를 걸어 보세요. 예를 들어, "준서야, 하늘의 구름 좀 봐. 구름 모양이 다 다르게 생겼다. 그치? 저기 자동차 같은 구름이 빠를까, 아니면 저쪽 토끼 모양의 구름이 빠를까?" 하고 말입니다. 엄마의 질문에 아이는 무심코 보던 구름도 관심을 가지고 볼 것입니다. 그리고 어떤 구름이 더 빠를지 상상할 것입니다. 이렇듯 아이와 함께하는 시간에 조금은 장난스럽게 질문해 보세요. 부모의 작은 노력이 아이를 상상할 수 있게 만들 것입니다. 그리고 아이의 재미있는 상상에 반응해 주세요. 그럼 아이는 더욱 멋진 상상을 펼칠 것입니다.

동화책을 활용한 상상 훈련

요즘 동화책은 그림도 많이 그려져 있고 수준도 아주 높습니다. 네 살 전후의 아이들은 글을 읽을 줄 모르기 때문에, 부모가 동화책의 글을 읽을 동안 아이는 책 속의 그림을 보게 됩니다. 이와 다르게 상상할 수 있게 하는 좋은 방법이 있습니다. 우선 동화책의 내용을 부모가 먼저 읽고 머릿속에 대강의 줄거리를 기억해 두세요. 그리고 아이와 잠자기 전이나 이야기를 나눌 수 있는 시간에 동화책 없이 아이에게 이야기해 줍니다. 그리고 책 속에 나오는 등장 인물들의 모습을 상상할 수 있도록 질문해 보세요. "엄마가 이야기해 준 내용 중에 A는 어떻게 생겼을 것 같아? 머리 색은 무슨 색일까? 키는 클까? 작을까?" 같은 질문을 해 보세요. 아이는 등장 인물을 기억하고 재미있는 대답을 할 것입니다. 우리는 신데렐라나 백설공주를 생각할 때 늘 디즈니 만화 주인공의 모습을 떠올립니다. 아이들도 마찬가지입니다. 처음 본 그림책의 주인공 모습은 당연히 그림책 속의 모습입니다. 어쩌면 상상하기를 시도하지 않을 수도 있습니다. 그래서 텍스트만 읽어 주고 등장 인물을 상상해 보는 것은 아주 좋은 상상 훈련 방법입니다. 이야기를 들을 수 있고 대화가 가능한 나이라면 모두 가능합니다. 아이는 부모의 이야기를 들으며 머릿속에 떠올리던 주인공의 모습에 대해 이야기할 것입니다.

선생님의 한마디

상상력 키우기

많은 부모들은 상상력이 뛰어난 아이를 '창의적인 아이'라고 생각합니다. 하지만 상상력이 뛰어나다고 해서 반드시 창의적이지는 않습니다. 창의력을 키울 수 있는 요소 중 하나가 상상력입니다. 상상은 사전적 의미로 '과거의 경험으로 얻어진 심상心像을 새로운 형태로 재구성하는 정신작용'을 말합니다. 이러한 머릿속의 심상을 자신의 스타일대로 '표현하는 것'이 창의력입니다. 그것이 그림이 될 수도 있고 글이 될 수도 있고 춤이 될 수도 있습니다. 작가이자 화가인 폴 호건 Paul Horgan 1903-1995은 "존재하지 않는 것을 상상할 수 없다면 새로운 것을 만들어 낼 수 없으며, 자신만의 세계를 창조해 내지 못하면 다른 사람이 묘사한 세계에 머무를 수밖에 없다"라고 강조합니다.

그렇다면 아이들의 상상력을 키우기 위한 방법은 무엇이 있을까요? 책을 많이 보는 것과 경험을 많이 하는 것이 좋습니다. 많은 교육 관련 저서에서도 책을 읽는 것과 경험을 하는 것의 중요성을 강조하고 있습니다. 또한 그 중요성을 부모들도 알고 있습니다. 그런데 미술 수업을 하다 보면 똑똑하고 책도 많이 읽고 여기저기 여행도 자주 다니지만, 상상력은 뛰어나지 못한 아이를 종종 봅니다. 심지어는 며칠 전 갔다 온 장소에 대해서 물어봐도 잘 모르는 경우가 있고, 매일 읽는 책에서 본 내용도 자세히 기억하지 못하는 경우도 있습니다. 왜 그럴까요? 기억을 못하는 것이 아니라 기억 속의 많은 경험과 지식들을 '자신만의 생각으로 떠올려 보는 것'이 서툴기 때문입니다. 책을 읽고 나서도 내용에 대해 자신만의 관점에서 다시 한 번 생각해 본 경험이 부족하기 때문이기도 합니다. 그래서 상상력을 키우기 위해서는 '질문'이 중요합니다. '질문'은 아이의 머릿속에 담긴 경험과 지식을 꺼낼 수 있게 해 줍니다. 꺼낸 내용을 다시 한 번 자신의 생각으로 변형해 볼 수 있게 또 질문을 해야 합니다. 교사나 부모의 '질문'으로 아이는 다시 한 번 있는 사실을 자신의 생각으로 변형해 보고, 조금씩 상상을 할 것입니다. 아이에게 상상할 수 있는 '자극'을 주는 것이 교사와 부모의 역할입니다. 이러한 과정이 습관이 되면 아이는 질문하지 않아도 멋진 상상을 할 수 있을 것입니다.

아이들에게 자신감은 어떻게 생길까요? 단순히 칭찬을 많이 해서만이 아니라 스스로 무언가를 해냈다는 성취감에서 오기도 합니다. 특히 다섯 살 전후의 아이들은 세상 사물들의 기능을 알아 가고 눈에 보이는 것을 구체화시키면서 스스로 잘하고 못한다는 기준을 아주 조금씩 세워 갑니다. 하지만 아직 성적이 드러나는 '학습'을 본격적으로 시작하지 않기 때문에 스스로 '잘하고 못한다'를 결정하는 것이 어렵습니다. 이런 아이들의 생각을 인정해 주고, 다른 사람들은 다른 생각을 할 수도 있다는 사실을 알게 해 주면 좋아요. 아이의 자신감에는 주변 사람들의 격려 한 마디와 인정이 아주 큰 힘이 됩니다.

자신감을 주세요

난 못하는 게 아닌데

다섯 살인 지수의 어머니는 지수가 집에서 연필을 잡지 않으려 하고 그림 그리기를 도통 하지 않으려 한다며 걱정합니다. '혹시 지수가 미술 학원에 가면 그림 그리기를 하려고 할까?' 해서, 여덟 살인 누나가 다니는 미술 학원에 데리고 왔습니다. 지수에게 다른 아이들이 그린 그림도 보여 주고, 만들기 작품도 만져 보게 해서 미술에 흥미를 가지도록 하고 싶어서입니다. 지수 어머니는 교실에서 친구들이 수업하는 모습을 보여 주기도 하고, 사탕을 주며 달래 보기도 했습니다. 하지만 지수는 몇 달이 지나도 미술을 하고 싶어 하지 않았습니다. 그러던 지수가 친구들과 그림 그리기를 하기로 했습니다. 어머니는 믿어지지 않는다며 지수를 수업에 참

한지수(5세)
〈바나나, 사과, 파인애플〉
종이에 수채, 크레파스
27.2×39.4cm

여시켰습니다. 그날은 과일을 관찰해서 그리는 수업을 하는 날이었는데, 미술을 처음 접하는 아이에게는 조금 어려운 수업이었습니다. 그런데 지수는 처음 미술을 하는 것 같지 않게 아주 잘 해냈습니다. 선생님도 처음 미술을 하는 아이 같지 않다며 놀라워했습니다.

지수 어머니는 수업이 끝난 뒤 지수의 그림을 보고 무척 놀랐습니다. "이 그림이 우리 애가 그린 그림 맞아요? 우리 애가 이 그림을 그렸다고요?" 하면서, 믿어지지 않는다는 표정이었습니다. 선생님은 "지수가 여섯 달쯤 누나를 따라 미술 학원에 오면서 밖에 전시되어 있는 친구들 그림과 만들기 작품들을 많이 본 것이 도움이 되었던 것 같아요. 지수가 미술 수업에 별로 관심 없어 했지만, 친구들 작품의 표현 방법들을 기억하고 있었던 것 같아요."

라고 했습니다. 누나 소영이도 지수의 그림을 보고 깜짝 놀라 "지수야, 아주 잘 그렸다" 하고 축하해 주었습니다. 지수는 매우 기분이 좋은지 싱글벙글했습니다. 한 달이 지나고 갑자기 지수 어머니가 전화를 해서 놀란 목소리로 "선생님, 우리 지수가 집에서 그림을 그리기 시작했어요. 혹시 선생님이 지수에게 마술을 부리신 것 아니세요?"라며 너무나 신기해했습니다. 그리고 다음 미술 시간에 지수가 집에서 그린 그림을 가지고 와서 선생님에게 보여 주었습니다.

지수가 집에서 엄마 얼굴을 그린 그림입니다. 얼굴의 형태를 잘 그렸습니다. 눈썹과 예쁜 귀걸이도 그렸습니다. 지수는 누나 소영이와 세 살 차이입니다. 그런데 소영이는 그림을 꽤 잘 그리는 편입니다. 지수는 그런 누나를 보면서 '나는 누나보다 더 잘 그려야지'라고 생각하며, 스스로 벅찬 욕심을 낸 것입니다. 형제나 자매들 중에서 첫째가 어떤 분야에 탁월한 소질을 보이면 둘째도 욕심을 내는 경우가 종종 있습니다. 그런데 부모가 잘하라고 부담을 주지도 않았는데 스스로의 목표가 높아지다 보니 첫째와 비교가 될까 봐 아예 시도를 하지 않기도 합니다. 이런 경우에 부모는 아이가

한지수(5세)
종이에 드로잉 연필
39.4×27.2cm

그 분야에 관심이나 능력이 없는 줄 알게 됩니다. 사실은 그와 반대인데도요. 누나나 형보다 더 잘하고 싶은 마음을 가지고 있는데도 그 마음을 알기가 어렵습니다. 그렇다고 아이를 '형과 누나와는 달리 능력이 모자라는 아이'로 생각하면 안 됩니다. 그렇게 생각하면 아이가 더 상처 받게 될 수도 있습니다. 지수의 경우는 첫 미술 시간에 관찰화를 한 것이 굉장한 자신감을 주었습니다. 지수의 눈에는 '누나처럼 잘 그린 그림'으로 느껴졌을 것입니다. 그래서 집에서도 그림을 그리려고 한 것입니다. 아이들은 스스로 자신감을 가질 때 더 노력하려고 합니다. 많은 부모들이 가끔 실수를 하는 경우가 있습니다. 예를 들면, 다른 부모들과 이야기할 때 "우리 소영이는 그림을 잘 그리는데, 지수는 소영이와 달라요. 연필도 손에 안 쥐려고 한다니까요. 지수는 그림 그리는 것을 별로 좋아하지 않는가 봐요"라고 무심코 한 말을 지수가 듣게 되면 주눅이 들게 되는 경우입니다. 그렇게 되면 지수는 누나와 그리기에서 비교가 될까 봐 걱정하게 되어 더 그리기를 하지 않게 될 수도 있습니다. 아이가 어렸을 때 부모가 원하는 행동을 하지 않는다고 '그것을 못하는 아이'나 '그것에 관심이 없는 아이'로 섣불리 생각하면 안 됩니다. 오히려 첫째가 둘째보다 어떤 것에 특정한 소질을 보이면, 첫째를 보고 자란 둘째는 더 쉽게 그것을 이루는 경우가 많습니다. 소영이가 그림을 잘 그리기 때문에 소영이의 그림을 늘 보던 지수가 처음인데도 그리기를 잘하는 경우처럼요.

지수가 그린 호랑이와 사자 그림을 보면 눈, 코, 입이 잘 나타나

한지수(5세) 〈호랑이〉
종이에 색연필
27.2×39.4cm

한지수(5세) 〈사자〉
종이에 색연필
27.2×39.4cm

있고, 털도 그렸습니다. 지수는 한 달 동안의 미술 수업으로 그리기에 자신감을 가지게 되었고, 이제는 스스로 '할 수 있다'는 생각에 더욱더 잘하려고 욕심을 내서 노력하는 자세를 가지게 된 것입니다.

성공 체험을 하게 해 주세요

작은 것이라도 아이가 스스로 '해냈다'고 성취감을 느끼게 되면, 아이는 급속도로 발전할 수 있어요. 미술에서 성공 체험은 스스로 생각한 것을 표현할 수 있고 그것을 완성할 수 있다는 것이에요. 다양한 분야에서의 '성공 체험'은 아이를 스스로 두려워하지 않고 도전할 수 있는 자신감 있는 아이로 성장시키는 데 아주 중요해요.

혹시 내가 그린 게 틀리면 어떡하지?

여섯 살인 호진이는 미술 시간에 선생님의 질문에 작은 목소리로 대답합니다. 가끔은 선생님의 질문이 부담스러운지 말하기를 꺼려 하는 것 같기도 합니다. 오늘은 '기차 마을'을 만드는 날입니다. 선생님이 "호진아, 서진아, 너희 기차 타 봤니? 오늘은 너희들이 다 같이 기차가 있는 마을을 만들 거야. 자, 기차가 있는 마을에는 어떤 것들이 있을까?"라고 물었습니다. 서진이는 "토마스요!"라고, 아이들이 좋아하는 영국 애니메이션의 주인공인 '토마스 기차'를 생각했습니다. 호진이는 아주 작은 목소리로 "기차역이요"라고 말했습니다. 그런데 호진이는 대답을 해 놓고 선생님의 눈치를 보았습니다. '혹시 틀리지 않았을까?' 하는 눈빛인 것 같아, "애들아, 호진이는 기차 마을에 기차역이 있대. 기차가 있으니까 당연히 기차역이 필요하겠지?"라고, 호진이의 생각을 다른 친구들에게 말해 주었습니다. 그리고 "서진이는 토마스 기차를 좋아하나 봐. 맞아, 토마스 기차가 있을 수도 있지. 너희 둘 다 좋은 생각을 했어. 그럼 너희들이 지금 생각한 것들을 먼저 그린 뒤에 또 다른 것들을 생각해 볼까?"라고 말했습니다. 아이들은 먼저 기차가 다닐 수 있는 기찻길을 그렸습니다. 그리고 호진이는 기차역을 그리고, 서진이는 토마스 기차를 그렸습니다. 호진이는 집에서 입체로 그리는 연습을 해 봐서 여섯 살인데도 입체를 정확하게 표현했습니다.

선생님은 "아주 멋지다. 그럼 이 마을에 또 뭐가 있을까?"라고 물었습니다. 서진이는 이제 생각하는 것이 신이 났는지 "선인장도 있고, 동물들도 있고, 음…… 표 파는 곳도 있어야 돼요. 참, 기

최호진(6세) 〈기차역〉
종이에 크레파스 (부분)

최서진(6세) 〈토마스 기차〉
종이에 크레파스 (부분)

최호진, 최서진(6세)
〈마을〉
박스종이에 콜라주
50×50cm

차를 기다리는 사람들도 그릴래요!" 하며 들떠했습니다. 그런데 호진이는 또 선생님의 눈치를 보며 말을 하지 못하고 있었습니다. 호진이는 작은 목소리로 "선생님, 근데 시계를 그려도 돼요?"라고 물었습니다. 그래서 선생님이 "그럼, 당연히 되지. 그리고 이제 크게 말해도 돼"라고 하자, "그럼 다 돼요?"라고 다시 한 번 자신이 원하는 것을 모두 그려도 되는지 물었습니다. "호진이가 만드는 마을이니까 호진이가 꾸며 주는 거야. 마을을 꾸미는 데 필요한 건 다 해도 돼"라는 선생님의 대답에, 호진이는 기쁜 미소를 지었습니다. 호진이는 조금씩 자신감을 찾기 시작했습니다. 자신이 원하는 것은 무엇이든 할 수 있다는 것을 알고, 기차 마을을 꾸밀 것들을 생각하고 그렸습니다.

    기차가 많이 있는 멋진 마을이 완성되었습니다. 사람들도 보이고 나무들도 있고, 멀리 산도 보입니다. 기차역에 기차들이 있고, 역장도 있고, 기차를 기다리는 사람들도 있습니다. 왼쪽 중간에는 호진이가 그린 멋지고 큰 시계도 있습니다. 호진이는 왜 자신감이 없었을까요? 선생님의 질문에 '정답'을 말하고 싶었던 것입니다. 그런데 '기차 마을에 무엇이 있을까?'라는 질문은 정답이 있지 않기 때문에 망설였던 것입니다. 선생님에게 잘 보이고 싶었을 수도 있고 잘해야겠다는 마음을 가지고 있었을 수도 있습니다. 의외로 수업을 하다 보면 호진이처럼 '정답'을 말해야 '잘하는 것', '칭찬받는 것'이라고 생각하는 아이들이 많습니다. 어린아이인데도 이미 '맞고 틀리고'에 대한 인식을 하고 있었던 것입니다.

수업이 끝난 뒤에 호진이 어머니에게 상황을 이야기하자 어머니는 호진이가 집에서도 숫자 공부를 하거나 한글 공부를 할 때 정답을 맞히는 것을 좋아한다고 말했습니다. 그리고 어머니도 호진이가 정답을 맞히면 잘했다고 칭찬을 많이 해 주었다고 합니다. 칭찬을 하는 것은 매우 좋은 일입니다. 문제는, 결과적으로 누가 봐도 잘하는 것에만 칭찬을 한 경우입니다. 미술 활동처럼 정답이 없는 것에 대해서는 칭찬하기가 쉽지 않기 때문에 대부분의 부모들은 아이의 미술 활동에서 "진짜 토끼같이 잘 그렸구나"라고 칭찬하는 경우가 많지, "어떻게 토끼를 생각했어? 기발한 생각인데?"라고 칭찬하는 경우는 많지 않습니다. 그러다 보면 아이들은 '똑같이 잘 그릴 때', 혹은 '정답을 말했을 때'처럼 결과에 치중하게 됩니다. 그러면 자유롭게 자신의 생각을 말하기보다는 칭찬 받기 위해서 생각을 하게 됩니다.

호진이도 마찬가지의 경우입니다. 호진이는 정답을 말해야 칭찬을 받을 수 있다고 생각했던 것입니다. 아이들에게 생각하는 능력, 즉 사고력을 키워 주기 위해서 부모가 가장 먼저 해야 할 일은, 아이들이 자신의 생각을 자유롭게 표현하도록 도와주는 것입니다. 여섯 살 이전의 아이들은 맞든 틀리든 자신의 생각을 표현하고, 부모나 친구들의 생각을 들어 보는 것이 좋습니다. 생각을 나누는 시간을 가지는 것이지, 결과를 말하는 시간을 가지는 것이 아닙니다. 이 시간을 통해 아이는 다른 사람들의 생각이 자신의 생각과 같을 수도 있지만 다를 수도 있다는 것을 알 수 있습니다.

그러다 보면 자연스럽게 생각을 말할 수 있게 됩니다. 아이들과 어떤 문제에 대해 이야기할 때도 아이의 생각을 우선 들어 주고, '맞다, 틀리다'를 떠나 '다르게 생각할 수도 있지 않을까? 엄마 생각은 조금 다른데, 들어 볼래?'라고 대화하는 것이 아이에게 도움이 됩니다.

나도 노력하고 있다고요

다섯 살인 민재는 유치원이 끝난 뒤에 같은 반 친구들과 미술 학원에 함께 옵니다. 민재는 다섯 살이지만 친구들에 비해 개월 수에서 차이가 조금 납니다. 친구들은 5월 이전이 생일이지만, 민재는 12월이 생일입니다. 그래서인지 몰라도 그림을 그릴 때 친구들에 비해 형태를 인지하고 그리는 것이 조금 차이가 납니다. 민재 어머니는 미술 수업이 끝나고 아이들의 그림을 보더니 한숨을 쉬며 말했습니다. "선생님, 우리 민재가 좀 늦죠?" 무슨 일이 있는 것 같아서 물었습니다. "왜요, 민재 어머니, 무슨 일 있으셨어요?" 민재 어머니는 그날 유치원에서 있었던 일을 이야기했습니다. "민재를 데리러 유치원에 갔다가 민재의 담임 선생님께서 '옆

손민재(5세)
종이에 드로잉 연필
39.4×27.2cm

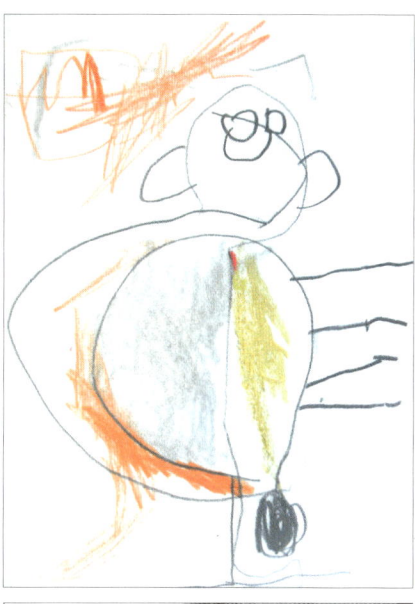

이지희(5세) 종이에 드로잉 연필 39.4×27.2cm

정두희(5세) 종이에 드로잉 연필 39.4×27.2cm

애는 하는데 왜 너는 못하니?'라고 민재를 다그치는 모습을 보았어요." 민재가 다른 또래보다 행동이 늦다는 것은 알고 있었지만, 그 광경을 본 민재 어머니는 속이 상했다고 합니다. 그러면서 혹시나 민재가 다른 교육 기관에서도 행동이 늦어서 선생님들이 민재를 다그칠까 봐 걱정을 했던 것입니다.

많은 부모들은 '우리 아이는 아직 어린데······, 시간이 지나면 다 하겠지'라고 생각하다가도, '집에서 밥을 느리게 먹는데, 다른 데서 빨리 먹으라고 다그치면 어쩌지?', '어린이집에서 다른 아이들은 다 혼자 밥을 먹는데, 우리 아이만 혼자 숟가락질을 못한다는 말을 들으면 억지로라도 시켜야 되나?', '우리 아이가 발달이 늦어 혹시 다른 아이들에게 피해를 주지나 않을까?' 등 별별 걱정이 다 생깁니다. 그래서 어머니는 아이 그림의 완성도가 떨어지더라도 수업 시간에 선생님과 대화하고 자신의 의견을 말하게만 해 달라고 부탁했습니다. 민재 어머니는 걱정이 되어도 아이를 다그치지 않고, 미술 시간에 다른 아이들보다 완성이 안 되어도 나무라지 않았습니다. 그냥 민재가 '선생님이나 친구들과 함께 무엇인가를 하는 것'을 더 중요하게 생각했습니다.

몇 개월이 지나자 민재가 조금씩 변하기 시작했습니다. 전과는 달리 스스로 하려고 하는 부분이 많아졌습니다. 미술 시간에도 자기 뜻대로 되지 않으면 심통을 부리기도 했는데 그 횟수가 많이 줄고, 선생님의 질문에도 아주 적극적으로 대답하기 시작했습니다. 민재 스스로도 친구들과 비교해서 자신의 그림이 못생겨 보인

손민재(5세) 종이에 드로잉 연필 39.4×27.2cm

이지희(5세) 종이에 드로잉 연필 39.4×27.2cm

정두희(5세)
종이에 드로잉 연필
39.4×27.2cm

자신감을 주세요

다는 것에 스트레스를 받아 아기같이 찡얼대는 적이 많았는데, 그림에 욕심을 부려 더 잘 그리려고 노력하는 모습을 보였습니다.

앞쪽의 그림은 민재와 친구들이 4개월이 지난 뒤 그린 그림들입니다. 민재의 그림에 자신감이 보입니다. 민재는 다른 친구들보다 조금 늦은 것에 크게 신경 쓰지 않고 4개월 동안 꾸준히 관찰하고 최선을 다해 그리려고 노력했습니다. 자신의 그림 속에 사람을 나타낼 수 있는 요소들이 하나씩 하나씩 관찰을 통해 생기면서, 자신감을 가진 것 같아 보였습니다.

아이들에게 자신감은 무엇인가를 '스스로 할 때' 생깁니다. 그리고 그 자신감은 더 빠른 발전을 가져오게 됩니다. 다섯 살인 아이들은 개월 수에 따라 능력에 많은 차이가 납니다. 그것은 아이가 커 가는 과정이기 때문에 당연한 것입니다. 이런 당연한 사실을 알기는 하지만, 막상 아이가 다른 친구들과 같은 집단에서 비교될 때는 '쓸데없는 걱정'이 생기기도 합니다. 그런데 '쓸데없는 걱정'이 아이에게는 큰 부작용을 가져올 수 있습니다. 아이도 자신이 또래 친구들에 비해 늦은지 이른지 다 알고 있습니다. 본인도 알고 있는데 부모까지 걱정하는 것을 알게 되면, 아이는 더욱 더 주눅이 들게 됩니다. 민재 나이 때는 결과보다 과정에서 얼마나 아이가 노력하고 있는지 알아 주고, 충분히 칭찬해 주는 것이 중요합니다. 자신의 행동들이 결과적으로 부모의 눈에 부족하게 보일지도 모른다고 생각하게 되면, 아이는 자신을 위해서가 아니라 자신을 숨겨 가면서까지 부모를 만족시키려고 행동하게 될지도 모릅니다. 민재 어머니는 민재가 하는 행동의 결과를 본 것이 아니라 과정에 중요성을 두었기 때문에, 하루하루 아이가 변해 가는 과정에서 아이를 더 믿고 부담을 주지 않았습니다. 그래서 민재는 빠른 시간에 표현력이 풍부하고 적극적인 아이가 될 수 있었던 것입니다.

아이를 믿고 기다려 주세요

부모의 조급함은 아이에게 좋지 않은 결과를 주게 됩니다. 부모가 아이에 대해 조급함을 보이는 것은 '혹시나 우리 아이가 다른 아이보다 못하면 어떡하지? 어렸을 때도 뒤처지는데, 커서는 더 뒤처질 수 있지 않을까?'라는 불안함 때문이겠지요. 부모니까 당연히 불안함을 가질 수 있어요. 하지만 부모의 불안함을 아이에게 조급함으로 대하는 것은 옳지 않아요. 그리고 아이들은 부모가 보는 것보다 훨씬 능력이 많아요. 조급함으로 아이를 대하면 가장 중요한 아이의 '능력'을 보지 못할 수 있어요. 그리고 아이는 부모의 조급함 때문에 무리해서 발전하려고 할 것입니다. 아이는 그 과정에서 받는 스트레스를 친구들에게 폭력을 쓴다든지 자책하는 식으로 표출할 수 있습니다. 아이의 능력을 믿고 기다려 준다면 아이는 부모가 생각하는 것보다 훨씬 훌륭한 결과를 보여 줄 것입니다.

왜 친구만
칭찬해요?

다섯 살인 찬이와 민호가 미술을 배우러 학원에 왔습니다. 어머니들은 집에서만 그림 그리기를 시키다가 아이들이 그림을 너무 좋아해서 학원을 찾아왔다고 했습니다. 옆쪽의 사진은 찬이와 민호가 지점토를 뜯어 붙이고 물감으로 칠해 만든 나무입니다. 지점토를 손으로 뜯고 붙이고 물감으로 칠하는 것이 무척 재미있어 보였습니다. 나무를 관찰해서 전에는 표현해 보지 못한 나무의 모습을 새로운 재료로 만든 것이 색다른 경험이 되었습니다.

그런데 넉 달이 지난 어느 날, 찬이가 수업 시간에 화장실에 자주 가기 시작했습니다. 처음에는 한두 번 가다가 서너 번으로 횟수가 늘어났습니다. 선생님은 수업이 끝나고 찬이와 단 둘이 이야기를 나누다가 놀라운 사실을 알게 되었습니다. 찬이가 몇 주 전의 수업에 대해 이야기한 내용입니다. 몇 주 전, 그림 수업이 끝나고 어머니들이 그림을 보러 교실에 들어왔습니다. 그때 찬이의 어머니는 찬이의 그림보다 민호의 그림을 먼저 보고 "어머, 어쩜 민호는 고슴도치를 저렇게 잘 그렸어요? 민호 엄마, 민호는 계속 그림 시켜도 되겠어요"라고 칭찬을 했는데, 찬이가 그 말을 들었던 것입니다. 그래서 찬이는 그림을 더 잘 그리려고 마음이 조급해졌고, 그것이 스트레스가 되어 자꾸만 화장실에 가게 되었습니다. 찬이 어머니의 말은 민호와 찬이를 비교하려고 한 것이 아니었지만, 찬이는 엄마가 자신의 그림을 먼저 보고 칭찬해 주기를 바랐던 것입니다. 아이들은 자기가 보기에 다른 친구들보다 그림을 못 그렸어도, 부모에게는 '최고로 잘 그린 그림'처럼 보이고 싶어 합니다. 그리고 부모의 칭찬으로 자신감도 가질 수 있습니다. 많은 부모들은 자기 아이의 그림 수준을 객관적으로 보기가 어렵습니

김찬이(5세) 지점토에 수채 27.2×39.4cm

정민호(5세) 지점토에 수채 27.2×39.4cm

김찬이(5세) 종이에 드로잉 연필 27.2×39.4cm

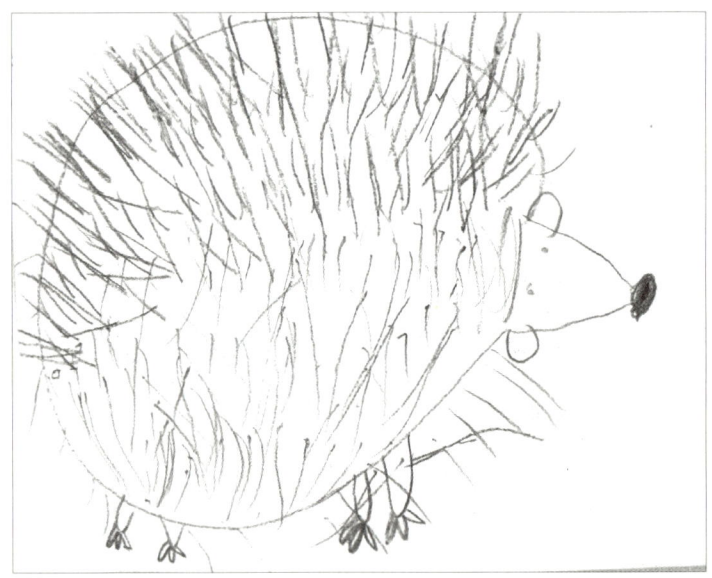

정민호(5세) 종이에 드로잉 연필 27.2×39.4cm

다. 하지만 다른 아이들의 그림을 보면 어느 부분이 훌륭한지 금방 눈에 들어오는 경우가 많지요. 그래서 찬이 어머니처럼 행동하는 경우가 많습니다. 찬이 또래의 나이가 되면 다른 친구들에 비해서 잘했는지 못했는지 조금씩 비교할 수 있습니다. 특히 '형태'가 드러나는 그림은 아이들의 눈으로도 사물을 진짜같이 그렸는지 아닌지 판단할 수 있기 때문입니다. 그러면서 그림을 좋아하는 아이들은 욕심을 가지고 형이나 누나처럼 그리고 싶어 하는 경우도 있습니다. 그럴 때 격려도 많이 해 주고 칭찬도 많이 해 주어야 합니다.

언어를 이해하고 주변을 의식하는 세 살 이상이 되면 아이는 부모의 긍정적인 말 한 마디에 자신감을 가질 수도 있고, 조급함을 가질 수도 있게 됩니다. "아이구, 이게 뭐야?"라는 당황스러운 말보다는, "와아, 찬이의 그림이 점점 멋있어지는구나. 고슴도치의 발을 크게 그리니까 힘이 세 보이는데"라고, 간혹 어색한 부분이 있더라도 하루하루 나아지는 면을 칭찬해 주세요. 아이가 다섯 살쯤 되면, 부모의 얼굴을 보고 자기 때문에 속이 상하는지 안 상하는지 다 느낄 수 있습니다. 가장 사랑하는 엄마가 자신의 그림이나 만들기에 대해 마음에 들어 하지 않는다는 것을 표정만 보아도 알게 됩니다. "왜, 내 그림이 싫어?"라고 투정 부리지는 않지만, 속으로는 엄청난 실망감을 가질 것입니다. 그리고 자신감이 점점 없어질 수 있습니다. 가장 칭찬을 받고 싶어 하는 부모에게 자신이 다른 아이와 비교당한다는 사실은 상처가 될 수 있습니다. 모든 아이들이 같은 속도로 성장하는 것은 아닙니다. 조금 느린 아이가 있는 반면, 조금 빠른 아이도 있습니다. '결과'에 치중하여 아이를 판단하지 말고, 얼마나 호기심을 가지고 노력하는지를 봐 주세요. 그리고 조금씩 발전되어 가는 면이 있으면 아낌없이 칭찬해 주세요. 자신감을 가지게 되면 아이는 다른 분야에서도 빠른 속도로 발전할 수 있을 것입니다.

일대일 수업을 할까요?

아이가 주변의 말과 시선을 지나치게 의식해 그림을 그리면서 초조해하고 조급해한다고 해서 혼자 따로 수업을 한다면, 아이는 친구들과 더욱 소통하지 못하고 주변의 충고 등을 수용하지 못하게 됩니다. 그럴수록 친구들 속에서 존재감을 느낄 수 있도록 모든 아이들에게 똑같은 대우를 해 주어야 합니다. 모두에게 칭찬을 하거나 모두에게 주의를 주면서, 아이 한 명 한 명이 무엇을 어떻게 잘 그렸는지 이야기해서 친구들이 서로를 인정할 수 있게 해야 해요. 아이의 자신감은 긍정적인 격려와 인정 속에서 무럭무럭 자라니까요.

피그말리온 효과 Pygmalion Effect

그리스·로마 신화에 등장하는 키프로스의 왕 피그말리온은 고대 그리스 시대의 뛰어난 조각가였습니다. 그는 이 세상에서 가장 아름다운 여인을 조각하기 위해 여러 모델을 찾아보았지만 마음에 드는 여인을 찾을 수 없었습니다. 그래서 자신의 머릿속에 있는 이상적인 여인의 모습을 조각했습니다. 피그말리온은 자신이 만든 조각상이 너무나 아름다워 사랑에 빠졌습니다. 매일 조각상을 만지기도 하고 안기도 하고 보석으로 예쁘게 장식해 주기도 했습니다. 피그말리온은 어느 날 사랑의 여신인 아프로디테의 신전으로 가서 자신의 조각상과 똑같은 여인을 아내로 맞이하고 싶다고 소원을 빌었습니다. 소원을 빌고 집으로 돌아온 그는 조각상에게 입을 맞추었습니다. 그러자 조각상이 그의 소원대로 살아났습니다.

미국의 교육학자인 로젠탈R. Rosenthal과 제이콥슨L. F. Jacobson은 누군가에 대한 사람들의 믿음이나 기대가 그대로 실현되는 것을 '피그말리온 효과'라고 했습니다. 즉 주위 사람들이 누군가를 믿고, 그가 긍정적으로 변화할 것이라고 생각하면 실제로 그 누군가를 변화시킨다는 것입니다.

이 두 학자는 미국 샌프란시스코의 한 초등학교에서 전교생을 대상으로 지능 검사를 한 뒤 검사 결과와 상관없이 무작위로 한 반에서 20퍼센트 정도의 학생을 뽑았습니다. 그리고 그 학생들의 명단을 교사에게 주면서 '지적 능력이나 학업 성취의 향상 가능성이 높은 학생들'이라고 믿게 했습니다. 그리고 8개월 후 이전과 같은 지능 검사를 다시 실시하였는데, 그 결과 명단에 속한 학생들은 다른 학생들보다 평균 점수가 높게 나왔습니다. 교사가 명단에 오른 학생들에게 긍정적인 기대를 하고 격려한 것이 변화의 중요한 원인이었습니다.

부모와 아이의 관계도 마찬가지입니다. 아이를 긍정적으로 변화시키고 싶다면, 부모들이 먼저 아이를 긍정적으로 바라보아야 합니다. '우리 애는 원래 그래요'라든지, '우리 애는 잘 못해요'라고 부정적으로 말하는 부모의 아이들은 실제로도 긍정적으로 변화시키는 것이 너무나 어렵습니다. 그런데 부모들은 아이를 변화시키지 못하는 이유를 교사와 주위 사람들 탓이라고 생각하는 경우가 많습니다. 부모가 아이를 부정적으로 보면 그 누구도 아이를 긍정적으로 변화시킬 수 없을 것입니다. 아이들은 자라고 있습니다. 그들은 많은 가능성을 가지고 있고, 많은 능력을 키우고 발휘할 수 있습니다. 100번의 칭찬으로도 아이가 변화하지 않는다면 200번 칭찬해 보세요. 그리고 '너는 잘할 수 있어'라고 격려해 주세요. 부모의 신뢰와 믿음, 긍정적인 기대가 있다면 아이는 스스로 노력하여 변화할 것입니다. 아이의 능력을 믿고 기다려 준다면 분명 아이는 긍정적인 변화와 뛰어난 능력을 보여 줄 것입니다.

부모님들이 이런 질문을 했어요

Q 처음 미술 학원에 보내려고 하는데 어떻게 시작해야 하나요?

A 우선 아이의 흥미가 가장 중요해요. 아이가 그림을 그리거나 만들기를 너무 좋아하는데 부모가 도와주기 어려울 때가 학원에 보내기 좋은 시기입니다. 학원 선택도 아이의 성향을 잘 키워 줄 수 있는 곳이 좋습니다. 첫 학원이 아이에게 많은 영향을 줄 수 있는 만큼 꼼꼼하게 따져 보고 선택하는 것이 좋습니다. 아이가 주도해서 할 수 있는 곳인지, 선생님이 아이의 장점을 발전시켜 주기 위해 어떠한 방법들을 제시해 주는지가 가장 중요합니다. 되도록이면 샘플로 수업을 받아 보고 결정하는 것이 좋습니다.

Q 검은색을 많이 쓰는데 괜찮을까요?

A 색채 심리에 관한 책을 보면 검은색을 사용하는 아이들의 경우 우울하고 소심하다는 견해가 있지만, 모든 아이들을 똑같이 보는 것은 어른들의 큰 잘못입니다. 특히 색감이나 이미지로 다양성을 기억하는 4-6세 때에는 이유 없이 그냥 검은색을 선택하기도 합니다. 텔레비전에서 검은색을 멋지게 봤을 수도 있고, 엄마가 입고 있는 검정 치마를 보고 검은색을 선택할 수도 있어요. 그리고 얼마 지나지 않아 검은색 옆에 빨간색을 쓰면 부모님은 또 걱정하겠지요. '우리 아이가 빨간색만 쓴다'고요. 혹시 아이가 사용하는 여러 가지 색깔 중 검은색만 본 것은 아닐까요? 부모의 지나친 걱정이 아이의 자유로운 색감 표현에 부담이 된답니다.

Q 미술을 일찍 시작하는 것이 좋나요?

A '일찍'이라는 기준은 없습니다. 아이가 집에서 하는 미술 활동을 부모가 도와주기 어려울 때나, 아이가 스스로 미술을 배우고 싶어 할 때가 적당한 시기입니다. 그 연령이 네 살일 수도 있고 그 이후일 수도 있습니다. 그러나 네 살 전후에 좋은 미술교육을 통해 많이 경험하고 생각하고 자신만의 생각을 표현하는 습관을 들이면, 여섯 살 이후에는 미술 활동뿐 아니라 다른 학습에서도 좋은 결과로 나타날 것입니다.

Q 왜 우리 아이는 한 가지 색으로만 칠할까요?

A 반드시 여러 가지 색상을 사용해야 좋은 것은 아닙니다. 한 가지 색으로만 칠한다고 해서 그 색만 좋아하는 것도 아닙니다. 색에 관심을 가지기 시작하면서 자신이 좋아하는 색이 생기고, 그 색을 자주 쓰는 경우가 대부분입니다. 우선 아이가 좋아하는 색을 인정해 주세요. 그리고 그 색으로 흐리게 또는 진하게 표현하는 방법도 있다는 것을 알려 주세요. 그러나 도화지 속에 여러 가지 물체가 있는데 귀찮고 급한 마음에 한 가지 색깔만 고집한다면 분명 개선은 필요해요. 단번에 바꾸기는 어려우니 아이에게 시간을 주고 한두 가지 재료의 다양한 색깔을 아이 주변에 노출시켜 주세요. 또한, 혼자서 활동을 하게 하는 것보다는 주변 아이들의 그림도 볼 수 있도록 여러 명이 함께하는 것이 좋아요. 그림 속에서 혼자만의 즐거움을 찾는 것도 좋지만 친구들은 어떻게 그리는지, 무슨 색깔을 사용하는지 보는 것도 아이의 간접 경험이 될 수 있습니다.

Q 그림 그리기를 가르쳐 준 적이 없는데 수업을 잘 할까요?

A 누구나 무엇에든 처음이 있습니다. 부모가 집에서 그림 그리기를 가르쳐 줄 수도 있지만, 아이에 대한 객관적 판단이 힘들 경우 미술 기관을 찾는 것이 현명하겠죠. 부모가 생각하는 것보다 아이들은 강한 호기심을 가지고 적극적으로 수업에 참여할 것입니다.

Q 우리 아이는 매일 똑같은 이미지만 그려요

A 매일 같은 모양의 구름, 꽃, 집 등의 이미지만 그리는 아이들은 그릴 줄 모르는 것이 아니라 다양하게 그려 본 적이 없는 경우가 대부분입니다. 아이가 사물을 그리기 전에 부모가 사물을 관찰시켜 주고 그 사물과 비슷한 것들은 어떤 것이 있는지 제시해 주세요. 다양하게 보고 관찰하는 것이 중요합니다. 아이 스스로 한 가지 사물도 다양하게 표현할 수 있다는 것을 인식하는 것이 중요합니다.

Q 미술 학원에 보내고 싶은데 엄마와 떨어지려고 하지 않아요

A 네 살 전후의 아이들은 시기적으로 엄마에 대한 의존이 큽니다. 그런데 그 시기에 엄마와 친밀한 접촉이 없을 경우, 성장 단계에서 우발적인 행동을 하거나 정서적 위축이 될 수도 있다는 여러 가지 연구 결과도 있어요. 아이들은 대부분 네 살 전후로 유치원에 보내면 집단 생활을 통해 독립심이 생기죠. 그러나 유치원에 가려고 하지 않는다면 유치원이나 미술 학원의 선생님보다 엄마의 역할이 크기 때문일 것입니다. 엄마가 너무 만능이어서 아이의 모든 것을 해결사처럼 다 해 주니까 아이는 다른 곳에서 굳이

재미를 찾으려 하지 않지요. 아이들마다 시기가 조금씩 다를 뿐 집에서 하지 못하고, 엄마가 해 주지 못하는 미술 놀이에 호감을 가지기 시작하면 뛰어난 집중력이 생깁니다.

Q 몇 살 때부터 미술 학원에 보내는 것이 좋을까요?

A 빠르게는 세 살 때부터 미술 놀이에 흥미를 보이는 아이도 많습니다. 흥미를 보이고 적극적으로 미술 활동을 요구하는 아이라면 세 살 때부터도 가능합니다. 하지만 세 살인 아이들의 경우 되도록 부모들이 아이와 함께 놀이처럼 집에서 미술 활동을 하는 것을 권장합니다. 아이의 정서에도 좋고, 부모와 함께하기에 미술 활동은 더없이 좋은 교육이기 때문입니다. 단 부모가 주도하지 말고, 아이의 생각을 물어 보고 아이가 주도할 수 있도록 해 주세요. 그리고 미술 활동에는 정답이 없다는 것을 명심해 주세요.

Q 집에서 아이와 미술 활동을 하려고 하는데 어떻게 해야 좋나요?

A **네 살의 경우** 아이와 놀이를 하듯이 해 주세요. 너무 다양한 활동을 하는 것보다는 한 가지 활동이라도 여러 가지로 응용해 보고 미술 활동을 하는 동안 많이 질문해 주세요. 아이가 생각하고 있는 것이 무엇인지, 아이가 무엇을 어떻게 진행하고 싶어 하는지 알아야 부모와 아이 모두 즐겁게 활동할 수 있습니다. 미술 활동을 통해 사고를 할 수 있게 해 주세요.

다섯 살의 경우 다섯 살이 되면 '형태'를 그리고 싶어 할 것입니다. 이때 사물을 한 가지 형태로만 알려 주지 말고, 다양한 형태가 있다는 것을 알려 주세요. 만약 토끼를 그리고 싶어 하면 토끼 얼굴을 먼저 그려 주지 말고, 책을 통해 토끼의 귀, 눈 등 얼굴이 어떻게 생겼는지 먼저 관찰하게 하는 것이 좋습니다. 그리고 종이에 차근차근 그리게 해 보세요.

여섯 살의 경우 여섯 살이 되면 구체적인 형태들이 나타납니다. 여자 아이의 경우 공주를 그리고, 남자 아이들은 공룡이나 로봇들을 그리기 시작합니다. 이때 잘못된 형태를 지적하기보다는 상상할 수 있게 해 주세요. 그림 속에 아이가 상상하는 것들을 마음껏 표현하게 하는 것이 좋습니다.

Q 아이가 다섯 살인데 무엇을 그렸는지 알 수 없는 그림을 그려요. 소질이 없는 건가요? 이 또래 아이들이 원래 그런가요?

A 소질을 판단하기에 다섯 살은 아직 이릅니다. 요즘은 아이들의 성장이 빠르고 학습 시기가 앞당겨져서 다섯 살만 되어도 그림을 잘 그리는 아이들이 있습니다. 그런데 다섯 살 아이의 그림에서 형태를 알아볼 수 없다면 사물을 관찰하는 방법, 그리는 방법을 몰라서인 경우가 많습니다. 다섯 살 아이의 소질에 대한 걱정 대신 부모의 긍정적인 칭찬이 아이가 그림을 그리는 것에 자신감을 가지게 합니다. 섣불리 또래 아이들과 비교하여 "너도 저렇게 좀 해 봐"라고 하면 아이들에게 큰 상처로 남습니다. 선이 조금 비뚤어져도, 스케치 선 밖으로 색을 튀어나가게 칠하더라도 그 순간 아이는 최선을 다했을 것입니다. "아주 잘했구나. 다음에는 이 부분을 조금 천천히 칠하면 더 멋지겠는데"라는 칭찬이 아이를 점점 발전하게 해 줄 것입니다.

Q 그림에 소질이 있는지 없는지 알고 싶어요

A 아이들이 그림에 소질이 있는지를 판단할 수 있는 것은, 그림의 결과보다는 그림을 그리는 과정에서 발견할 수 있습니다. 자신이 좋아하는 것이 있는지, 주제에 대해 생각하는 것을 좋아하는지, 관찰을 잘 하는지, 자신의 생각을 그림으로 그리고 싶어 하는지 등입니다. 그리고 그림 그리는

것을 즐거워하는지도 포함됩니다. 이 모든 것에 좋은 점수를 받는다면, 아이는 그림에 소질이 있다고 볼 수 있습니다. 이런 아이는 미술뿐 아니라 어떠한 것을 해도 좋은 결과를 얻을 수 있는 아이가 될 수 있습니다.

Q 그림을 그릴 때 자꾸 손으로 가려요

A 아마도 자신감이 부족해서일 것입니다. 주위에서 못 그렸다는 말이나 틀렸다는 말을 자주 들었을 경우입니다. 그림은 정답이 없기 때문에 아이의 생각을 존중해 주는 것이 중요합니다. 그림에서의 형태는 연습을 반복하면 저절로 나아지는 부분입니다. 눈에 보이는 결과로 아이의 실력을 판단하기보다는 아이의 생각을 인정해 주고 도와주면 아이는 금방 자신감을 찾을 수 있을 것입니다.

Q 엄마에게 그려 달라고 해요. 어떻게 해야 할까요?

A 처음부터 엄마에게 그려 달라고 하지는 않았을 것입니다. 아이가 그림을 그릴 때 부모가 많이 그려 주었는지 생각해 보세요. 자신이 그리다가 부족한 부분을 그려 달라고 하면 조금 도와주어도 됩니다. 하지만 처음부터 그려 달라고 하면 아이의 손을 잡고 그리든지, 아이에게 무엇을 어떤 모양으로 그려야 하는지 정하게 해 주세요. 함께 그리고 있다는 마음을 가지게 하는 것이 좋습니다.

Q 손에 무엇이든 묻는 것을 싫어해요. 어떻게 하죠?

A 지나치게 청결하여 연필 외의 것에 손 대기를 두려워하는 아이들이

간혹 있어요. 이런 경우 부모의 영향 때문인 경우가 많습니다. 너무나 깨끗한 부모의 평소 모습을 보고 습관처럼 똑같이 행동하려는 것이죠. 이런 경우 억지로 재료에 대한 접근을 강요해서는 안 됩니다. 특히 혼자 수업을 하는 것보다 두세 명의 친구들과 함께하는 것이 좋습니다. 때로는 선생님의 백 마디 말보다 주변 친구들은 어떻게 하고 있는지 아이가 직접 눈으로 확인하여 인지하는 것이 더 필요할 때가 있습니다. '친구들이 물감을 만지는데 재미있어 하네? 찰흙도 만질 수 있는 것이구나. 나도 한번 만져 볼까?'라는 자발적인 동기유발이 있어야 합니다. 아이의 평소 습관이 단번에 바뀌기는 어렵습니다. 부모의 인내가 필요하며, 옷에 물감이 묻더라도 '괜찮아'라는 긍정의 말 한 마디가 아이를 변하게 할 것입니다.

부모님들이 이런 질문을 했어요

7-9세용

일곱 살부터
아홉 살까지

들어가며

아이들에게 그림은 생각의 표현이자 자신의 한 부분입니다

아이들은 그림을 그리면서 자신의 생각을 표현합니다. 부모는 아이의 손에 연필이나 색연필, 크레파스를 쥐어 주기 시작하면서부터 아이들이 그리는 그림을 보아 왔을 것입니다. 그리고 부모들은 아이가 네다섯 살까지는 어떠한 것을 그려도 '잘했다', '멋지다'라고 말해 주지만, 그 뒤부터는 태도가 변합니다. 아이가 점점 크면서 그리는 그림을 보고 부모들은 걱정을 하기 시작합니다. 그 이유 중 하나가 그림은 그리는 사람의 정서나 성향이 어느 정도 반영된다는 것을 알고 있기 때문입니다.

그림은 아이를 평가할 수 있는 성적표가 아닙니다

어느 날, 일곱 살인 민준이의 어머니가 아주 걱정스러운 얼굴로 물었습니다. "우리 아이가 어제부터 갑자기 그림에 검은색을 많이 쓰기 시작했어요. 왜 그럴까요? 검은색을 많이 쓰면 아이의 심리

상태가 안 좋은 것 아닌가요?"그래서 어머니에게 "민준이에게 왜 검은색을 썼는지 혹시 물어보셨나요?"라고 물었습니다. 어머니는 아니라고 했습니다. 그날 수업 시간에 민준이에게 지나가는 것처럼 "와, 검은색을 쓰니까 멋진데! 근데 왜 사람을 검은색으로 칠했지?"라고 물었더니 "검은색 사람은 힘이 세요. 내가 좋아하는 만화에서도 주인공이 검은색 옷을 입거든요"라고 대답했습니다. 아이들은 자신이 표현하고자 하는 것에 나름대로 이유가 있습니다. 그런데 부모는 아이가 평소에 하지 않던 행동을 하면 당황하고 걱정하기 시작합니다. 아이를 사랑하는 부모의 마음은 이해할 수 있지만 걱정부터 하는 것은 좋지 않습니다.

그 외에도 많은 부모들은 "왜 우리 아이는 상상력이 없을까요?", "왜 우리 아이는 그림을 잘 그리지 못할까요?", "왜 우리 아이는 한 가지 색만 쓸까요?" 등 많은 궁금증을 가지고 있습니다. 부모 스스로 아이의 그림을 대할 때 생기는 이러한 궁금증들을 '사물을 크게 그리는 아이는 대범한 아이이고, 작게 그리는 아이는 소심한 아이'라는 식의 교과서적 기준으로 해소하기에는 우리 아이들의 생각과 표현이 매우 다양해지고 독특해졌습니다. 그리고 우리는 획일화된 미술 수업과 그 결과에 대한 평가만으로 아이들의 예술적 감각을 가늠하려는 시대에 살고 있지 않습니다. 더군다나 아이들은 각자 가지고 있는 성향이 다릅니다. 위와 같은 질문을 하는 부모의 생각처럼 정말 상상력이 없거나 그림을 잘 그리지 못하거나 색을 쓸 줄 모르는 아이는 없습니다. 단지 표현하는 방법을 모를 뿐입니다.

부모는 상상력이 풍부하거나 그림을 잘 그리는 것이 자연스럽게 생기는 것이라고 생각하지만, 그렇지 않습니다. 아이가 "엄마, 공룡은 어떻게 그려요?", "아빠, 이런 색을 만들려면 어떻게 해야 돼요?"라고 물으면, 아이가 무엇을 원하고 아이에게 무엇을 어떻게 가르쳐 주어야 할지 알게 되지만, 많은 아이들이 질문을 하지 않고 그냥 자기가 할 수 있는 만큼만 하는 경우가 더 많습니다. 미술 교사는 아이가 무엇을 원하는지 아이의 행동만 보아도 알지만 부모는 알기가 어렵습니다. 그러다 보니 아이를 '그림을 잘 그리지 못하는 아이'로 판단하기 쉽습니다. 아이의 상상력과 창의력을 방해하는 것 중 하나가 '부모의 잘못된 시선'입니다. 아이들은 가지고 있는 장점이 각각 다르기 때문에, 어떤 아이는 상상을 잘하지만 어떤 아이는 상상하는 것을 어려워할 수도 있습니다. 또 어떤 아이는 관찰력이 뛰어나 한 번 보고도 똑같이 그릴 수 있는 반면, 어떤 아이는 관찰하는 습관이 잘 되어 있지 않아 그리기를 어려워하거나 싫어하게 된 경우도 있습니다. 이런 경우, 아이의 특성을 하나의 기준에 맞춰 평가하다 보면 우리 아이는 항상 부족한 아이가 되기 마련입니다.

그림 속에서 아이의 생각을 이해해 주세요

이 장에 실린 내용은 10년 넘게 아이들을 가르치면서 겪었던 여러 가지 상황을 토대로 완성되었습니다. 실제 수업 시간에 나누었던 아이들과의 이야기, 또 아이들이 힘들어하는 부분을 어떻게 도와주었는지를 책 속에 담아, 다양한 특징을 지닌 아이들의 그림을 감상하면서 부모가 자신의 아이를 올바르게 이해하는 데 도움이 되고자 했습니다. 우리 아이의 그림을 다른 아이의 그림과 비교하기 위해서가 아니라, 남들이 가지지 못한 우리 아이만의 특징과 장점을 발견하기 위해서입니다. 특별한 시각을 가진 우리 아이와 이야기하고 서로 공감대를 이루기 위해서는 아이에 대한 폭넓은 이해가 부모에게 꼭 필요할 것입니다.

그림을 통해서 '지금 우리 아이는 무엇을 생각하고, 느끼고, 왜 이렇게 행동하는지'를 이해한다면, 아이가 생각하고 표현하는 것에 도움을 줄 수 있는 부모가 될 수 있습니다. 또한 아이는 '자신을 이해하고 자신이 가진 장점을 인정해 주는 부모'로 생각할 것입니다. 그리고 부모의 칭찬과 격려를 통해 아이들은 자신감을 얻을 수 있을 것이고, 남들과는 다른 자신만의 표현 세계를 만들어 갈 수 있으리라 믿습니다.

"우리 아이는 책도 많이 읽고 글짓기도 잘하는데, 왜 그림을 그릴 때마다 아무 생각이 없는 거야?"라는 질문을 해 보셨나요? 상상력과 생각이 없는 아이는 없어요. 단지 그것을 어떻게 그림으로 보여 주어야 하는지 잘 모를 뿐이에요. '새로운 발상으로 이끌어 주세요'는, 아이가 가지고 있는 재미있고 개성 있는 생각을 어떻게 이끌어 내고 또 그림으로 보여 줄 수 있을지에 관해 도움을 줄 것입니다.

새로운 발상으로
이끌어 주세요

혼자 연상하는 게 어려워요

예은이, 예진이, 지수에게 오른쪽 그림을 보여 주며 물었습니다. "자, 이 그림의 사람들이 왜 이렇게 놀란 모습을 하고 있을까?" 예은이는 "갑자기 비가 와서요"라고 대답하고, 예진이는 "사고 싶은 물건이 있는데 너무 비싸서요"라고 대답했습니다. 이번에는 아이들이 상상한 내용을 그림으로 그려 보게 했습니다. 188쪽의 그림을 보면, 예은이는 대답한 대로 두 사람이 길을 가고 있는데 갑자기 비가 와서 놀라는 모습을 그렸고, 예진이는 사고 싶은 물건이 있는데 너무 비싸서 놀라는 모습을 그렸습니다. 그런데 지수는 아무리 생각해도 모르겠다고 합니다. 그렇다면 지수는 상상을 못하는 아이일까요?

수업시간에 보여 준 예시 그림

상상을 못하는 아이는 거의 없습니다. 아이들은 자라면서 남들의 의견에 귀를 기울이게 되고, 자신의 의견이 맞고 틀리는 것에 대해 민감해지게 되지요. 지수처럼 상상하는 것을 힘들어하는 경우는 대부분 자신이 말하는 것이 틀릴까 봐 생각을 자유롭게 말하지 못하는 것입니다. 친구들 앞에서 창피할까 봐, 또는 교사나 부모 앞에서 다르거나 틀린 것을 지적당하기 싫어서입니다. 이럴 때 부모가 자신의 다양한 생각을 먼저 말하는 것이 좋습니다. 아이와 겪었던 일도 좋고 엉뚱한 이야기도 좋습니다. 그러면 아이는 생각하기 시작할 것입니다. 위의 그림의 경우, "앞쪽 길바닥에 큰 구멍이 있어 조심하는 장면이 아닐까?", "바로 앞에 불이 나서 가까이 가면 안 되는 상황일지도 몰라"처럼 그림 속의 두 사람 앞에 벌어질 수 있는 여러 가지 일을 제시해 준다면, 아이들이 상상하는 게 조금 쉬워질 수 있습니다. 재미있는 상황이면 더 효과가 있겠지요. "멍멍이가 싼 똥을 밟았나?"처럼 부모가 먼저 아이를 웃게 하면 아이는 틀릴까 봐 두려워하지 않고 편하게 생각을 말하게 될 것입니다.

신예은(8세) 종이에 드로잉 연필, 수채 32×44cm

이예진(8세) 종이에 드로잉 연필, 수채 32×44cm

많은 아이들은 누군가 질문을 할 때 선뜻 먼저 대답을 하려 하지 않습니다. 누군가가 먼저 말하기를 기다리고 또 자신을 대신해 대답해 주기를 바랍니다. 아는 것이 많아도 먼저 말하는 것을 부끄러워합니다. 질문에서 상상할 수 있는 모든 상황을 스스로 판단해 머릿속에서 정답과 오답을 나누어 정리하고 있는 것일지 모릅니다. 또 예전에 아이가 했던 상상의 이야기가 주위 사람들에게 무시를 당해 의기소침해졌을 수도 있습니다.

상상에는 정답이 없습니다. 아이가 엉뚱하고 말도 안 되는 이야기를 하더라도 무시하지 말고 귀 기울여 들어 주는 것이 좋습니다. 되도록 끝까지 들어 주고, 이야기가 끝날 때쯤 질문을 해서 이야기가 연결될 수 있도록 해 주면 더욱 좋을 것입니다. 왜냐하면 주어진 상황에 대한 한 가지 상상이 다음 이야기를 만들고, 그것이 또 다른 상상력을 자극해 아이만의 독특한 생각의 영역이 만들어지기 때문입니다. 이것은 미술에만 한정된 것이 아닙니다. 주어진 주제가 그림으로 그려지기까지 아이의 머릿속에서는 끊임없는 상상과 연상 활동이 벌어지고 요구되는 것처럼 수학과 과학, 국어, 논술 등의 과목들도 정답과 오답이 만들어지기 전에 많은 사고와 상상력을 요구합니다. 상상하는 것을 힘들어하는 아이에게 부모가 재미있는 상황을 만들어 다음 장면을 상상하도록 도와주는 것은, 단순히 미술 시간에 하나의 그림을 완성하기 위한 것이 아니라 아이가 지닌 상상의 연결 고리를 이어 주는 작은 계기가 됨을 알아야 합니다.

김보담(9세) 종이에 드로잉 연필, 수채, 크레파스 32×44cm

김소담(9세) 종이에 드로잉 연필, 수채 32×44cm

여기에 또 다른 예가 있습니다. 187쪽의 예시 그림을 보고, 보담이와 소담이가 왼쪽의 그림처럼 똑같은 내용의 그림을 그렸습니다. 두 아이 모두 불이 난 모습을 보고 놀란 그림을 그렸는데, 보담이와 소담이는 정말 동시에 똑같은 생각을 했을까요? 아니면, 둘이 대화를 통해 그림의 내용을 같게 그리기로 했을까요? 같은 내용의 그림을 그렸다면 아이들의 연상력이 부족한 걸까요?

꼭 그렇지는 않습니다. 아이들은 친구들과 같은 생각을 하고 있다는 것을 보여 주고 싶어 합니다. 그래서 그림을 그리다가도 옆 친구가 사과를 그리면 '나도 사과!' 하고 바로 그리기 시작할 때가 많습니다. 아이가 친구와 친해지기 위해서거나 재미있게 그림을 그리려는 의도에서라면 그냥 지켜보십시오. 하지만 혹시 생각을 많이 안 한 상태에서 옆 친구의 그림을 보고 그리려 한다면, 아이가 생각 주머니를 풀 수 있게 해 주어야 합니다. 주제와 연관되는 경험이나 좋아하는 것들, 책에서 읽은 내용 등 아이가 생각 주머니에서 자신만의 상상력을 꺼낼 수 있게 도와주세요. 또 각자 서로 다르다는 것이 틀린 것이라 생각하지 않게 설명해 주세요. 우리가 가진 생각은 모두 다양하기 때문입니다.

만일 아이가 생각하기 귀찮아서 친구의 것을 보고 그린다고 말한다면, 그것은 자신의 생각을 표현하는 것에 자신이 없어서일 것입니다. 이럴 때는 아이가 그림을 자주 그려 연습하고 자신의 그림을 스스로 완성할 수 있는 기회를 부모가 만들어 주는 것이 중요합니다. 아이가 재미있는 상상과 생각을 표현할 때 부모는 아이의 개성을 알고 이해할 수 있기 때문입니다.

    우리 아이에게 남들과 다른 점이 있다는 것을 반드시 상기시켜 주세요. 그러면 아이가 어디에서 무엇을 하든 자긍심과 자신감을 가질 수 있을 것입니다. 예를 들어, "네가 보고 듣는 것이 남들과 비슷한 점이 많지만, 얼굴 생김새가 다르듯이 모두 각각 다르게 느낀단다. 혹시 남과 같은 생각을 하고 싶더라도 너의 멋진 생각을 조금 보태면 어떨까?"라든지, 또는 같은 사과를 그린다고 해도 아이가 좋아하는 사과가 빨간 사과인지 연두색 사과인지, 그리고 맛이나 색 등을 어떻게 느끼는지, 남과 비교할 수 없는 주관적인 부분을 스스로 발견할 수 있도록 질문을 자주 해 주는 것이 좋습니다. 그러면 혹시 옆 친구와 비슷하게 그리더라도 아이만의 감춰진 개성이 색감이나 형태로 나타나게 될 것입니다.

엉뚱한 결말을 상상한 동화책을 보세요

백설공주의 결말이 어떤지 재미있게 상상한 책이나 왕자와 결혼한 신데렐라의 다음 이야기를 남들과 다른 눈으로 쓴 동화책처럼, 아이에게 황당한 다음 장면을 꾸며 보자고 해 보세요. 말이 되든 안 되든 중요하지 않아요. 생각나는 것을 메모하고 그 다음을 연결해 또 적어 보는 과정에서 아이만의 이야기가 만들어지면서 자연스럽게 그림의 소재를 만들 수 있어요.

좀 더 자세히 알아볼까요?

교육학자 김춘일은 창의적 형태는 사람마다의 독창성 및 풍부한 상상력이 그것을 형태화하는 '표현'과 결합되어야 비로소 성립되고, 이 잠재적 형태는 분명하게 설명할 수 없는 다양성, 유동성을 가지며 이것을 어떤 '질서'로 붙잡아 구체화하는 작업이 곧 창조라고 했습니다. 이 창조는 풍부한 '경험'과 아직 경험하지 않은 '상상'에 의해서 구체화되기 때문에 개인의 감정과 사고가 중요하게 작용한다는 것입니다.

새로운 발상으로 이끌어 주세요

내가 아는 풍경만 그릴래요

아이들은 '계절'에 대한 주제로 그림을 그리는 경우가 많습니다. 봄에는 꽃이 피고 새싹이 나는 장면, 여름에는 수영을 하는 장면, 가을에는 단풍이 든 장면, 겨울에는 눈이 오는 장면을 많이 그리게 되지요. 여덟 살인 민희 역시도 눈이 쌓이고 눈사람이 있는 겨울을 그렸습니다. 민희의 수채화는 느낌이나 원근감을 잘 표현한 반면, 그림 속 내용이 좀 허전한 것 같습니다. 많은 아이들이 겨울 풍경을 그리라고 하면 눈싸움하는 모습이나 눈이 오는 모습, 산타 할아버지 등 겨울에 평범히 생각할 수 있는 장면들을 그립니다. 그러다 보니 어디에선가 본 그림처럼 느껴지기도 합니다. 집 굴뚝에서는 항상 연기가 나고, 눈사람도 우리가 흔히 생각하는 모습입

김민희(8세)
종이에 수채
27.2×39.4cm

니다. 하지만 같은 '겨울 풍경'을 그리더라도 남들이 모두 생각할 수 있는 계절의 특징 이외에 조금 더 재미있고 내용이 풍부한 그림을 그릴 수는 없을까요?

196쪽에 있는 민희의 다른 그림은 평소에 다니는 사거리를 그린 것입니다. 사거리를 먼저 그린 뒤, 그 주위를 그려 보라고 했습니다. 민희는 매일 다니는 길이어서 무엇이 있는지 잘 알고 있다며 빠르게 그렸습니다. 민희의 개성이 담긴 구도가 잘 표현되었지만, 위의 겨울 풍경 그림처럼 흔한 장면이 보입니다. 민희가 다니는 길은 사람도 차도 많고, 아는 친구들도 자주 만날 수 있는 길입니다. 놀이터도 있고 길거리에는 할아버지, 할머니, 유모차를 끌고 가는 엄마들의 모습도 볼 수 있습니다. 그러나 민희의 그림 속에는 아파트, 가로수 세 그루, 민희가 다니고 있는 학원 건물만 있습니다. 또 길에는 자동차 한 대가 보일 뿐입니다. 민희는 사거리에서 이 몇 가지만 본 것일까요? 다른 재미있는 장면은 왜 그리지 않았을까요? 사거리 그림 역시 재미있거나 특이한 점은 보이지 않고, 평범하고 단순하게 표현되었습니다.

민희 외에도 많은 아이들이 그림 속에 자신이 겪었거나 상상했던 이야기들을 표현하지 못하는 경우가 있습니다. 요즘의 아이들

김민희(8세) 〈사거리〉
종이에 수채
39.4×54.5cm

은 부모들이 여기저기 좋은 곳을 많이 데리고 다니는 반면에 그러한 좋은 경험들이 그림으로 표현되지 못하는 경우가 많습니다. 민희처럼 자신이 경험한 것들을 그림 속에 담아내기 어려워하는 아이들에게는 그림을 그리기 전에 '대화'를 하는 것이 중요합니다.

민희에게 한 번 더 그려 보자고 했습니다. 대신 그림을 그리기 전에 길거리 풍경에 대해 이야기를 나누었습니다. 길을 가다가 어떤 사람들을 만났는지, 자전거를 타고 지나가는 사람을 보았는지, 자주 가는 음식점은 어디인지, 엄마 손을 잡고 가는 아이를 보았는지 등 아주 자세하고 재미있는 일들에 대해 대화하는 시간을 가졌습니다. 민희는 자신이 보았던 것, 경험했던 것들에 대해 선생님과 이야기를 나누는 것이 재미있었는지 많은 이야기를 꺼내 놓

김민희(8세) 〈사거리〉
종이에 색연필, 파스텔
39.4×54.5cm

았습니다. 학원에서 만난 이상한 친구 이야기, 길에서 만난 경찰 아저씨, 학교에서 돌아오는 길에 자전거와 부딪칠 뻔한 이야기 등 '길'과 관련된 재미있는 이야기들을 해 주었습니다. 민희는 이야기를 하는 동안 자신이 '길'에 대해 굉장히 많은 것들을 보고 느꼈다는 것을 알게 되었고, 다시 사거리를 그렸습니다. 전에 그렸던 사거리 그림과는 다르게 민희의 사거리가 이야기로 꽉 찼습니다. 버스도 있고 분수도 있고, 사람들의 모습도 다양하게 그렸습니다. 뛰어가는 사람, 횡단 보도를 건너려고 기다리는 사람, 학원에 가는 친구들의 뒷모습도 보입니다. 민희는 스스로도 그림이 멋져 보였는지 기분이 좋아 보였습니다.

　민희와 같이 누구나 생각할 수 있는 흔한 장면을 그리는 아이들이 많습니다. 그 아이들이 모두 흔한 장면만 알고 있지는 않을 것입니다. 아이의 머릿속에는 분명히 많은 장면들이 담긴 사진이 들어 있습니다. 단지 깊숙이 들어 있는 사진들을 꺼내려고 노력하지 않는지도 모르지요. 귀찮았을 수도 있고 습관이 되어 있지 않아서일 수도 있습니다. 민희처럼 늘 흔한 그림만 그린다면 그림을 그리기 전에 부모가 아이와 대화하는 시간을 가지면 좋습니다. 주제와 관련된 것들을 수다 떨듯이 자주 대화하면 아이는 기억 속에 숨겨져 있던 경험들을 다시 떠올리고, 경험들을 자연스럽게 그림으로 표현할 수 있게 됩니다. 처음부터 너무 많은 이야기를 나누려고 하면 아이가 당황스러워할 수도 있으니, 부모가 보았던 풍경이나 경험에 대해 먼저 말하는 것이 좋습니다. 부모가 먼저 이야기를 시작하면 아이는 금세 자신의 이야기를 시작할 것입니다.

요즘은 부모들이 바쁘기 때문에 아이와 제대로 이야기를 나눌 시간이 많지 않습니다. 아이들 또한 학습 시간이 너무 많아 부모와 대화할 시간이 적습니다. 하지만 대화를 통해 아이 머릿속의 다양한 기억을 꺼내는 것은 많은 시간을 필요로 하지 않습니다. 차를 타고 이동하는 중이나 식사를 할 때 이야기를 하면 됩니다. 부모와의 대화는 단순히 그림을 재미있게, 풍부하게 그리는 것이 목적이 아니라 아이의 성장에 큰 도움을 줍니다. 오늘 유치원이나 학교에서 무엇을 했는지, 또는 별일 없었는지에 대한 질문도 좋지만, 가끔은 주말에 놀러 갔던 일을 다시 한 번 기억할 수 있는 대화나 집으로 오는 길에 본 나무나 벌레에 대한 이야기를 해 보세요. 부모와 같은 추억의 사진을 머릿속에 간직하고 서로 기억을 더듬어 그 사진을 꺼내어 이야기하는 것이 좋습니다. 부모와 대화하는 작은 시간들이 모여 풍부한 감성과 훌륭한 표현력을 가진 아이로 키울 수 있습니다.

아이가 너무 흔하고 평범해 보이는 그림을 그린다고요?

아이를 답답해하거나 나무라기 전에 아이에게 공상 과학 영화나 상상 동화, 놀이 동산 등 일상과 다른 경험을 많이 하게 해 주었는지 생각해 보세요. 아이의 감성 표현은 경험하고 느낀 만큼 성장할 수 있어요. 부모는 이런 아이를 어떻게 도와주어야 할지 모르는 경우가 많아요. 부모가 미술 수업을 할 수 없는 것은 당연합니다. 아이를 위해 해 줄 수 있는 것은 경험과 대화예요. 가장 기본적인 것을 아이에게 충분히 해 주었는지 생각해 보세요. 하루 종일 신나서 떠들 수 있는 일들을 많이 만들어 준 후, 아이와 대화하고 그림으로 그려 보자고 해 보면, 아이의 상상력과 관찰력이 부쩍 커져 있는 것을 느낄 수 있을 것입니다.

● 좀 더 자세히 알아볼까요?

어린이 미술 연구가 린드스트롬M. Lindstrom은 7-9세의 아이들은 흔히 자기 레퍼토리 속에 좋아하는 주제를 여러 개 혹은 한두 개 정도 가지고 있다고 지적합니다. 그래서 새로운 주제를 창출해 내는 대신 예전과 똑같은 그림을 계속 그리기를 좋아해서 일률적인 종류의 그림만 되풀이해서 그리는 경우가 있다고 합니다. 그러나 실제로 아이들은 호기심을 가지고 고정된 도식 범위를 벗어나서 새로운 시도를 경험해 보고 스스로 문제를 풀어 나가기도 합니다

자료 없이 그리는 건 어려워요

아홉 살 전후의 아이들은 그림을 그릴 때 책 속의 사진이나 참고 자료 등을 보고 그리는 경우가 많습니다. 무엇인가를 선뜻 그리려고 하다가도 사진을 뒤적거리거나 보고 그릴 자료들을 찾기도 합니다. 자료를 찾는다는 것은 보이는 사물을 사실처럼 그리고 싶기 때문입니다. 잘 그리고 싶은 욕심이 있다는 증거이기도 합니다.

　아홉 살인 재은이도 무엇인가를 그릴 때 항상 사진 같은 참고 자료를 보고 그립니다. 자료가 없을 때는 그리는 것을 조금 두려워하기도 합니다. 201쪽 그림은 재은이가 평소에 그리는 그림들입니다. 재은이는 관찰력이 좋아 자료를 보고 그리면 아주 잘 그립니다. 또래 아이들에 비해 관찰을 자세히 하는 편이고, 스스로

배재은(9세) 종이죽에 수채 29×25cm   **배재은(9세)** 종이에 드로잉 연필 39.4×27.2cm

느끼기에 완벽한 형태를 그릴 때 매우 만족합니다. 하지만 보고 그릴 자료가 없을 때는 그리기를 꺼려합니다. 아홉 살 전후의 아이들은 '형태'를 사실처럼 잘 그리고 싶어 하기에 본인들보다 나이가 많은 아이들이 그린 데생이나 정물화 같은 그림을 보면 부러워합니다. 사물을 사실처럼 잘 그리는 아이가 그림을 잘 그리는 아이라고 생각하기 때문입니다. 재은이와 같이 자료를 통해서 그리려고 하는 아이들에게 자료를 주지 않거나 갑자기 상상해서 그리라고 하면, 아이는 스트레스를 받을 수 있습니다. 자신은 진짜처럼 그리고 싶은데 교사나 부모가 보지 않고 그려도 된다고 하는 것은 아이의 말을 무시하는 것처럼 들릴 수도 있습니다. 그림을 잘 그리는 화가들도 동물들의 움직임을 그리거나 사람들의 다양한 동작들을 그릴 때는 사진 자료를 이용하기도 합니다. 아이들은 아직 형태에 익숙지 않아 자료를 보고 그리는 것은 당연합니다. 스스로 잘 그리려고 하기 때문에 적극적으로 자료를 제공해 주는 것이 좋습니다. 하지만 너무 오랫동안 형태에만 의존하는 것 같다면 아이가 스스로 상상할 수 있도록 조심스럽게 유도해 주는 것도 좋습니다.

재은이가 사물을 보고 똑같이 그리기도 하고 상상해서 그리게도 하기 위해 꽃이 예쁘게 핀 꽃다발을 준비했습니다. 재은이는 꽃다발을 보자마자 "선생님, 이걸 다 그려요?" 하면서 꽃을 많이 그려야 한다는 것에 부담스러워했습니다. 사실적으로 그리기를 잘하는 재은이도 형태가 분명치 않은 꽃잎들의 모양에 조금은 겁이 났던 모양입니다. 그래서 그리기를 시작하기 전에 재은이와 함께 꽃의 냄새도 맡아 보고 만져 보기도 하고 느낌이 어떤지도 말해 보았습니다. 앞에 놓인 꽃을 보이는 대로 그리는 것이 아니라, 꽃 이외의 것을 상상할 수 있게 하기 위해 꽃에 대한 이야기를 나누었습니다. "재은아, 이 꽃은 냄새가 좋아서 벌들이 좋아하겠다. 여기다 벌들의 집을 만들어 줄까?", "엄지공주 이야기 알아? 혹시 이 꽃 안에 엄지공주가 살고 있지 않을까?" 등 선생님이 먼저 상상한 것을 이야기했습니다. 재은이는 처음에는 어색해하더니 곧 선생님의 질문에 따라 장난스러운 상상을 하기 시작했습니다. "선생님, 그럼 꽃만 그리지 않고 다른 것을 그려도 돼요?"라는 질문에 "물론 되지"라고 말해 주었습니다. 재은이는 여느 때와 같이 꽃을 관찰하기 시작했습니다. 처음에는 자신이 마음에 드는 꽃을 골라 그리다가 곤충들을 그리기 시작했습니다. 곤충을 그리려고 할 때도 "선생님, 그럼 곤충을 그려도 되죠?"라고 다시 한 번 확인을 했습니다. 아직은 보이는 것 외에 자료 없이 마음대로 상상해서 그리기가 조심스러운 것 같았습니다.

재은이는 평소 같으면 꽃의 위치와 모양을 보이는 것과 똑같이 그리려고 노력했겠지만 꽃에 대해 상상하기를 한 뒤 그리기를 했더니 '똑같이 그리는 것'에 대한 부담감이 많이 줄어든 것 같았습니다. 보이는 대로 다 그리기보다는 자신이 원하는 만큼의 꽃을

예쁘게 포장된 꽃다발 (왼쪽)

배재은(9세) (오른쪽)
종이에 수채
39.4×27.2cm

그리고 다양한 곤충들을 상상하여 그렸습니다. 물론 자료를 보지 않고 그렸기 때문에 다양한 곤충의 모습을 그리기보다는 자료 없이도 쉽게 그릴 수 있는 나비, 벌, 무당벌레를 그렸습니다. 꽃다발이 화병에 꽂혀 있지 않은 것을 보고 화병의 모양도 새로 그렸습니다. 평소의 재은이 작품과 비교해 많이 자유로워진 느낌입니다. 그림을 그리는 속도도 사물을 있는 그대로 따라 그릴 때보다 많이 단축되었습니다.

재은이 같은 특징을 가진 아이들에게는 엉뚱한 생각을 강요하거나 상상하여 그리는 그림을 강요하기보다는, 상상력이 풍부한 또래 아이들의 그림이나 그림책을 보여 주면서 자연스럽게 받아들일 수 있게 하면 좋습니다. 그리고 아이들이 사실적으로 그림을 그렸을 때만 칭찬을 하면, 또 칭찬을 받고 싶어서 똑같이만 그리려고 할 수 있습니다. 아이를 칭찬할 때는 사실적인 그림도 칭찬해 주고, 생각을 자유롭게 표현한 부분도 칭찬하세요. 만약에 아이 스스로 상상하여 그리는 것을 원하지 않는다면 무리해서 상상하기를 요구하는 것은 좋지 않습니다. 이럴 때 부모가 집에서 도와줄 수 있는 방법이 있습니다. 아이들이 자료를 보고 그릴 때 되도록 한 가지 사물이라도 다양한 모습의 자료를 보여 주는 것입니다. 예를 들어 동물을 그리더라도 가만히 서 있는 동물의 모습, 뛰어가는 모습, 입을 벌리고 있는 모습, 뒷모습 등 다양한 모습들을 관찰할 수 있는 자료를 제공해 주세요. 동물 도감 같은 책도 좋고, 인터넷에서 다양한 자료들을 찾을 수 있습니다. 너무 한 가지 모습만 반복하다 보면 시간이 지나서도 다른 모습을 그리는 것을 귀찮아하며 늘 그리던 모습만 그리게 될 수도 있기 때문입니다.

자료를 보고 그리는 것이 안 좋은가요?

자료를 보고 그리는 것은 그림을 그리는 과정이에요. 어른들도 처음에 요리를 배울 때는 레시피를 보고 몇 스푼을 넣어야 하는지까지 정확히 따라 하지만, 익숙해지면 자신의 입맛에 맞춰 응용을 하잖아요. 아이들도 마찬가지예요. 자주 보지 못하고 어쩌면 사진에서만 본 건물이나 동물들 같은 경우는 당연히 보고 그릴 수밖에 없어요. 보고 그리는 것을 반복하다 보면 자료를 보지 않고도 스스로 형태를 조금씩 변형해 가면서 그릴 수 있게 돼요. 반복을 통해 자연스럽게 자신만의 그리는 방법을 찾게 될 것입니다.

좀 더 자세히 알아볼까요?

아이들이 그린 그림을 일반적인 관점에서 분석한 아동미술사상가 아이스너 E. W. Eisner에 따르면, 초등학교 어린이에게 가장 좋은 그림을 선택하라고 하면 자신들이 그릴 수 있는 것보다 사실적인 그림을 좋아하는 경향이 있습니다. 그러나 그것은 가장 사실적인 그림을 좋아하는 것이 아니라 자신의 그림보다 약간 더 사실적인 그림을 좋아하는 것입니다. 어린이는 그림을 볼 때 형식적인 구성을 감상하기보다는 그들이 생각하는 만큼의 정보를 얻는 데 필요한 부분에만 관심을 가지기 때문입니다. 즉, 아이들은 아홉 살 정도의 연령이 되면 보다 사실적인 그림을 그리고 싶어 합니다. 사실적인 그림을 그린다고 해서 상상력이나 대범함이 없어지는 것은 아닙니다. 시각능력이 세분화되면서 관찰을 통해 정보를 얻기를 원하고, 그림을 느낌이나 감성으로 보기보다는 논리적인 시점에서 보게 되기 때문입니다.

상상하기 힘들어요

아이들에게 '바다 소리가 만든 세상을 상상해 보자'고 했습니다. "바다 소리는 어떤 모습일까?", "바다 소리들이 모여 성을 만들고 그 위에 동물들이 산다면 어떤 모습일까?" 아이들은 자신의 생각을 이야기하기 시작했습니다. "소리는 물방울처럼 생겨서 땅이 미끌거릴 것 같아요." "몸에 털이 없고 비늘이 있는 호랑이가 살 것 같아요." 그러나 기현이는 친구들의 이야기를 듣기만 하고 자신의 의견을 말하지 않았습니다. 아직 겪어 보지 않았고 보지 못한 것을 말하면 틀릴 수 있다고 생각했기 때문입니다. 바다 소리에 대해 상상은 하고 있어도 표현은 하지 않은 것입니다. 평소 기현이는 산수와 논리를 잘합니다. 동화책보다는 과학 학습 책을 더 좋아하고 또 과학자가 되는 것이 꿈입니다. 그래서 그런지 눈에 보이지 않는 바다 소리로 땅을 만들고 동물을 만들어 내는 것이 쉬운 일은 아닙니다. 기현이에게 바다를 떠올릴 수 있도록 소라 껍데기를 주었습니다. 만져 보고 귀에 대고 소리도 들어 보고……. 빈 소라 껍데기에 공기가 통하는 파도 소리 비슷한 소리를 듣습니다. 다시 소라 껍데기 소리를 듣고 상상한 것을 그려 보자고 했습니다. 기현이는 고민하는 동안에도 무엇을 어떻게 그릴지 주저하는 모습을 보였습니다. 왜냐하면 보고 그리는 것 외에 상상해서 그리거나 느낌을 표현하는 것을 많이 해 보지 않았기 때문입니다.

　사실 머릿속에 떠오르는 생각을 그림으로 그리는 것은 어른들에게도 쉬운 일이 아닙니다. 우리 아이에게 상상화의 주제를 주고 '생각해서 그려 보자'라고 하면, 아이는 생각을 말로는 쉽게 풀어 내도 그림으로 그리기는 주저합니다. 어떤 아이는 생각만 하고 그리지 않기도 하고, 어떤 아이는 자신이 못하는 것을 시키면 스트레스를 많이 받기도 하지요. 그럴 때는 아이가 잘 알고 자주 그리는 것부터 상상할 수 있도록 해 주는 것이 좋습니다. 한 예로, 용은 상상 속의 동물입니다. 뱀 몸통에 물고기 비늘, 사슴 뿔, 매 발톱 등 옛날 사람들이 신성하고 용맹스러운 상상 속 동물을 특정 동물들의 특징을 이용해서 새롭게 만들어 낸 것처럼, 눈으로 볼 수 없는 느낌이나 장면을 그릴 때는 우리 눈으로 볼 수 있게 해 주는 '구체적인 대상'이 필요합니다. 기현이에게 주어진 소라 껍데기는 바다를 떠올리게 하는 구체적인 대상이 됩니다. 무엇인가를 보고 듣고 맛보고 만지는 감각은 우리의 상상력을 자극할 수 있습니다. 기현이에게 소라 껍데기 소리는 바다의 모양과 색, 느낌을 전달해 주었고, 기현이는 그것을 통해 '바다의 느낌'을 상상해 그릴 수 있었던 것입니다.

아래는 기현이가 그린 소라 껍데기 소리의 느낌입니다. 무엇인가 흐르는 듯한 느낌으로 소라 껍데기에서 들리는 바다 소리를 그

김기현(8세)
종이에 혼합재료
32×44cm

린 것 같습니다. "이제 소라 껍데기 소리로 그린 그림 위에 기현이가 상상하는 바다 소리들을 그려서 붙여 보자"고 했습니다. 좋아하는 물고기 모양을 떠올려 그리고, 기현이가 멋지다고 생각하는 바다 색을 칠하고, 파도가 부서질 때 나는 소리로 거품 별을 그려 보자고 했습니다. 좋아하는 물고기, 바다 색, 파도 거품 등의 단어가 나오면서 기현이는 그림을 그리기 시작했습니다. 처음에는 막연하게 들렸던 주제가 잘 알고 있는 구체적인 사물들과 합쳐

김기현(8세)
종이에 혼합재료
32×44cm
기현이가 상상한 바다 소리로
만들어진 세상

져 표현되면서 그림으로 그릴 수 있게 된 것입니다. 아이가 상상하기 힘들어하면, 부모가 먼저 주제에 대한 생각을 이야기해 주는 것이 좋습니다. 논리적으로 따지기 좋아하는 아이에게 어른들이 먼저 재미있는 생각과 엉뚱한 이야기를 하면, 아이는 논리적인 긴장감을 풀고 상상하기 시작할 것입니다. 상상하지 못하는 아이는 없습니다. 단지 그것을 어떻게 표현할지 모를 뿐입니다.

관찰해서 그리는 것이 상상해서 그리는 것보다 쉬워요

알고 있는 모양을 보고 그대로 그리면 되기 때문이죠. 그러나 미래의 모습을 상상하거나 땅속 세상을 상상하기, 외계인 그리기 등 우리가 눈으로 볼 수 없는 것을 그림으로 그릴 때는 '어떻게 그려요?'라고 묻게 됩니다. 이럴 때는 평소 잘 알고 있고 좋아하는 것이 무엇인지 아이에게 물어보세요. 그리고 그것에 이야기를 덧붙여 그림으로 그리게 하세요. 그러면 새로운 장면이 그림 속에서 보일 것입니다. 상상은 우리의 주변에서도 쉽게 만들어 낼 수 있어요. 자동차가 도로를 달리다가 날개가 나와 하늘도 날고 우주로도 여행할 수 있다고 상상해 보세요. 그것을 그림으로 그리면 과학 상상화가 되죠. 우리가 자주 보는 흔한 물건에서 시작해 생각을 하나하나 더한다면 다른 사람이 상상해 내지 못하는 것도 상상할 수 있어요.

좀 더 자세히 알아볼까요?

미술교육가 이명호는 아이들이 창의성을 가지기 위해서는 자발성, 독자성, 집착성, 정직성, 호기심을 갖도록 교육시켜야 한다고 했습니다. 자발적으로 새로운 아이디어를 내도록 연습하고, 그 가치를 인정받도록 하며, 스스로 끈기 있게 문제를 해결하려고 노력하는 모습이 중요합니다.

그리는 시간이 너무 오래 걸려요

평소 부모가 아이들의 그림 그리기에 대해 걱정하는 부분이 있을 것입니다. 그중에는 그리는 속도가 너무 느리다거나 끝까지 마무리하지 못하는 모습도 있습니다. 아이가 '어떻게 그릴까?' 하고 그림을 그리기도 전에 생각을 너무 많이 해서 시간이 오래 걸리는 경우도 있고, 주변에 산만하게 신경을 쓰다가 그림 그리기에 집중하지 못하는 경우도 있습니다. 그리고 그림을 잘 그리기 위해 잘못 그려진 부분을 계속 고치다가 늦어지는 경우 등, 여러 가지 이유가 있을 수 있습니다.

은우는 평소에 말이 별로 없는 친구입니다. 그림을 그리기 전에 어떻게 그릴지 항상 많은 생각을 합니다. 친구들이 벌써 그리기 시

김은우(9세)
종이에 수채, 드로잉 연필
32×44cm

작할 때도 은우는 생각하느라 시작도 못 하고 있을 때가 많습니다. 낯을 가리고 내성적인 성격이어서 처음 만난 선생님과 대화하기가 쉽지 않았지만, 선생님이 설명할 때 집중하고 신중하게 받아들이는 모습을 보였습니다. 그리는 속도가 조금 느리긴 하지만, 은우의 뛰어난 관찰력과 표현력을 그림 속에서 볼 수 있습니다.

펭귄과 원숭이가 친구가 되어 열대 정글을 지나가고 있는 모습입니다. 펭귄이 지친 원숭이를 데리고 가는 모습이 재미있게 표현되었습니다. 갈색 물감으로 칠해 더운 날씨를 잘 표현했고, 뒤에 보이는 나무들도 다양하게 잘 그린 것을 볼 수 있습니다. 오래 생각하느라 다른 친구들보다 느리게 그리긴 했어도 은우에게 생각하는 시간은 매우 중요한 부분입니다. 시간이 많이 걸린 만큼 은우가 그리고 싶은 것들이 그림에 잘 드러나 있습니다.

　나정이와 희정이는 친구들과 이야기하는 것을 좋아합니다. 미술 시간은 다른 수업 시간에 비해 자유로운 분위기여서인지 이야기를 더 많이 하는 것 같습니다. 하루 동안에 있었던 일이나 재미있는 이야기를 하다가 그림을 느리게 그려 완성을 못 할 때가 많습니다. 이야기하는 데 신경을 쓰다가 그림 그리기에 집중할 수 없었기 때문입니다. 그렇지만 완성된 그림은 자신이 생각한 것을 잘 보여 주고 있습니다. 나정이와 희정이는 선생님이 '그만 떠들고 조용히 그림 그리자'고 잔소리할 때보다 친구들과 재미있게 이야기하면서 수업할 때가 더 잘 그릴 수 있다고 합니다. 이것저것 이야기하느라 다른 아이들보다 그림을 조금 느리게 그리지만, 오히려 좀 더 세심한 부분까지 표현하고 있습니다. 오른쪽 위 그림은 나정이가 그린 결혼 전 부모님의 모습입니다. 두 분이 벚꽃나무 사이로 산책하는 장면을 그렸습니다. 벚꽃나무는 종이를 말아서 붙이고, 언덕과 풀도 다양하게 잘 표현했습니다. 나정이는 친구와 이야기하면서도 계속해서 '생각하는 것을 어떻게 그림으로 보여 줄까?'라고 고민하고 있었던 것입니다.

　희정이는 매미가 백화점 안으로 들어왔다는 재미있는 상상을 했습니다. 매미가 우는 소리에 사람들이 무슨 소리인지 궁금해하

류나정(9세)
종이에 수채,
한지, 수채색연필
25×34cm

김희정(9세)
종이에 수채,
드로잉 연필
30×40cm

새로운 발상으로 이끌어 주세요

면서 위를 쳐다보는 장면을 위에서 아래를 내려다보는 시각으로 그렸습니다. 높은 곳에서 울고 있는 매미를 보며 놀라는 사람의 모습도 매우 재미있게 표현했고 발상과 공간을 표현하는 데도 뛰어났습니다. 나정이와 희정이는 그림 그리는 행위 자체를 놀이라고 생각합니다. 그림 그리기를 어렵고 힘든 일이 아니라 자신들의 생각과 일상을 표현하는 방법으로 생각하고 있습니다. 그래서 이야기를 하는 등 좋아하는 행동을 하면서 그릴 때, 오히려 그림 그리는 재미를 더 느끼는 것 같습니다. 하지만 좀 더 그리기에 집중해서 시간을 허비하지 않도록 하는 것도 중요합니다. 나정이와 희정이는 평상시 친한 친구들과 그림을 그릴 때는 이야기하는 시간이 많지만, 각자 혼자 그리거나 잘 모르는 친구들과 그림을 그릴 때는 그리기에 집중합니다. 아는 친구들과 흥미로운 이야기를 하면서 그릴 수 없다면 그림에 집중하는 것이 좋다고 생각하는 것 같습니다. 이럴 때 교사나 부모가 아이와 친구처럼 이야기하면서 그림에 흥미를 가지도록 유도하는 것이 좋습니다. 그러면 친구와 이야기하느라 느려진 속도도 빨라지고 집중력도 향상될 수 있을 것입니다.

 서경이는 그림을 배운 지 오래 되지 않았는데 그림을 그릴 때 잘 그려야 한다는 생각을 많이 합니다. 옆에서 선생님이 괜찮다고 해도 본인 마음에 안 들거나 잘못 그렸다고 생각되면 바로 지우고 다시 그리기를 여러 차례 반복합니다. 그러다 보니 그림이 지저분하게 될 때가 많고, 정해진 수업 시간에 밑그림만 그리게 될 때도

김서경(9세)
종이에 수채, 드로잉 연필
30×50cm

많습니다. 그런데 그만큼 세심한 관찰을 할 수 있어서 표현이 매우 사실적이고 섬세합니다. 서경이에게 조금씩 틀리는 것은 괜찮으니 부끄러워하지 말라고 말해 주면서, 시간 조절을 위해 그림 그리는 양을 조절하도록 했습니다. 너무 많이 그리려고 하기보다는 작고 적은 양의 그림이라도 섬세하게 그리는 연습을 하도록 했습니다.

부모가 염려하는 것 중의 하나가 아이들이 학교에서 그림을 그리할 때 수업 시간 안에 제대로 끝내지 못한다는 것입니다. 평소 느리게 그리던 아이가 수업 시간이 끝나기 직전에 급하게 완성하려고 하다 보니 처음에는 잘 그리다가 나중에는 망쳐 버리는 경우가 많습니다. 앞에서도 여러 경우들을 보았듯이 아이들은 주변 환경에서도 많은 영향을 받습니다. 그래서 아이들에게 왜 빨리 못 그리냐고 다그치는 경우는 오히려 그림에 대한 부담감을 더 줄 뿐입니다. 이런 때일수록 완성을 다 못 해도 표현이 잘된 부분을 칭찬해 주고 격려해 주는 것이 중요합니다. 아이들은 자신감을 갖게 되고, 표현에 익숙해지면서 그림 그리기에 흥미도 높아져 점차 그림 그리는 속도가 빨라지기도 합니다. 사실 그림은 빨리 그리는 것보다 세심한 관찰력과 풍부한 표현력이 더 중요하다고 할 수 있습니다. 생각을 많이 해서 그리는 속도가 느려져도 아이들이 끝까지 해낼 수 있도록 옆에서 격려해 주는 것이 가장 중요합니다.

그리는 속도가 느린 아이에게는 빨리 칠할 수 있는 재료를 주세요 Tip

작고 세밀한 부분은 연필이나 색연필로 그리게 하고, 넓은 면적이나 바탕 등은 파스텔이나 물감을 사용할 수 있도록 준비해 주세요. 또한, 도구도 빨리 칠할 수 있도록 넓은 붓 등을 골라 주세요.

● 좀 더 자세히 알아볼까요?

아동미술학자 로웬펠드V. Lowenfeld는 아이들의 미적 표현 발달 단계를 착화기(2-4세), 전도식기(4-7세), 도식기(7-9세), 또래집단기(9-11세), 의사실기(11-13세), 결정기(13-17세)인 총 6단계로 나누어 설명했습니다. 앞에 언급된 아이들에게 해당하는 도식기는 사물의 개념을 습득하는 시기로, 그림이 도식적, 상징적으로 표현되고 공간 개념이 형성되는 시기라고 할 수 있습니다. 하지만 앞의 아이들의 예에서 알 수 있듯이 완벽한 형태 표현은 아니더라도 이미 의사실기(합리적인 묘사를 의도, 관찰 묘사에 의존, 삼차원 공간 표현, 사물의 색과 같게 표현)에 해당하는 표현 능력이 나오고 있습니다. 그림 그리는 속도와 표현력이 비례하지는 않지만 풍부하고 섬세한 표현을 위해서는 어느 정도 시간이 필요한 것은 사실입니다.

색은 대상의 특성이나 성질을 표현할 뿐만 아니라, 느낌을 전달해 주는 미술의 중요한 요소 중의 하나예요. 그리고 우리 아이들에게 색은 주위의 사물을 인식, 기억하게도 하고 감성을 주기도 해요. 그래서 두뇌를 발달시키고 감성의 폭을 넓게 해 주는 중요한 역할을 하는 것입니다. 우리 아이가 나타내고 싶은 기분과 느낌을 그림 속에서 가장 직접적으로 전달할 수 있게 해 주는 색. '색으로 표현하게 해 주세요'는 아이가 색으로 무엇을 표현하고 싶어 하는지 알려 줄 것입니다.

색으로 표현하게 해 주세요

색을 다양하게 못 쓰겠어요

지예는 일곱 살입니다. 조용하고, 그림 그릴 때 자신의 계획과 다르게 그리는 것을 싫어합니다. 네모는 꼭 네모로 정확하고 꼼꼼하게 그리고, 파란색은 꼭 파란색으로만 칠하려 합니다. 가끔은 자신이 기억하는 구름이나 잔디, 나무의 색을 찾느라고 시간이 오래 걸려 그림을 마무리하지 못 할 때도 있습니다. 지예에게 수채화 물감이나 크레용, 색연필 등 평상시 늘 사용하던 재료를 주지 않고 잡지책, 색종이로 콜라주하는 방법을 알려 주었습니다. 잡지책에 있는 사진의 색은 한 가지로 되어 있지 않고, 조금씩 다른 비슷한 색들로 되어 있는 경우가 많습니다. 그래서 색을 다양하게 쓰지 못하는 아이들에게는 자연스럽게 다양한 색을 써 볼 수 있는

강지예(7세)
종이에 드로잉 연필,
크레파스
32×44cm

강지예(7세)
종이에 드로잉 연필,
수채
32×44cm

강지예(7세)
종이 콜라주
27×40cm

훈련을 하기에 좋은 재료가 됩니다.

지예는 잡지 종이를 잘라 그릇과 딸기를 표현했습니다. 노랑, 주황색의 그릇과 빨간 딸기 모양을 가위로 오린 듯 정확하게 만들려고 노력한 모습이 보입니다. 잡지책에 지예가 원했던 노란색 종이가 부족해서 주황색을 섞어 쓸 수밖에 없었습니다. 색을 섞는 것을 싫어했지만 완성된 모양에는 어색한 느낌이 별로 없습니다. 지예는 '알고 있는 색'(예를 들어, 하늘은 파란색 풀밭은 초록색)을 쓰는 것에 익숙해져 있습니다. 하지만 잡지책에서 본 색들은 지예가 늘 쓰던 색과는 달랐기에 고르는 것을 어려워했습니다. 잡지책의 색을 지예가 알고 있는 색과 비교했을 때 '틀린 색'이라고 생각하기 때문입니다. 아이들은 색을 공부하기 시작하면서 땅은 '황토색', 풀은 '녹색' 등 당연한 듯 정해진 색의 이름을 배우게 됩니다. 그래서 색을 '느낀 색'이 아닌 '배운 색'으로 외울 때가 많습니다. 어린아이들의 경우 색을 쓰는 감각이 있다, 없다를 판단하기에는 아직 이릅니다. 그래서 아이들은 다양한 색을 보고 느끼는 만큼

장영수(8세) 〈달팽등 벌레〉
종이에 크레파스
15×20cm

장영수(8세)
종이 콜라주
15×20cm

색으로 표현하게 해 주세요

색 감각을 키울 수 있습니다. 지예 같은 아이들에게는 나무를 보여 주더라도 "저 나뭇잎이 무슨 색으로 보여? 눈부신 녹색? 아니면 약간 시든 풀색?"처럼, '정해진 색 이름'이 아닌 느낌을 표현할 수 있는 용어로 질문해 주는 것이 좋습니다. 또 어떤 아이는 한두 가지 색만을 고집하거나, 아니면 아예 색칠하기를 싫어하는 경우도 있습니다. 아이들이 색을 선택하고 사용하는 방법은 많은 연습과 경험을 필요로 합니다. 그리고 시기에 따라 좋아하는 색도 변하기 때문에 무조건 다양한 색을 쓰도록 강요하는 것은 자칫 그림에 대한 흥미를 떨어뜨리고 스스로 색을 사용하는 데 있어 두려움을 느끼게 할 수 있습니다. 빨간 사과가 익을 때 색이 어떻게 변하는지 사진으로 보여 주고 그리게 하는 방법이나, 카멜레온의 색이 변하는 순간을 그려 보자고 제안하면서 아이가 여러 가지 색으로 그림을 그리게 해 보는 것도 좋은 방법입니다.

장영수(8세)
종이 콜라주
15×25cm

영수는 지예와는 다르게 한 공간에도 여러 가지 색을 사용했습니다. 물가에서 기어가고 있는 '달팽등 벌레(달팽이 등 모양이 있는 벌레)'라는 곤충을 그렸는데, 배경에 여러 가지 색으로 풀숲을 표현했고 많은 색을 써서 아름다운 색을 만들었습니다. 영수는 풀에 우리가 '알고 있는 풀색'을 사용하지 않고 자신이 좋아하는 색, 또는 자신이 느낀 색을 사용했습니다. 영수도 역시 콜라주 작업을 했는데, 평소에 바다 생물을 좋아하기에 물고기를 만들어 보겠다고 했습니다. 영수는 잡지책에 있는 색이 꼭 색종이 같은 파란색이 아니어도 걱정하지 않았습니다. 단지 원하는 모양을 만들려고 정신을 집중했습니다. 225쪽 아래 그림을 보면, 자신이 좋아하는 파란 물고기를 만들려고 노력한 모습이 보입니다. 영수가 콜라주

장영수(8세)
종이에 드로잉 연필, 수채
15×20cm

한 226쪽의 또 다른 물고기를 보면, 물고기 몸 전체에 아주 다양하게 여러 가지 색을 쓰는 영수의 특징이 잘 나타나 있습니다. 그런데 227쪽의 그림처럼 간단한 색만 칠해도 되는 그림을 그릴 때도 너무 많은 색을 써서 복잡하게 보일 때가 있습니다. 물체 속의 다양한 색감을 모두 나타내려고 하기 때문입니다. 그림 속 큰 물체에서부터 작은 소품들까지 꼼꼼히 칠하기는 쉬운 일이 아닙니다. 그리고 다 그린 후에 주제를 돋보이게 하는 데 방해가 되기도 합니다. 아이가 너무 많은 색을 사용할 때는 처음에 무엇을 그리고 싶어 했는지 자꾸 질문하는 것이 좋습니다. 주인공이 무엇인지 확인시켜 주면 그림 전체에 화려한 색을 쓰는 것에 대해 아이 스스로가 생각할 기회를 가지게 될 것입니다.

영화에서 주인공을 돋보이게 하기 위한 특징을 알려 주세요

주인공이 잘생기고 예쁘거나 만화 영화 주인공 '슈렉'처럼 얼굴의 색이 특이하거나 멋진 옷을 입었거나 마법을 부리거나……. 그림 속에서도 아이가 보여 주고 싶은 것을 다른 것들에 비해 강조하는 것은 어떨까요? 주변의 것들보다 아름답고 다양한 색으로 칠하고, 그 외의 것들은 조금 단순하게 그리도록 설명해 주는 것이 중요해요.

● 좀 더 자세히 알아볼까요?

심리학자 알슐러R. H. Alschuler와 하트비크L. W. Hattwick에 의하면 어린이는 형태, 색채, 구도 등을 우연히 아무렇게나 구사하는 것이 아니라 자신이나 환경에 대한 감정에서 우러나오는 일정한 규칙에 의해서 구사한다고 했습니다. 풍부한 색채 표현과 아이 스스로가 색채를 선별할 수 있는 감각을 기를 수 있도록 시각적인 경험을 제공해 주는 것이 필요합니다.

크레파스로 색칠하기 싫어요

아홉 살인 세호는 궁궐을 그리는 것을 매우 좋아하는 아이입니다. 유치원에 다닐 때부터 궁을 좋아해서 여기저기 궁을 보러 다니면서 그림을 그리곤 했습니다. 종이와 연필, 혹은 펜 종류로 그리기 시작했고 아홉 살이 될 때까지 주로 연필로 그림을 그려 왔습니다. 그래서 세호는 연필로 그릴 때 가장 자신 있어 합니다. 어느 날 세호 어머니는 세호가 그림에 색칠하는 것을 싫어한다고 고민했습니다. 세호는 정말 색칠하는 것을 싫어할까요? 크레파스로 칠하는 것이 왜 싫은지 확인하기 위해 "세호야, 색칠하는 게 싫어? 아니면, 색칠하는 게 어렵니?"라고 물었습니다. "내가 그린 그림이 색을 칠하면서 망가지기 때문에 싫어요"라는 대답이 돌아

김세호(9세) 〈궁〉
A4 용지에 볼펜
19.8×29.7cm

김세호(9세) 〈사대문〉
종이에 드로잉 연필
39.4×27.2cm

왔습니다. 세호가 그린 궁과 사대문을 보면, 세밀한 부분까지 매우 잘 그린 것을 알 수 있습니다. 펜과 연필이 가진 특성이 잘 드러나 있고 재료를 능숙하게 다루었습니다. 미술 학원을 통해서가 아니라 스스로 그림 그리는 방법을 연구했기 때문에, 늘 사용해 왔고 손에 익어 편한 연필과 펜으로만 그림을 그려 왔던 것입니다. 그래서 세호는 연필 외에 '도구들의 사용법'을 잘 알지 못했습니다. 초등학교 1, 2학년 미술 시간에 가장 많이 다루는 미술 재료가 크레파스입니다. 크레파스는 아이들이 세밀한 부분을 칠하기에는 조금 두껍고 빡빡합니다. 세호의 그림은 아주 세밀하기 때문에 크레파스로 칠하면 색이 섞여서 그림이 망가지기 쉽습니다. 세호는 아무 이유 없이 크레파스로 칠하는 게 싫었던 것이 아니라 자신의 그림을 칠하기에는 부적합하다고 생각했던 것입니다. 그리고 다루기도 어려웠고요. 세호는 자신의 그림에 애정을 많이 가지고 있습니다. 자신이 가장 좋아하는 궁을 잘 그리고 싶어서 망치기가 싫었던 것입니다. 만약 자신의 그림에 애정이 없었다면 크레파스로 잘못 색칠해서 그림이 망가지는 일은 별로 큰일이 아닐 것입니다.

　세호와 같은 경우에는 무조건 크레파스로 칠하게 하기보다는 크레파스로 나타낼 수 있는 여러 가지 기법들을 알려 주는 것이 좋습니다. 많은 사람들은 크레파스가 단순히 공간을 메우는 도구라고 생각하지만, 크레파스로 표현할 수 있는 방법은 아주 많습니다. 진하게도 칠할 수 있지만 크레파스가 생각보다 빡빡하기 때문

김세호(9세) 〈광화문〉
종이에 크레파스
27.2×39.4cm

에 모든 공간을 꼼꼼하게 칠하려면 아이들에게는 손이 많이 아픈 작업입니다. 위의 그림은 크레파스를 깎아서도 칠해 보고, 눕혀서도 칠해 보고, 천천히 세밀하게 칠하기도 한 연습을 통해 사용이 익숙해진 세호의 그림입니다. 크레파스로 그리기 어려운 광화문이지만 꽤 잘 그린 것을 볼 수 있습니다. 세호는 연필이나 펜으로 힘주어 그림을 그려 왔기 때문에 손힘이 또래에 비해 셉니다. 그림에서 선의 느낌이 강하게 나타나는 것이 특징입니다. 크레파스도 마찬가지로 힘주어 꼼꼼하게 칠한 것이 보입니다. 연필이나 펜으로 그린 궁의 모습보다는 세밀하지 않지만 광화문의 느낌을 잘 표현해 주었습니다.

초등학교 1, 2학년 부모들의 고민 중 하나가 '크레파스 색칠 연습'일 것입니다. 부모는 크레파스로 색칠하는 것이 쉽지 않다는 것을 알아야 합니다. 그래서 아이가 어려워하거나 싫어할 때 "원래 크레파스로 색칠하는 것은 어려워. 크레파스가 딱딱하기도 하고 굵어서 세밀한 곳이 잘 칠해지지 않지? 천천히 연습해 봐. 금방 좋아질 거야. 어려우면 엄마가 조금 도와줄게"라고 말해 주면, 아이는 다시 연습을 시작할 것입니다. 아이가 크레파스와 친해지도록 찍기 놀이도 해 보고, 눕혀서 문지르기도 하고, 다른 색들을 섞어서도 칠해 보는 식의 놀이를 하게 해 주면 좋습니다. 아이가 좋아하는 주제라면 더욱 좋습니다. 너무 많은 내용보다는 동물 한 마리나 엄마 얼굴 등 간단한 것부터 시작하면 색칠하는 실력이 점점 나아질 것입니다. 크레파스는 기름 성분으로 되어 있어서 깔끔하게 칠하는 것이 생각보다 어렵습니다. 특히 연필로 스케치를 하고 크레파스로 칠을 하면, 크레파스의 기름 성분이 연필로 그린 선들을 다 뭉개 버립니다. 연필로 그린 사람의 얼굴에 눈, 코, 입을 다 그리고 나서 그 위를 살구색으로 칠하면 그렸던 눈, 코, 입의 형태가 일그러져 버리는 경우가 많습니다. 그래서 사람을 연필로 잘 그렸음에도 불구하고 색칠하는 과정에서 망쳐 잘 그린 실력이 보이지 않기도 합니다. 아이들이 이런 경우 때문에 스트레스를 받는다면 눈, 코, 입처럼 형태가 작은 부분은 크레파스로 색을 다 칠한 뒤 그 위에 연필로 다시 그리게 하면 됩니다. 그리고 크레파스도 깎아서 쓸 수 있으니, 부모가 크레파스 앞쪽 부분을 연필처럼 깎아 세밀한 부분을 칠하게 해 주면 좋습니다. 혹시 학교에서 중요한 미술 수업이나 대회가 있는데, 아이가 크레파스로 세밀하게 색칠을 하지 못한다면 미리 크레파스를 뾰족하게 깎아서 준비해 주면 좋습니다. 그리고 크레파스가 손에 묻어서 싫어하는 아이에게는 크레용으로 먼저 연습을 시키는 것도 좋습니다. 크레용은 색연필과 같은 느낌이어서 손에 묻지 않고, 손이 또래에 비해 조금 작은 아이들에게도 알맞기 때문입니다. 크레파스보다 얇아 아이들이 손에 쥐기가 편합니다.

손근육 발달이 늦은 아이

여덟 살인 민규는 그림 속 사물의 크기가 조금 작긴 하지만 크레파스 칠하기를 싫어하지는 않아요. 그런데 색칠하기 시작하면 자꾸 스케치한 형태 밖으로 색을 넘어가게 칠해서 그림이 엉망이 됩니다. 그렇다고 빨리 칠하거나 대충 칠하는 것도 아닌데도요. 그래서 민규가 색을 칠하는 손의 모습을 자세히 관찰했어요. 크레파스를 쥔 손이 불안정하고 손목에 힘이 들어가 있지 않은 것 같아서 민규 어머니에게 민규가 젓가락질을 할 수 있는지 물었더니 아직 못한다고 했어요. 민규처럼 손근육 발달이 안 되어서 크레파스로 칠할 때 힘이 잘 안 들어가는 경우도 있어요. 그럼 꼼꼼하고 세밀하게 칠하기가 어려워요. 그럴 때는 아이를 보채지 말고 손근육을 키울 수 있는 운동이나 훈련을 시켜 주세요.

● 좀 더 자세히 알아볼까요? ●

미술 재료나 조형작업에 이용되는 재료의 탐색은 되도록이면 5세 전후에 충분히 이루어지는 것이 좋습니다. 5세 전후의 아이들은 사물에 대한 관심이 최고조에 달하며 사물의 기능에도 관심을 갖게 되는 시기입니다. 이때 재료에 대한 탐색이 충분히 이루어지면 7세 전후에 그림, 혹은 조형활동으로 자신의 생각을 표현하는 데 훨씬 수월해집니다.

물감으로
그리기 싫어요

여덟 살인 세연이는 깔끔하고 꼼꼼한 성격입니다. 정리도 잘하고 손도 자주 씻고 옷에 음식을 흘리는 것도 싫어합니다. 미술 활동을 할 때도 옷이나 손에 물감이나 크레파스가 묻는 것을 좋아하지 않습니다. 손이 지저분해지는 것이 싫어 물감보다 색연필을 쓰고 크레파스도 깍지에 끼워 그림을 그립니다. 오늘은 세연이에게 손으로 그림을 그리게 했습니다. 평소에는 붓으로 물감을 칠했는데 오늘은 손가락으로 물감을 직접 칠하는 그림을 그리자고 한 것이지요. 처음에는 비닐 장갑을 끼지 않으면 그리지 않겠다고 고집을 부렸지만, 주위 친구들이 손에 물감을 짜고 칠하면서 '물감 느낌이 부드러워요', '손바닥 찍기 할래요' 하자 세연이도 용기를 내어

세연이가 손으로 물감을 칠하는 모습

김세연(8세) 종이에 수채 15×20cm

맨손으로 그리기 시작했습니다. 손이 물감 범벅이 됐지만 그림을 그리는 동안 세연이는 매우 즐거워했습니다. 친구들과 함께 손에 물감을 묻혀 그리기를 하면서 손이 잠깐 지저분해지는 것은 괜찮다고 생각하기 시작했습니다.

아이들 중에 손이나 옷이 지저분해지기 때문에 야외 활동이나 미술, 체육 활동을 싫어하는 아이가 있습니다. 손을 씻는 것이 귀찮거나 엄마에게 옷이 더러워졌다고 혼나는 것이 싫어서 그러는 경우입니다. 이런 때는 부모가 아이에게 앞치마를 입혀 주거나 지저분해져도 되는 옷으로 갈아 입혀 주면 됩니다. 손은 아이 스스로 부지런해지면 깨끗해질 수 있지만 옷이 지저분해지는 것은 스스로 해결할 수 없는 문제라고 생각해 재료 사용에 조심할 수 있

김세연(8세)
종이에 드로잉 연필, 수채
32×44cm

기 때문입니다. 옷이 지저분해져도 괜찮다는 생각을 하고 안심한 다면 아이는 더욱 적극적으로 미술 활동을 할 수 있을 것입니다. 그리고 세연이가 물감으로 그리기를 싫어하는 이유가 또 있습니다. 붓으로 그리면 색연필만큼 잘 칠하지 못해 더욱 그리기를 싫어하는 것입니다.

인어공주가 물속에서 거울을 보고 있는 장면을 세연이가 그렸습니다. 얼굴과 머리카락은 색연필로 자세히 그렸지만, 물감으로 그린 나머지 부분은 많이 번진 것이 보입니다. 평소 꼼꼼한 세연이는 물감이 번지거나 붓칠이 잘못되면 그림을 망쳤다고 생각해 물감 쓰기를 싫어했습니다. 물감 색도 잘 만들고 물의 농도 조절도 잘 하지만 색칠할 때마다 물감이 번져 속상해했습니다. 그래서 세연이에게 붓 잡는 방법을 가르쳐 주기로 했습니다. 아이들이 그림 그리는 모습을 잘 살펴보면 물감을 칠할 때 굵은 붓이든 가는 붓이든, 넓은 곳을 칠하든 좁은 곳을 칠하든 항상 붓을 잡는 위치가 같습니다. 붓은 중간 부분을 잡고 그리면 넓은 부분은 잘 칠할 수 있지만 좁고 작은 부분은 칠하기가 힘듭니다. 하지만 연필로 글씨 쓰듯이 붓을 잡으면 섬세한 부분까지 칠할 수 있습니다. 아이가 물감으로 그릴 때마다 색칠을 꼼꼼하게 하지 못하거나 색이 서로 번져 있다면 붓을 어떻게 사용하는지 살펴보는 것이 좋습니다. 그리고 그림 속 좁은 면을 칠할 때는 연필 잡듯이 아래쪽으로 가까이, 넓은 면을 칠할 때는 붓의 중간쯤을 잡고 그릴 수 있게 지도해 주세요. 아직 물감 칠하는 붓을 어떻게 사용하는지 잘 몰라서 색칠을 못할 수 있습니다.

　이제 세연이에게 붓으로 그림을 그리자고 했습니다. 평소 사용하는 것보다 더 가는 붓으로 글씨 쓸 때처럼 붓을 90도로 세워서 그려 보자고 했습니다. 그 결과 240쪽의 세연이 그림을 보면 새들의 깃털과 이글루의 벽돌이 잘 표현되었습니다. 이제 세연이는 색연필로 칠하는 것만큼 붓으로도 색칠할 수 있다는 것을 알았습니다. 물감을 쓰기 싫어하는 아이의 경우는 손이나 옷이 지저분해질까 봐, 번지는 것이 싫어서, 정확하게 칠하지 못해 망칠까 봐 등 여러 가지 이유가 있습니다. 물감이 번지거나 붓 사용 방법을 잘 몰라서 물감을 쓰기 싫어했다면 이것은 아이가 하나씩 배워 나갈 수 있는 부분입니다. 그런데 혹시 우리 아이가 아직 물감과 친해

김세연(8세)
종이에 드로잉 연필, 수채
32×44cm

질 시간이 없었던 것은 아닌지 확인해 보는 것은 어떨까요? 물감과 친해질 시간이 많았던 아이들은 스스로 사용 방법을 터득해 자연스럽게 그리기 도구를 사용할 수 있습니다. 붓 같은 재료의 사용 방법도 마찬가지입니다. 그러나 아이 혼자 놀이하고 실험하면서 스스로 알 수 있는 기회가 적었다면 부모가 재료의 사용법을 가르쳐 주는 것이 중요합니다. 그리고 아이가 옷이나 손이 지저분해지는 것이 싫어 그림 그리기를 싫어한다면 '우리 애는 원래 성격이 그러니까'라고 생각하지 말고 우선 아이가 편안함을 느낄 수 있는 복장을 준비해 주세요. 그리고 '손이나 옷에 물감을 묻혀도 엄마는 조금도 귀찮지 않아'라는 느낌을 가지도록 해 주는 것도 중요합니다. 자신의 옷을 세탁하는 부모가 힘들어하지 않을까 걱정할 수 있기 때문입니다.

물감도 여러 방법으로 쓸 수 있어요 (Tip)

물을 섞지 않은 채 튜브를 잡고 조금씩 짜면서 그림을 그릴 수도 있고, 종이에 붓으로 물을 듬뿍 바르고 그 위에 물감을 찍어 마블링하듯이 그릴 수도 있어요. 물감을 스폰지로 찍거나 구슬에 물감을 묻혀 종이 위에 굴려서도 표현을 할 수 있습니다. 수업이 아니라 놀이를 하듯이 아이와 함께 물감으로 그림을 그리는 것도 좋은 방법이에요.

● 좀 더 자세히 알아볼까요?

물감을 쓰기 싫어하는 이유는 아이의 성향과 주변 여건에 따른 이유가 있을 수 있습니다. 평소 재료를 다양하게 쓰는 것을 귀찮아하는 아이는 팔레트에 물감을 풀어 붓에 묻혀 칠하고 다시 물통에서 붓을 깨끗이 씻는 일련의 과정들이 귀찮고 하기 싫은 일로 여겨지기도 합니다. 또한 손에 물감이 묻거나 종이에 묻은 물감이 지저분하게 느껴지거나, 스스로 물감의 농도 조절을 하기 어려워하는 경우 등이 물감 사용을 꺼려 하는 이유가 될 수 있습니다. 그림을 그리는 일은 다른 교육보다도 아이들의 적극성이 매우 중요시되는 부분입니다. 이러한 적극성은 후천적으로 길러지는 경우가 많기 때문에 아이들이 주변의 제한이나 꾸지람 없이 적극적으로 행동할 수 있는 기회와 여건을 조성해 주는 것이 중요합니다.

꼼꼼하게
칠하는 건
힘들어요

그림 그리기보다는 만들기를 더 좋아하는 성규는 색칠하는 것을 늘 어려워했습니다. 그러다 보니 그림 그리기에 흥미가 떨어지고 밑그림을 그릴 때나 색칠을 할 때 집중이 잘 되지 않았습니다. 평상시에 학교에서 쓰는 재료가 색연필이나 크레파스인데 빠르고 넓게 칠해지지 않아서 색칠하는 것이 힘들었나 봅니다. 처음에는 선생님이 잘 칠해 보자고 하니까 꼼꼼하게 칠하기 시작합니다. 그러다가 시간이 좀 지나니 힘들어하면서 대충 마무리 짓는 것을 보고 색칠하는 도구를 다른 것으로 바꿔 주어야겠다는 생각이 들었습니다. 색연필과 크레파스만 사용해 본 성규에게는 수채화라는 도구가 매우 낯설겠지만 넓은 면적을 효과적으로 칠할 수 있는 방

최성규(9세)
종이에 드로잉 연필,
색연필, 크레파스
30×40cm

법을 가르쳐 주면 그림에 흥미를 잃지 않겠다고 생각했기 때문입니다. 연필이나 색연필로 밑그림을 그리게 하고 좁은 부분은 색연필로 칠하게 하면서 넓은 부분은 크레파스와 수채화를 같이 사용하게 했습니다.

성규가 그린 244쪽의 연못 풍경은 물속에서 물고기들이 뛰놀아 물이 출렁이는 듯한 느낌이 듭니다. 재료를 바꾼 뒤로, 성규는 전보다 힘들어하지 않고 마무리를 잘하게 되었습니다. 대부분의 아이들이 초등학교에 입학하기 전에 가장 많이 쓰는 재료가 크레파스나 색연필입니다. 그런데 이 재료들은 단단해서 색칠하는 것을 힘들어하는 아이들이 꽤 많습니다. 재료 다루는 것을 힘들어하면 그림에 흥미를 잃어버릴 수 있습니다. 색칠하는 것을 원래 싫어한 것이 아니라 힘이 들어서 싫어하게 된 것이고, 그러다 보면 계속 색칠하는 것을 피하려고 할 것입니다. 집에서도 아이들이 쉽고 편하게 색칠할 수 있는 재료들을 준비해 두는 것이 좋습니다.

245쪽은 영호와 윤중이의 그림입니다. 이 두 아이는 그림 그리기를 만들기보다 더 좋아합니다. 그런데 영호는 힘이 좀 약해서 색을 잘 칠하고 싶은데 힘들어합니다. 중간에 쉬어 가면서 칠을 하지만 꼼꼼하게 잘 칠하는 것이 마음먹은 대로 되지 않습니다. 그래서 너무 눌러 칠하지 말고 손에 힘을 좀 빼서 살살 칠하면서도 빈틈없이 칠할 수 있도록 가르쳐 주었습니다.

윤중이는 성격이 매우 유순하고 조용한 친구입니다. 말도 많지 않고 묵묵히 자기 그림에 집중하며 최선을 다합니다. 색칠을 할 때는 색을 강하게 쓰기보다는 연하게 쓰는 경우가 많아서 하얀 종이가 그대로 보이는 경우도 종종 있습니다. 윤중이는 진하게 칠해서 강해 보이는 친구들의 그림과 자신의 그림을 비교하면서 자신의 것이 미완성처럼 보인다고 걱정할 때가 있습니다. 그래서 윤중이에게 그림이 미완성처럼 보인다고 해서 반드시 다른 친구들처럼 진하게 칠할 이유는 없다고 알려 주었습니다. 그런데 윤중이의 그림을 자세히 보면 바다 속 풍경이 실제 모습처럼 생생하게 느껴집니다. 색이 흐려 잘 보이지 않지만 물의 표현이 재미있습니다. 윤중이는 "물고기들이 헤엄치는 모습을 예전에 봤는데 물이 튀고 소용돌이도 생겼어요. 그래서 그렇게 보이게 하기 위해서 선으로 막 그렸어요"라고 했습니다. 윤중이는 색을 꼼꼼하게 칠하지 않은 것처럼 보일 뿐 그림 안에 자신의 기억을 다양한 방법으로 표현해 내고 있었던 것입니다. 사실 아홉 살인 어린이가 움직임을 표현한다는 것은 쉬운 일이 아닙니다. 자기의 상

최성규(9세) 〈연못 풍경〉
종이에 수채, 드로잉 연필, 수채색연필
30×40cm

조영호(8세)
종이에 드로잉
연필, 색연필
30×40cm

어윤중(9세)
종이에 드로잉
연필,
수채색연필
40×54cm

상력을 발휘하고 평소 보아 온 것들을 잘 기억해서 그림으로 표현하는 것은 그만큼 그림에 관심과 흥미를 갖고 있다고 볼 수 있습니다.

색칠을 꼼꼼하게 하지 못하는 데는 여러 가지 이유가 있을 수 있습니다. 손에 힘을 주어 칠하기가 힘들어서, 그리기에 흥미가 없어서, 급한 성격이어서, 처음에 색연필이나 사인펜 등 뾰족한 도구로 그림 색칠 연습을 한 경우 등 여러 요소가 있을 수 있습니다. 색연필, 사인펜은 선을 그은 만큼만 색칠할 수 있어서 꼼꼼하게 칠하기가 힘듭니다. 부모는 때로 아이들이 완벽하게 마무리할 수 있기를 바라지만, 그것은 아이들마다 다소 차이가 있을 수 있습니다. 그렇기 때문에 무조건 색을 꼼꼼하게 잘 칠해야 한다고 강요하기보다는 재료나 도구를 바꿔 사용해 보도록 하세요. 그리고 너무 힘을 들여 칠하지 않도록 힘 조절 연습도 시켜 주는 것이 좋습니다. 그렇다고 부모가 대신 칠해 주지는 마십시오. 힘들어도 스스로 끝까지 할 수 있는 끈기를 길러 주는 것이 중요하기 때문입니다.

색칠을 어려워하는 아이에게는 부드러운 재료를 주세요

처음에 좁은 면적을 칠하는 도구에 길들여지면 색을 꼼꼼하게 칠하지 않는 경우도 생길 수 있습니다. 넓은 면적을 칠할 수 있는 물감이나 부드러운 크레용을 준비해 주는 것이 좋아요.

좀 더 자세히 알아볼까요?

미술교육학자 김정은 우리나라를 비롯한 동양지역에서 비교적 바탕에 대한 관심이 높다고 언급했습니다. 그리고 과거에는 서양에서 바탕의 중요성을 강조하고 동양에서는 바탕의 여백을 존중했으나 최근에는 오히려 동양에서 바탕에 더 많은 관심을 쏟고 있다고 했습니다. 면을 메우는 일은 쉽지 않은 작업이기에 지나치게 강요하다 보면 아이들에게 오히려 그림에 대한 흥미를 떨어뜨리게 할 수 있다고 말합니다.

물감으로 새로운 색을 만들고 싶어요

민우는 아홉 살입니다. 물감으로 그리기 수업을 하면 색 섞는 마법사가 됐다고 좋아하곤 합니다. 빨간색과 파란색을 더하면 보라색, 파란색에 고동색을 더하면 나무 줄기 색……, 이렇게 물감을 이것저것 섞어 색을 만들면서 친구들에게 자랑도 하고 칠도 하면서 물감 놀이를 합니다. 물감은 다른 재료에 비해 평소에 자주 접할 수 있는 것이 아니어서 색 만드는 연습을 미술 시간에 하는 것입니다. 하지만 물감을 섞고 색을 만드는 데 정신을 쏟는 바람에 정작 그림에 색칠하는 것은 신경 쓰지 않습니다. 다른 아이들이 거의 완성할 때도 민우는 바탕 칠을 하지 않은 채 새로운 색을 만들었다고 신기해하며, 그림의 작은 부분에 그 색을 칠해 본다고

정민우(9세)
종이에 드로잉 연필. 수채
32×44cm

시간을 보낼 때가 많습니다. 그러다 수업이 끝날 때쯤 급한 마음에 만들어 놓은 색으로 칠이 안 된 부분을 급히 칠해 완성하게 되고 처음 자신이 그리려 했던 그림과는 다른 색의 작품을 만들게 됩니다.

위의 그림은 홍수가 나서 사람과 집이 물에 잠긴 장면입니다. 색이 섞여 색감이 탁하게 느껴집니다. 민우는 왜 새로운 색 만들기를 하고 싶어 할까요? 정말 수업에 필요한 색을 만들기 위해서일까요? 민우는 유치원에 다닐 때도 초등학교 1학년일 때도 물감

정민우(9세)
종이에 드로잉 연필, 수채
44×32cm

을 많이 사용해 보지 못했습니다. 집에서는 집을 어지럽힌다고 물감 같은 재료를 쓰지 못 하게 했습니다. 유치원에서도 학교에서도 색종이나 색연필, 크레파스를 주로 썼기 때문에 민우는 물감으로 그리는 것이 좋은데도 불구하고 연습할 기회가 없었습니다. 물감은 섞는 양에 따라, 물을 얼마나 쓰느냐에 따라 여러 가지 색을 풍부하게 낼 수 있는 좋은 재료입니다. 하지만 익숙해지기 위해서는 자주 사용해 봐야 하는 재료이기도 합니다. 민우는 2학년이 되어서야 물감의 매력을 알고 물감과 친해지기 시작했습니다. 만약 민우가 조금 더 일찍 물감 놀이를 시작했다면 어땠을까요? 학교에서 자주 하지 못했다면 집에서라도 색을 충분히 만들어 보고 물감을 뿌려도 보고 물감에 물을 많이 또는 적게 써 보는 연습을 했다면, 수업 시간에 원하는 부분을 어떻게 칠하고 완성할지 지금보다 더욱 잘 알았을 것입니다.

민우에게 물감끼리 섞어 색을 만들지 말고 짜 놓은 물감을 그대로 써서 그림을 그려 보자고 했습니다. 왼쪽 그림은 물감에 물만 섞어 농도를 조절해 그린 것입니다. 물감 색이 맑아 전체적인 분위기가 밝아 보일 뿐 아니라 물감을 섞어 실험하는 시간이 줄게 되니 그림의 완성 시간도 짧아졌습니다. 민우는 색 감각이 없거나 색을 못 칠하는 아이가 아닙니다. 단지 물감 놀이에 시간을 뺏겨서 수업 시간 내에 그림을 제대로 완성하지 못했고 원하지 않은 색을 급히 칠해 그림이 지저분해졌을 뿐입니다. 많은 아이들이 물감으로 그리는 것을 좋아하는 반면 물감을 적절히 활용하는 방법은 잘 모르는 경우가 많습니다. 물감으로 그림을 잘 그리기 위해서는 여러 가지 굵기의 붓으로 칠하는 실험도 하고, 색을 서로 섞어도 보고 물의 양도 조절해 보는 자연스러운 활동을 학교에 입학하기 전에 많이 하는 것이 좋습니다. 물감뿐 아니라 크레파스, 파스텔, 점토 등의 미술 재료를 이용하는 활동 속에서 아이 스스로 재료를 자기 것으로 만드는 방법을 알게 되고, 동시에 물감이라는 재료를 통해 자신의 생각을 적절히 표현할 수 있는 기회가 많아질 것입니다.

아이가 물감을 섞어 새로운 색을 만드는 데만 집중하나요?

그렇다면 아직 물감 사용하는 방법을 충분히 경험하지 못해서 혼자 연습하는 것일 수 있습니다. 물감이 서로 섞일 때 어떤 색이 나오고, 물의 양에 따라 같은 색이 어떻게 달라지는지, 아이가 알 수 있게 충분한 시간을 주세요. 어린 나이부터 시작하는 것이 좋아요. 그만큼 아이 스스로 방법을 터득할 수 있는 기회가 많이 생기기 때문이에요. 꼭 미술 수업이 아니더라도 놀이처럼 물감을 경험할 수 있는 시간이 우리 아이에게도 꼭 필요합니다.

좀 더 자세히 알아볼까요?

유아교육자 프뢰벨F.Fröbel은 놀이란 어린이에게 있어 성장의 최고 표현이며 아이들이 자아를 실현할 수 있고 아직 경험하지 못한 세계로 자연스럽게 나아가게 한다고 했습니다. 또한 로웬펠드V. Lowenfeld는 놀이를 자신의 감정적 생활을 구체화한 표현으로 인식했습니다. 아이가 그림을 그리고 물감을 섞는 행위를 놀이로 인식하게 된다면 아이가 가진 감정과 상상을 더 풍부하고 완성도 있게 표현할 수 있도록 도움을 줄 것입니다.

부모는 '우리 아이가 왜 사람을 작게 그릴까?', '그림 속에 왜 해를 항상 그려야 하지?', '왜 그림을 만화처럼 그릴까?' 등의 의문을 가져 보았을 것입니다. 형태는 그린 사람의 생각과 상상을 구체적으로 보여 주기 때문이에요. 그런데 아이들마다 표현하는 '형태'가 다양합니다. 형태의 '정답'이 없기 때문에 부모는 아이의 그림을 보면서 의문이 들기도 하지요. 이 장은 아이들이 그린 '형태'로 아이의 생각과 표현 방법을 더 잘 이해할 수 있게 해 주고, 아이들이 그림을 그릴 때 '형태'적인 부분에 어려움을 느낄 경우 도움을 줄 것입니다.

형태로 표현하게
해 주세요

박다빈(8세)
종이에 드로잉 연필, 수채,
색연필 32×44cm

 는 것은 좋지만 계속 같은 모습만 그리는 것은 다양한 모습을 표현하는 데 도움이 되지 않습니다. 혹시 잘 그리지 못해서가 아니라 아직 안 그려 봐서 항상 같은 형태만 그리는지 아이를 관찰해 보세요.

 희경이에게 진짜 사람 눈을 관찰하여 그려 보자고 했습니다. 매일 보는 사람들의 얼굴이지만 희경이는 실제 눈을 보고 그린 적이 아직까지 없었습니다. 처음에는 이상하다고 하면서 그리기 싫어했지만 완성된 그림을 보고 이제까지 그린 그림과 다른 점을 발견하고는 신기해했습니다. 희경

서희경(8세)
종이에 드로잉 연필
27×20cm (부분)
자신의 눈을 보고 그린 그림

이는 다른 방법으로 눈을 그리는 것을 시도해 보지 않았고, 그래서 자신이 그릴 줄 아는 모양 하나만 그려 왔던 것입니다. 검은 눈동자 안에 동공이 있다는 것을 희경이는 처음 발견했습니다. 눈썹의 털 한 가닥 한 가닥을 자세히 그리면서 눈동자의 색이 깊다는 것을 발견했다고 합니다. 진짜 사람 눈을 못 그렸던 것이 아니고 그려 보지 않았기 때문에 사실적인 표현을 하지 못했던 것입니다. 그런데 희경이는 관찰해서 그린 사실적인 눈을 학교에서 그렸을 때 친구들이 이상하다고 놀릴까 봐 걱정을 합니다. 또래 친구들은 자기들하고 다르게 그리면 이상하다고 생각하기 때문입니다. 아이가 친구들에게 놀림을 받을까 봐 걱정할 때는 만화 캐릭터 눈처럼 예쁜 눈을 그려도 괜찮다고 해 주는 것이 좋습니다. 하지만 아이가 스스로 사실적인 사람 눈 모양도 잘 그릴 수 있다는 것을 기

서희경(8세) 〈왕자님〉
종이에 드로잉 연필
27×20cm (부분)

서희경(8세) 〈남동생〉
종이에 드로잉 연필,
사인펜 15×10cm

억하게 해 주십시오. 다른 아이들이 잘 볼 수 없는 것을 보고 그릴 수 있는 '발견하는 눈'이 있다고 자신감을 주는 것입니다.

이번에는 여자가 아닌 남자를 그려 보자고 했습니다. 공주와 여자친구만 그리려고 했던 희경이가 남자친구를 그리자는 데 선뜻 동의합니다. 공주님의 친구인 왕자님과 자신의 남동생도 그렸습니다. 조금 어색해하면서 그렸지만 전과는 다른 느낌으로 잘 그린 것을 볼 수 있습니다.

평소에 고집불통이라는 생각이 들 만큼 한 형태만 그리기를 고집하는 아이가 있다면 우선은 그냥 지켜봐 주고 아이의 완성된 그림을 칭찬해 주세요. 반복되는 형태의 그림이든, 캐릭터 이미지든 아이가 열심히 그리고 싶어 하는 것을 그리게 해 주는 것도 미술에 대한 흥미를 유지하는 데 도움이 됩니다. 그리고 친구들 사이에서 유행하는 그림을 잘 그리는 것으로도 아이가 자신감을 얻기 때문에 부모의 그러한 인정이 중요할 수 있습니다. 하지만 동시에 더 잘 그릴 수 있는 소재를 찾아 관찰하고 자세히 그릴 수 있는 연습을 하게 해 주는 것이 좋습니다. '난 이것 하나밖에 못 그려요'에서 '아직 안 그려 봐서 잘 못 그리는 거예요'라고 말할 수 있도록 아이가 아직 발견하지 못한 것을 관찰하고 그릴 수 있게 하는 것입니다. 또 학교에서 주어진 주제를 잘 표현하지 못했더라도 나무라지 말고, 시간을 가지고 아이가 좋아하는 것을 지금보다 더욱 잘 표현할 수 있도록 격려해 주면 아이는 자신감을 가지고 노력할 것입니다.

아이들이 좋아하는 눈의 모양도 여러 가지예요

요즘 유행하는 캐릭터 눈 모양도 아이들이 좋아하지만, 실제 사람과 비슷한 순정 만화에 나오는 눈 모양을 소개해 주는 것은 어떨까요? 아이들은 예쁘다고 생각하면서도 그리기 어렵다고 생각해 시도해 보지 않는 경우가 많아요. 실제 사람의 눈과 비슷하기 때문에 자연스럽게 눈도 관찰할 수 있고, 여러 가지 모양으로 눈을 그려 보는 한 방법이 될 수 있습니다.

● 좀 더 자세히 알아볼까요?

심리학자 켈로그R. Kellogg와 미술 비평가이자 미술교육자인 리드H. Read는 인간의 '집단 무의식'을 언급했는데, 이것은 인류의 기원이 같은 것처럼 아동화에서 공통된 단일한 인간임을 찾아 볼 수 있다고 합니다. 그러나 어린이가 특정 시기가 지나면 문화적 성격에 따라 공통된 표현에서 탈피해 각자가 크게 변하고 달라지는 것을 볼 수 있습니다. 아이들이 또래 집단과 비슷해지기 위해 노력하고 있다면 그것을 인정해 주면서 그 안에서 각자의 개성을 발견하도록 해 주세요.

내가 좋아하는 것만 그리고 싶어요

현우는 용을 좋아하는 여덟 살 남자 아이입니다. 현우 어머니는 현우가 그림을 그리기 시작할 때부터 용을 그렸는데 그것은 아주 어릴 때 용이 나오는 영화를 본 뒤 용에 매료되어서 그런 것 같다고 말했습니다. 그런데 일 년이 넘도록 용만 그리기를 고집한다며 걱정을 합니다. 그림을 그리거나 만들기를 하거나 현우의 작품에는 항상 멋진 용이 등장합니다. 여덟 살 때 그린 그림에는 성의 둥근 모습과 용의 움직임이 잘 표현되었습니다. 현우는 용 그림을 그릴 때에는 집중력도 높아지고 재미있는 그림을 그리기 위해서 여러 가지 생각도 많이 합니다.

하루는 현우에게 용이 아닌 다른 것을 그려 보게 했습니다.

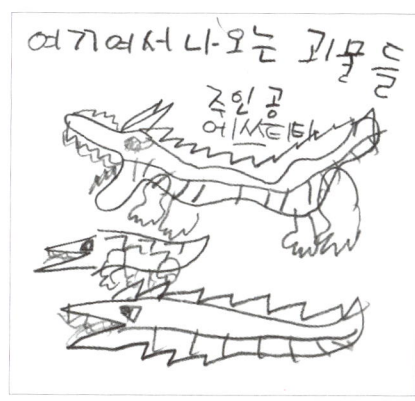 

지현우(7세 당시) 종이에 드로잉 연필 8×13cm   지현우(8세) 종이에 드로잉 연필, 수채, 색연필 32×44cm

265쪽 그림은 현우가 우주를 그린 것입니다. 용을 빼고 그림을 그리자고 했더니 아주 재미없어하면서 그렸는데, 완성된 그림이 어딘지 심심해 보입니다. 현우는 정말 용 외의 다른 것을 그리고 싶은 마음이 조금도 들지 않는 것일까요? 아이들은 자라면서 좋아하는 대상이 변하는 시기가 있습니다. 매일 토끼를 그리다가도 어느 순간 꽃만 그리고, 또 공주님을 매일 그리기도 합니다. 그러나 어떤 아이는 몇 달이 지나고 몇 년이 지나도 계속 자신이 원하고 좋아하는 것만 그리고 만들려고 고집하기도 합니다. '우리 아이는 책도 많이 읽는데 왜 여러 가지 생각하기를 싫어하고 같은 생각만 할까요?'라고 걱정할 수 있습니다. 이럴 때 아이에게 억지로 좋아하는 것 말고 다른 것을 그리라고 하면 스트레스를 받게 됩니다. '왜 내가 좋아하는 용을 못 그리게 하지? 용을 그리면 안 되는 걸까?'라고 반문하게 됩니다. 아이가 정말로 좋아하는 것이 있다면

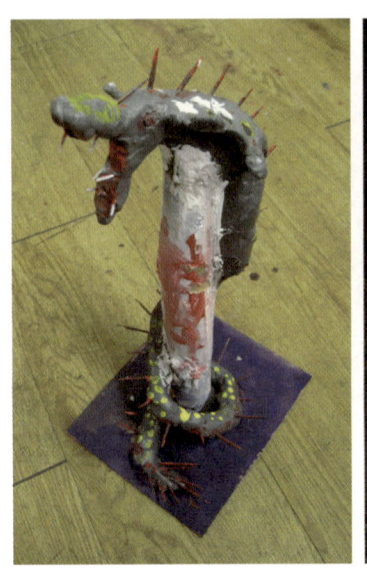

지현우(8세) (왼쪽)
찰흙에 채색
18×18×34cm

지현우(8세) (오른쪽)
종이에 드로잉 연필, 수채,
색연필 44×32cm

인정해 주고 같이 좋아해 주고, 또 더 잘 그릴 수 있도록 도와주는 것이 좋습니다. 그러면서 자연스럽게 생각의 변화를 주기 위해 좋아하는 것 외에 다른 것들을 접할 수 있는 기회를 만들어 주세요. 실제 물체의 형태를 관찰하거나 영화나 연극, 전람회 등을 통해 아이들의 시야를 넓혀 주는 것이 꼭 필요한데 상상력은 눈으로 많이 보고 경험할 때 더 풍부해지기 때문입니다.

아이가 집에서 똑같은 것만 그릴 때는 "와! 이번에는 용의 몸을 참 잘 그렸네! 그런데 용은 혼자 살아? 친구들은 없어? 용 친구들은 누구지? 거북이인가? 친구들을 주위에 그려 보면 용이 더 멋져 보이겠는걸!" 하는 식의 조언을 해 주어도 좋고, 우선 아이의 그림을 칭찬해 주고 다른 것을 요구하는 방법도 좋습니다.

지현우(8세) 〈우주〉
종이에 드로잉 연필, 수채
32×44cm

　현우가 용만 그린다고 해서 다른 것을 억지로 그리게 하기보다는 용을 더 잘 그릴 수 있게 자료들을 보여 주고 용을 하나하나 관찰하면서 그리는 연습을 시켰습니다. 현우는 눈을 반짝거리면서 관찰을 하기 시작합니다. 그리고 용의 머리 생김새, 수염과 발톱의 모양, 등의 비늘 모양까지 아주 자세히 관찰하고 그렸습니다. 자신이 좋아하는 것을 더 잘 표현하게 해 주자 매우 행복해 보였고, 어느 것 하나도 놓치지 않으려고 용의 자료를 보고 또 보았습니다. 현우는 일곱 살 때부터 용을 많이 그렸는데 이처럼 자세히 관찰하고 그린 적은 없었습니다. 자신이 그린 용에 매우 만족해했고 이제는 스스로 '용은 내가 최고로 잘 그려'라고 생각하기 시작했습니다. 몇 달이 지나 현우에게 다시 한 번 용이 없는 그림을 그

지현우(8세) 〈용〉
종이에 드로잉 연필
27×20cm

려 보자고 했습니다. 웬일인지 용이 아닌 악어를 그려 보겠다고 합니다.

현우의 악어 그림은 용을 관찰해서 그리는 연습을 해서인지 악어의 뾰족한 이의 표현이나 등의 표현이 아주 멋있습니다. 현우의 달라진 점은 이제는 용이 등장하지 않아도 큰 거부감 없이 다른 것들을 자유롭게 그리게 된 것이고, 다른 것들도 용처럼 잘 그리고 싶어 한다는 것입니다. 아이가 좋아하는 것에 대해서 인정해 주고 격려한다면, 아이는 자신감을 가지고 멋진 그림을 그리게 될 것입니다.

어느 날 현우가 집에서 그려 왔다고 자랑하면서 한 장의 그림

지현우(8세) 〈악어〉
종이에 드로잉 연필,
파스텔 18×30cm

을 보여 주었습니다. 268쪽의 그림은 용 외의 것에는 흥미 없어 하던 현우가 도마뱀으로 변신한 나비 날개를 가진 돼지를 상상한 것입니다. 모자도 썼습니다. 발톱의 모양이나 몸의 비늘 표현, 뾰족한 이의 모습 등이 용과 비슷해 보이지만, 용 외의 것들을 소재로 재미있고 새로운 것을 자유롭게 만들어 내기 시작했다는 것은 현우의 아직 발견되지 않은 창의적인 면이 드러난 것이라고 볼 수 있습니다.

지현우(8세)
종이에 볼펜,
사인펜, 수채
20×15cm

아이가 '특별히 좋아하는 것'이 있다면 그것을 인정해 주세요

특히 남자 아이들은 '스파이더맨'이나 '파워 레인저' 등 텔레비전이나 영화에서 본 '힘이 센 영웅'을 좋아해요. 그리고 그림에도 그들의 모습이 자주 등장해요. 나쁜 괴물을 무찌르거나 칼로 싸우는 등 잔인한 장면들을 그리기도 해요. 부모는 '우리 아이가 폭력적인가?', '왜 항상 같은 것만 그리지?'라고 걱정을 많이 합니다. 이럴 때 아이의 관심을 억지로 다른 데로 돌리려 하지 말고, 그림을 보고 잘 그린 부분을 칭찬해 주세요. 예를 들어 "스파이더맨을 엄청 힘이 세게 그렸네, 멋지다"라고 아이가 좋아하는 특정 인물, 혹은 사물을 칭찬하면 아이는 자신이 칭찬받은 것처럼 기뻐합니다. 말 한 마디에 아이는 행복해지기도 하고 의기소침해지기도 하지요. 특히 사랑하는 사람인 부모가 하는 말에는 더욱 상처를 크게 받기도 합니다.

좀 더 자세히 알아볼까요?

미술 비평가이자 미술교육자인 리드H. Read는 아동들의 미술교육을 개발하기 위해서는 많은 소재를 이용해 보도록 장려해 주고, 그렇게 함으로써 시각 개념에 특별한 관계를 현실화하는 것이 필요하다고 했습니다. 어린이는 보는 것과 함께 아는 것을 그립니다. 다양한 시각적 경험을 하게 해 주세요.

계속 같은 것만 그리고 싶어요

지윤이는 토끼를 좋아합니다. 토끼 인형을 좋아하고 옷, 공책, 머리 핀에도 토끼 그림이 있습니다. 그림을 그릴 때도 항상 토끼를 그리는데 주인공이 토끼이거나 토끼 친구들입니다. 평소에 지윤

황지윤(8세) (270쪽 왼쪽)
종이에 드로잉 연필
21×30cm
지윤이의 평소 토끼 스케치

황지윤(8세) (270쪽 오른쪽)
종이에 드로잉 연필
21×30cm
지윤이가 평소와 다르게 그린 토끼 스케치

황지윤(8세) (왼쪽)
종이에 드로잉 연필
21×30cm
지윤이가 관찰해서 그린 토끼 스케치

황지윤(8세) (오른쪽)
종이에 드로잉 연필
21×30cm
지윤이가 생각해서 그린 토끼 스케치

이가 그린 토끼는, 귀가 둥글고 눈은 작은 동그라미로 비슷한 모습을 하고 있습니다.

우리 아이들 중에 지윤이처럼 동물이나 사람의 형태를 비슷하게 반복적으로 그리는 아이들이 있습니다. 어릴 때 한 번 입력된 형태가 변하지 않고 계속 반복적으로 표현되는 것입니다. 교사나 부모가 발견해 주지 못하면 아이는 습관적으로 그 형태를 계속 그리게 됩니다. 이럴 경우, 아이가 스스로 자신의 그림이 반복되고 있다는 사실을 알게 해 주고, 실제와 어떤 차이가 있고 무엇을 더 발견해야 하는지 관찰할 수 있게 해 주세요.

지윤이에게 토끼 사진을 보여 주고 관찰해서 그려 보자고 했습니다. 그리고 다시 사진 없이 생각나는 대로 그려 보자고 했습니다. 이제 지윤이는 토끼가 어떻게 생겼는지 잘 알게 되었습니다. 보지 않고도 전과는 다른 토끼를 그리게 된 것입니다. 그런데 토끼 말고 다른 동물들도 그리려 할까요? 지윤이는 다른 동물을 그리는 것이 어색해서 잘 그려 보지도 않았고 그리려 하지도 않았습

니다. 그래서 상상 속 동물처럼 새로운 지윤이만의 동물을 만들어 보자고 했습니다. 만약 토끼가 아닌 여러 마리의 동물을 합쳐 한 마리로 만들자고 한다면 지윤이는 어떻게 그릴까요? "평소에 아이들이 잘 알고 있다고 생각하는 강아지, 고양이, 거북이, 코끼리 같은 동물들을 모두 합쳐 하나의 상상 속 동물로 만든다면?" 하고 질문해 보십시오. 먼저 지윤이에게 평소 잘 안다고 생각한 동물들의 특징을 생각해 보자고 했습니다. 그리고 그것을 어떻게 하면 재미있게 합칠 수 있을지도 생각하게 했습니다. 처음에는 생각을 많이 하며 고민했지만 곧 재미있고 새로운 동물을 만들어 냈습니다. 지윤이가 그린 세상에서 하나뿐인 동물입니다.

이번에는 호랑이를 그려 보자고 했습니다. 그런데 지윤이는 상상 속 동물이 아닌 다른 동물은 그리고 싶어 하지 않아서 지윤이

황지윤(8세)
종이에 먹물
32×44cm

네 집에 있는 물건들을 보고 그리자고 했습니다. 접착 테이프 절단기, 가위, 미니 스테이플러, 톱 등을 이용해 지윤이가 그린 그림들을 잘라 호랑이 모양으로 조립했더니 새로운 모양의 호랑이가 탄생했습니다. 늘 같은 형태만 그리는 아이에게도 지윤이의 경우처럼 엉뚱한 표현 방법으로 평소 알던 형태를 다르게 그리도록 할 수 있다는 것을 알게 되었습니다.

아이들은 잘 그렸다고 칭찬받기 위해, 혹은 다른 아이들보다 잘 그린다는 것을 자랑하기 위해 평소에 많이 그리던 사물을 반복해 그릴 때가 있습니다. 평소에 하나 혹은 두 개의 이미지를 반복적으로 그리는 아이에게 좋아하는 동물이나 장난감, 물건 등을 합쳐 새로운 것을 만들게 해 보는 것은 어떨까요? 새로운 형태를 만들게 한 후 그것에 대해 이야기해 보세요. 이름도 짓고 이야기를

황지윤(8세) 〈호랑이〉
종이에 콜라주, 매직펜,
사인펜 40×55cm

만들다 보면 한 가지만 고집하던 아이가 다른 것에도 관심을 가지고 생각하기 시작할 것입니다. 세상에 없는 것을 만들었다는 용기와 호기심이 다른 주제에도 쉽게 접근할 수 있도록 도움을 줄 수 있습니다.

상상화에 나오는 로봇도 만들 수 있어요

집 안을 청소하는 청소기에 큰 바퀴를 달고, 먼지떨이와 빗자루로 손을, 선풍기로 머리를 만들어 보세요. 또 공기 청정기로 배를 만들고 등에 날개를 달아 주세요. 그럼 하늘도 날 수 있는 청소 로봇이 만들어지지요. 보이는 그대로의 사물들을 더하기만 해도 새로운 모습으로 탄생하게 됩니다. 우리의 상상력도 갑자기 생겨나지는 않아요. 하나하나 더해지면서 커 가게 됩니다. 안 해 본 것을 선뜻 시도하지 않으려는 아이도 한 가지씩 이야기 고리를 연결해 주면 자유롭게 상상하는 것을 금세 재미있어 할 거예요. 공상 과학 영화나 만화를 좋아하는 것처럼요.

좀 더 자세히 알아볼까요?

인지심리학자 홀먼R.J. Hallman에 의하면 창의성이란 모든 아이들이 잠재적이거나 실제적으로 가지고 있는 능력이며, 모든 사람이 보편적으로 가지고 있는 행동 특성이고, 또한 이러한 창의성은 주위 환경의 여러 요소에 따라 영향을 받는 능력이라고 했습니다. 심리학자 토런스 E.P. Torrance는 창의적 사고를 상황, 문제, 지식의 차이 등을 알고 이를 해결하기 위하여 추측하고 가설을 세우며 검증을 하고, 될 수 있는 대로 수정하고, 최종적으로 그 결과를 수용하는 능력으로 정의하였습니다. 그러나 이러한 창의성은 단시간 내에 길러지는 것이 아님을 잘 인식하여야 할 것입니다. 문제에 부딪쳤을 때, 그 문제를 잘 생각하고 해결하려고 노력하는 과정에서 길러지고 점점 발전하게 되는 것입니다. 평소에 주입식 교육에만 치중하다 보면 스스로 생각하고 해결하는 능력이 떨어지는 경우가 생깁니다. 따라서 주제에 대해 아이들이 다양하게 생각한 후 문제를 풀어 나가도록 풀이에 대한 질문과 단서들을 제공하는 것이 중요합니다.

사물을 작게
그리면
안 되나요?

축구를 좋아하는 기준이와 경원이는 축구 경기 장면을 그려 보기로 했습니다. 골키퍼와 주장 선수도 그리고, 각자 자신이 좋아하는 선수들의 이야기도 하면서 경기장 모습을 그렸습니다. 아빠와 함께 텔레비전으로 보았던 축구 경기 장면에 대해 서로 이야기하며 즐거워했습니다. 자신이 좋아하는 축구 선수를 가장 먼저 그리겠다며 서로 좋아하는 선수들의 이름을 말하기 시작했습니다. 골키퍼, 공격 선수, 수비 선수들의 이름을 꽤 많이 알고 있었습니다. 그중 박지성 선수의 인기가 제일 많았습니다. 오른쪽은 재잘재잘 이야기를 하며 완성한 기준이와 경원이의 축구 경기 그림입니다. 언뜻 보아도 알 수 있듯이 기준이는 축구 선수들을 크게 그렸고,

심기준(7세)
종이에 크레파스
39.4×54.5cm

장경원(7세)
종이에 크레파스
39.4×54.5cm

경원이는 기준이에 비해 작게 그렸습니다.

　대부분의 부모들이 걱정하는 것 중 하나는 아이가 사물을 너무 작게 그린다는 것입니다. 그래서 자신의 아이보다 크게 그린 아이를 보며 "어머, 큼직하게 잘도 그렸네. 왜 우리 아이는 작게 그리지?"라고 말합니다. 하지만 사물을 크게 그리는 아이들의 부모는 별로 걱정하지 않습니다. 왜 그럴까요? 그림을 통해 심리를 분석하는 책들을 보면, '그림 속의 사물을 작게 그리는 아이는 소심하고, 열등감이 있으며 불안함을 가지고 있다. 크게 그리는 아이는 자신감이 있고 적극적이며 대범하다'는 내용이 있습니다. 그래서 자신의 아이가 사물을 작게 그리면 걱정하는 부모가 많습니다. 그러나 책에 나오는 내용이 모든 아이들에게 맞는 것은 아닙니다. 경원이의 경우도 미술 수업을 할 때 매우 적극적이며 어떠한 주제라도 겁내지 않고 자신의 생각을 펼치는 아이입니다. 작게 그린 그림 속에는 대부분 많은 이야기가 담겨 있습니다. 같은 크기의 종이에 그림을 그리라고 했을 때, 많은 사물을 그리고 싶은 아이는 당연히 사물을 작게 그릴 수밖에 없는 것입니다. 주어진 크기의 종이에 많은 것을 넣어야 하기 때문입니다. 평소에는 친구들과 잘 놀고 밝은 아이를 단지 그림을 작게 그린다고 섣부르게 '소심한 아이' 혹은 '크게 그리지 못하는 아이'로 판단하면 안 됩니다.

　그럼 그림을 작게 그린 경원이 작품을 자세히 들여다볼까요? 그림을 부분부분 보면 이야기가 아주 많습니다. 그리고 각 선수들의 특징을 잘 그렸습니다. 축구 경기 장면들이 그림 곳곳에 생생

장경원(7세) (왼쪽)
헤딩하는 선수와 공을
빼앗겨서 화난 선수 (부분)

장경원(7세) (오른쪽)
공을 차려고 하는 선수
(부분)

장경원(7세) (왼쪽)
주장 선수의 손 동작
(부분)

장경원(7세) (오른쪽)
부상당한 선수를 데려가는
모습 (부분)

하게 그려져 있는 것을 확인할 수 있습니다. 공을 빼앗겨 화가 난 선수, 주장 선수의 팔에 걸친 노란 띠, 부상당한 선수의 머리에 묶인 붕대, 부상 선수를 데리고 가는 응급 요원의 검정 의상 등이 모두 재미있고 다양하게 표현되어 있습니다.

   아이에게 큰 종이를 주고 사물들을 크게 그리라고 해 보면, 처음에는 작게 그리는 것이 습관이 되어 어렵지만, 곧 익숙해질 것입니다. 그런데 크게 그려 보라고 하지 않았을 때는 자신이 늘 그리던 대로 작게 그립니다. 그것은 아이가 못해서가 아니라, 사물들이 작은 그림을 원하기 때문입니다. 작게 그리는 것이 편해서일 경우도 있습니다. 그런 아이들의 그림 속에서 아이만의 아기자기한 이야기들을 봐 주세요. 그리고 같이 그림 속 이야기를 나누는 것이 좋습니다. 아이의 자존심을 상하지 않게 하면서 사물을 크게 그리게 할 수 있는 간단한 방법이 있습니다. 아이와 함께 그리는 것입니다. 만약 아이가 사람을 작게 그린 경우, 부모가 작게 그린 사람 옆에 큰 사람을 그리면서 "엄마는 거인을 그려야지. 아주 큰 거인. 무섭지?" 하고 장난스럽게 이야기해 보면, 아이는 "나도 거인, 아니, 난 엄마가 그린 거인보다 더 큰 거인을 그릴 거야!" 하면서 큰 사람을 그리기 시작할 것입니다. 아이의 그림을 보면서 "왜 이렇게 작게 그렸어?" 혹은 "좀 크게 그려 봐라"라고 하면, 아이는 마음에 상처를 받게 됩니다. 아이의 그림이 나아지는 것을 가장 크게 방해하는 것은 바로 자책하게 만드는 것입니다. 아이는 속으로 '난 작게만 그릴 수 있어' 혹은 '내가 그린 그림들은 틀린 그림이야'라고 자책하게 됩니다. 아이들은 자신이 그림을 잘 그리든 못 그리든, 자신이 그린 그림을 부모에게 인정받고 싶어 합니다. 아이의 그림 중 잘된 부분을 먼저 이야기해 주고, "다음에 이것을 조금만 더 크게 그리면 훨씬 멋지겠는걸!"이라고 이야기해 주십시오. 아이는 자신 있게 멋진 그림을 그려서 부모에게 보여 줄 것입니다.

사물을 작게 그리는 아이는 색을 칠하면서 세밀하게 그린 부분을 망가뜨릴 수 있습니다. 아이가 갑자기 색칠하기를 싫어하는 것 같으면 아이가 잘 그린 부분이 망가지지 않았는지 한번 자세히 보세요. 처음 몇 번은 색칠하기를 하다가 형태가 망가진 것에 별로 스트레스를 받지 않지만, 그런 경우가 반복되다 보면 색칠하기를 멀리할 수도 있습니다. 이럴 때는 '왜 갑자기 색을 안 칠하려고 하지?' 하며 걱정하지 말고, "어머나, 이 부분을 아주 잘 그렸는데, 색칠하면서 잘 안 보이게 됐구나. 다음에 엄마랑 그릴 때는 같이 크게 그려 보자. 엄마가 색칠하는 거 조금 도와줄게"라고 아이를 안심시켜 주세요. 그리고 아이가 그리고 싶은 것을 크게 그릴 수 있도록, 부모가 적당한 크기를 정해 주어도 좋습니다. 만약 그림 속에 이야기도 별로 없이 허전하고 사물의 크기도 작다면 부모 혹은 교사가 아이에게 '하면 안 돼', '틀렸어'란 말을 자주 하는지 생각해 보십시오. 아이가 의기소침해 있을 때 그림을 작게 그리기도 합니다. 그런 아이들은 수업을 할 때도 선생님의 눈치를 봅니다. 혹시나 내가 그린 그림을 틀렸다고 할까 봐 사물을 작게 그리는 것입니다. 자신감을 잃었기 때문에 누군가 자신의 그림을 보는 것이 두렵고 또 혼이 날까 봐 겁을 먹고 있기 때문입니다. 아이를 걱정하기보다 부모 자신, 또는 아이의 주위 사람에 대해 다시 점검해 볼 필요가 있습니다.

한번은 이런 경우도 있었습니다. 미술 학원에 처음 온 6세 아이였습니다. 꽃병에 꽂힌 꽃들을 보고 그리는 날이었습니다. 그 아이는 꽃병을 종이의 가장 아래쪽에 작게 그리고, 꽃들을 꽃병 속에 다 들어간 형태로 그리는 것이었습니다. 선생님은 "민지야, 꽃들은 꽃병 위쪽에 있는데, 꽃병 속에 넣으면 꽃이 물에 잠기지 않을까?"라며 기분이 나쁘지 않게 이야기해 주었습니다. 민지는 그래도 계속해서 꽃병 속에 꽃들을 그렸습니다. 미술 학원에 처음 왔기에 어색해서 그런 것 같아 그냥 두었습니다. 꽃병 속의 꽃들의 형태는 작지만 잘 관찰해서 꽤 세밀하게 잘 그렸습니다. 선생님은 "민지야, 꽃을 너무 잘 그렸다. 꽃을 다른 사람들도 잘 볼 수 있게 크게 위로 그려 주면 너무 멋지겠는걸" 하고 말했더니 민지는 꽃을 꽃병 위로 그리기 시작하는 것이었습니다. 수업이 끝나고 민지 어머니는 "봐요, 선생님, 또 작게 그렸네요" 하며 그럴 줄 알았다는 듯이 말했습니다. 어머니는 이미 민지를 '크게 그릴 줄 모르는 아이', 또는 '작게만 그리는 아이'로 생각하고 있었습니다. 민지를 가장 잘 알고 큰 힘이 되어야 하는 부모가 민지를 '부족한 아이'로 생각하고 있는 것부터 문제가 있는 것입니다. 무심코 하는 말 중에 자신의 아이를 '부족한 아이'로 말하고 있지는 않은지 생각해 보아야 합니다. 하지만 아이가 특별히 의기소침해 있지 않은 경우라면 단순히 그림을 작게 그린다고 걱정할 필요는 없습니다.

걸리버 여행기를 읽고 그림을 그려 보는 것은 어떨까요?

작게 그리는 아이에게는 거인 나라를, 크게 그리는 아이에게는 소인 나라를 그려 보자고 하세요. 거인을 걸리버와 함께 그리면, 아이는 거인을 걸리버보다 크게 그리기 위해 화면 가득 채울 것입니다. 반대로 소인을 걸리버와 함께 그리면 아주 작게 그리게 되죠. 그러면 자연스럽게 크고 작은 것을 어떻게 화면에 구성할지 경험하게 됩니다. 걸리버와 거인, 소인, 그리고 아이와 개미, 코끼리와 생쥐처럼 크기로 비교할 수 있는 것들을 그리게 해 보는 것도 도움이 됩니다.

알슐러와 하트비크는 어린이들이 그린 그림의 크기와 위치에 따라서 아이의 심리와 정서 상태를 분석했습니다.

크게 그릴 때 : 자신감 있고, 진취적이며, 적극적이다.
작게 그릴 때 : 열등감, 불안에 시달리며 자기통제적이다.
적절한 크기로 그릴 때 : 원만하고 이지적이며, 조직적이고 주체적이다.

하지만 이러한 이론들은 완성된 이론이기보다는 오늘날에도 꾸준히 발전하고 있는 이론입니다. 또한 이러한 이론은 이상심리 어린이, 이상행동 어린이, 청소년 범죄심리, 정서장애아 등을 연구하고 치료·교육하는 분야에서 의존하고 있습니다. 우리의 아이들이 친구들과 잘 놀고 너무나 정상적으로 자라고 있음에도 부모들이 그림에서 보이는 사물의 크기로 아이를 판단하는 것은 좋지 않습니다. 정확하지 않은 이론에 자신의 아이를 끼워 맞추는 것은 매우 위험한 일입니다.

집의 지붕과 해를 그리기가 어려워요

여덟 살인 재혁이와 지영이는 '우리 마을에 이상한 일이 일어났어요!'라는 주제로 상상화를 그렸습니다. '우리 동네에 이상한 사람들이 나타났다면?', 또는 '하늘에서 무엇인가가 뚝 떨어졌다면?' 등을 생각하면서 아이들이 마을의 모습을 자유롭게 표현해 본 것입니다. 평상시에 재미있는 생각을 많이 하는 재혁이는 마법사처럼 이상한 모습을 한 사람이 나타나 마법을 부리면서 동네 사람들을 못살게 굴어 경찰 아저씨가 경찰서로 잡아 가는 모습을 그렸습니다. 재혁이는 재미있게도 건물의 모양을 평면이 아닌 입체로 표현했고, 주변 집의 모양도 각각 조금씩 다르게 표현했습니다. 그런데 오른쪽 위 구석의 해는 가시가 달린 모양으로 그렸습니다.

최재혁(8세) (왼쪽)
종이에 수채, 드로잉 연필,
수채색연필 30×30cm

최재혁(8세) (오른쪽)
종이에 수채, 드로잉 연필,
크레파스 30×30cm (부분)

재혁이는 밤과 낮을 구분하기 위해 낮에는 해를, 밤에는 달을 반드시 그려야 한다고 생각하고 있습니다. 그래서 실제 태양의 이미지를 보여 주면서 해를 그릴 때 표현 방법을 다르게 할 수 있도록 가르쳐 주었습니다. 그리고 태양의 뜨거운 느낌을 색이나 다른 기법들로 표현할 수 있다는 것도 가르쳐 주었습니다.

　지영이는 동네에 북 치는 형제가 나타나 몹시 시끄럽게 북을 치는 모습을 그렸습니다. 너무 시끄러워 집과 나무들이 위아래로 흔들리고 있습니다. 지영이의 그림에서는 집의 모양이 다양하게 표현되었는데, 평범한 집도 있고 문어 모양의 집도 있고, 동네의 구조도 평면적이지 않고 공간을 생각하듯 재미있게 표현했습니다. 그런데 집 지붕의 모양이 세모 형태로 표현되었고, 오른쪽 위 구석의 해도 가시 모양으로 그렸습니다.

지영이에게 도식화된 지붕들의 예시를 보여 주고, 다양한 지붕의 모양을 이해하고 그리기를 연습해 보도록 했습니다. 그리고 우리나라 전통 지붕인 기와지붕 구조 그리기를 연습해 보게 했는데, 지영이는 평소에 표현력과 관찰력이 뛰어나 힘들어도 집중력 있게 표현했습니다. 기와지붕을 그린 뒤 같은 주제의 그림을 다시 한 번 더 그려 보기로 했습니다. 같은 재료로 같은 내용을 반복해서 그리면 지루하게 느끼기 때문에 재료를 바꾸어 그리도록 했습니다. 그리고 해를 반드시 그릴 필요는 없다고 말해 주었습니다.

배지영(8세)
종이에 수채, 드로잉 연필, 크레파스, 수채색연필
30×30cm

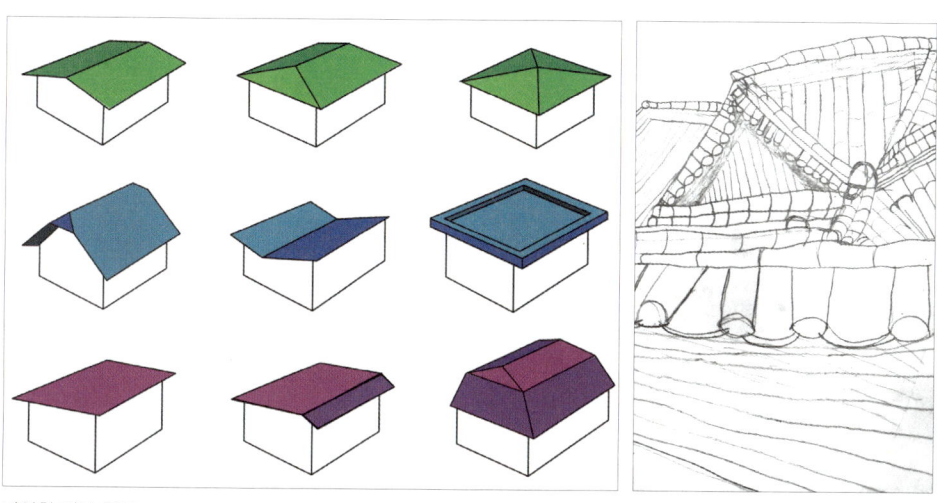

다양한 지붕 형태
(예시 그림)

배지영(8세) (오른쪽)
종이에 드로잉 연필
20×33cm

  우리가 사물들의 색을 밝게 칠하면 사람들은 해가 저 멀리 어딘가에 떠 있다고 생각한다고 말했습니다. 288쪽을 보면, 그림 속 집 모양도 사실적인 느낌으로 더 멋있게 표현되었습니다.

  사물을 반드시 입체적으로 표현해야 한다거나 가시 모양의 해를 그리면 안 된다는 것은 아닙니다. 그런데 아이들이 평소에 집이나 해를 그리는 방식에서 처음에 어떻게 그리기 시작했느냐에 따라 표현 방법이 그대로 굳어지는 경향이 있습니다. 지붕의 모양을 이해하기 힘들 것이라 생각해 가장 간단하게 그리는 방법을 가르쳐 주거나 쉬운 방법으로만 그리게 놔둔다면 나중에 바꾸기가 쉽지 않으니 유념해야 합니다. 그리고 아이들이 보는 시각으로 지붕을 보게 되면 눈높이가 낮아 세모 형태만 보일 수 있습니다. 그렇기 때문에 집이든 사람이든 자연이든 사실적인 이미지를 참고

배지영(8세)
종이에 수채, 드로잉 연필,
수채색연필 30×30cm

하도록 하는 것이 중요합니다. 물론 어린아이들에게는 너무 사실적인 표현보다는 좀 더 감성적인 표현을 하도록 유도하는 것이 중요하지만, 사실적인 표현 방법을 익히는 것 또한 매우 중요합니다. 화면의 구성, 이야기의 전개, 다양한 색을 통해 감성적인 표현을 할 수 있도록 지도하고, 사실적인 표현을 위한 관찰력을 키워 주는 것이 아이들이 커 가면서 더욱 다양한 표현을 할 수 있게 하는 기초가 되기 때문입니다.

아이들이 참고할 자료는 실제 이미지로 준비해 주세요

처음부터 만화 같은 이미지나 간단하게 그려진 캐릭터 이미지에 의지하다 보면 나중에 정확한 형태를 이해하는 게 어려워질 수 있어요.

● 좀 더 자세히 알아볼까요? ●

심리학자 헤브D. Hebb는 부분 지각 집합론을 주장하면서 어떤 대상을 지각한 단위들이 집합되어 전체를 이루듯이, 아동은 초기에는 제대로 표현을 하지 못하지만 형상을 반복적으로 표현하고 관찰함으로써 '시각 개념'이 형성되어 그 대상을 그려 낼 수 있다고 했습니다. 하지만 너무 쉽게 대상을 개념화해서 그리게 되면 관찰을 하지 않고 자기가 아는 대로만 그리려는 경향이 있기 때문에 개념화와 더불어 관찰력 향상을 중요시하는 교육이 필요하겠습니다.

사람은 앞모습밖에 못 그려요

여덟 살인 석원이와 민수는 친구들과 어울리는 것을 좋아해 그림도 친구들과 노는 장면을 자주 그립니다. 그런데 그림 속 친구들의 모습을 보면 다양한 행동을 하고 있음에도 불구하고 모두 앞모습입니다. 석원이와 민수는 사람을 그릴 때마다 앞모습만 그립니다. 옆모습을 못 그려서일까요?

    이번에는 선생님을 직접 보고 그리라고 해 보았습니다. 292쪽의 그림을 보면, 약간은 어색하지만 처음치고는 아주 잘 그렸습니다. 민수는 코 그리기가 어려웠다고 했고 석원이는 볼 때는 잘 그리겠지만 안 보면 잘 못 그릴 것 같다고 했습니다. 석원이도 민수도 옆모습을 자세히 본 적이 없고, 자세히 그려 본 적도 없습니다.

임석원(8세)
종이에 드로잉 연필, 볼펜,
수채 32×44cm

김민수(8세)
종이에 드로잉 연필, 수채,
색연필 32×44cm

임석원(8세) (왼쪽)
종이에 드로잉 연필
30×21cm

김민수(8세) (오른쪽)
종이에 드로잉 연필
21×30cm (부분)

아이들은 친구들의 얼굴을 볼 때도 거울을 볼 때도 부모와 이야기를 할 때도 선생님을 볼 때도 주로 앞모습만 보았기 때문입니다. 그러니 그림도 역시 본 대로 그린 것입니다. 사람들의 옆모습을 관찰할 기회가 생각보다 많지 않습니다. 그러다 보니 어떻게 그릴지 몰라 습관적으로 기억된 앞모습을 그리는 경우가 많습니다. 아이들에게 다양한 얼굴의 모습을 보여 주기 위해 선생님의 옆모습, 뒷모습, 고개를 숙인 모습, 고개를 든 모습을 여러 번 관찰하는 시간을 가졌고, 간단히 그 모습을 그려 보게 연습을 시켰습니다.

그 뒤부터 아이들은 전과는 다르게 자신감 있게 얼굴의 다양한 모습을 표현했습니다. 아이들이 사람을 그릴 때 자꾸 앞모습만 그리면 뒷모습, 앞모습, 옆모습을 차근차근 보여 주세요. 부모나 교사가 직접 자신의 얼굴을 다양한 각도로 보여 주면 됩니다. 우리들은 매일 사람을 보고 있어도 막상 그리려고 하면 기억이 잘 나지 않습니다. 아이가 자꾸 반복적인 사람 형태를 그리면 사람 몸

임석원(8세) 종이에 드로잉 연필 30×21cm

임석원(8세) 종이에 드로잉 연필 30×21cm

김민수(8세) 종이에 드로잉 연필
30×21cm

김민수(8세) 종이에 드로잉 연필
21×30cm

김민수(8세) 종이에 드로잉 연필
30×21cm

임석원(8세)
종이에 드로잉 연필,
색연필 32×44cm

김민수(8세)
종이에 드로잉 연필,
색연필, 수채 32×44cm

이 어떻게 움직이는지 직접 차근차근 보여 주는 것이 좋습니다. 아이에게 가장 친근한 부모가 직접 몸을 움직여 보여 주면 책으로 공부한 것보다 더 재미있고 기억도 잘할 것입니다. 옆의 두 그림은 선생님 얼굴을 보고 연습한 뒤 그린 것들입니다. 석원이는 이제 자신 있게 야구하는 친구들을 다양한 모습으로 그립니다. 민수도 연습한 것이 도움이 되었는지 어려워하지 않고 그렸습니다.

아이가 장난감이나 만화 캐릭터를 그리려 할 때는?

아이가 가지고 노는 장난감이나 자주 보는 만화 캐릭터를 그리려고 하는 것은 귀엽고 친근하기 때문이에요. 그러나 실제 사람은 만화 캐릭터와는 다르게 생겼습니다. 매일 가족과 친구를 보지만 막상 사람을 그리려고 하면 코가 어떻게 생겼는지, 귀 모양은 어떤지 잘 기억이 나지 않아요. 아이들이 인물의 다양한 모습을 자연스럽게 떠올릴 수 있게 해 주려면, 사람의 부분부분을 자주 관찰하도록 도와주는 것이 필요합니다.

● 좀 더 자세히 알아볼까요? ●

심리학자 구디너프F. Goodenough는 개념에서 비롯된 어린이의 그림들이 나이, 경험, 그리고 한층 더 면밀한 시각적 분석력에 따라 크게 달라진다고 했습니다. 기억으로 하나의 대상을 그리는 것은 일단 '재인식recognition'되어야 하기 때문에 이것은 그리는 사람이 과거에 그 대상을 접했음을 의미하는 것입니다. 반대로 경험과 정보가 충분하지 않은 사람은 적절한 표현을 해내지 못한다는 말이기도 합니다. 아이들이 바라보는 대상을 다양한 각도로 접근할 수 있도록 도와주는 것이 중요합니다.

'왜 우리 아이의 그림에는 거리감이 없지?', '왜 그림을 항상 일렬로 그리는 거야?'라는 생각을 해 보셨죠? 아이가 생각하는 재미있고 복잡한 상상들을 평평한 종이에 그리기는 생각보다 쉽지 않아요. 하지만 아이들이 그림을 그릴 때 공간을 잘 활용한다면, 생각을 짜임새 있게 표현할 수 있어요. '공간'은 말 그대로 '아무것도 없는 비어 있는 곳'이에요. 그곳을 아이가 자신의 이야기로 꾸미는 것이지요. 멀고 가까운 것, 겹쳐져 있는 것 등이 그림에 잘 표현되어 있나요? 공간을 인식하고 구성하는 다양한 방법은 우리 아이가 입체적인 생각을 표현하는 데 도움을 줄 것입니다.

공간을 활용하도록
도와주세요

겹쳐진 것을
어떻게 그려요?

선준이는 동물 친구들을 좋아합니다. 언제나 그림을 그릴 때면 토끼, 코끼리, 고양이 등 동물들을 주로 그립니다. 선준이가 그린 동물들은 귀엽고 항상 즐거운 모습을 하고 있습니다. 그런데 선준이의 토끼, 코끼리, 기린들은 하나씩 따로 그려져 앞을 보고 있는 모습입니다. 모든 동물들이 조금씩 사이를 두고 따로따로 그려져 있습니다. 아직 겹쳐져 있는 모습을 많이 그려 보지 못한 것 같습니다. 그래서 선준이에게 물감 통들을 사용해서, 우리가 보고 있는 모든 것들은 서로 겹쳐져 있기도 하고 가까이 또는 멀리 있다는 것을 가르쳐 주었습니다. 보고 그릴 때는 나란히 그렸던 것과는 다르게 앞뒤를 구분하여 그리게 했습니다. 겹쳐져 있는 물체들

박선준(7세)
종이에 드로잉 연필,
색연필, 수채 44×32cm

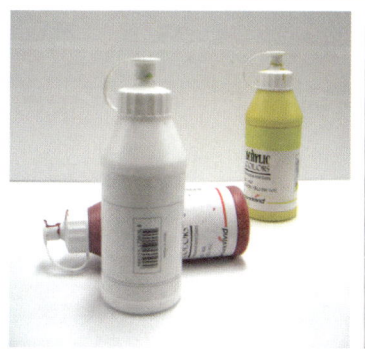
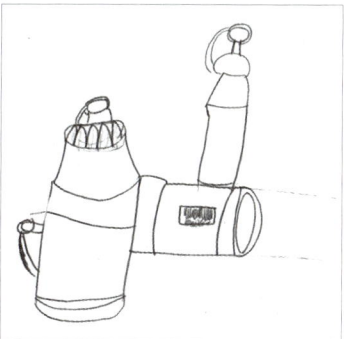

박선준(7세) (오른쪽)
종이에 드로잉 연필
21×30cm

박선준(7세)
종이에 드로잉 연필,
수채, 색연필
32×44cm

을 직접 관찰하여 그리면 공간을 잘 이해하게 됩니다. "이번에는 선준이가 좋아하는 토끼를 그려 볼까? 코끼리도 같이 있어. 토끼와 코끼리를 많이 그릴 건데, 몇 마리 그릴까? 이번엔 가까이 있는 토끼도 있고, 멀리 있는 코끼리도 있고, 또 어떤 것들은 서로 겹쳐져 있기도 하겠지?" 하고 동물들을 그려 보자고 했습니다. 그런데 선준이는 동물들을 또 나란히 줄을 서 있는 것처럼 그렸습니다. 눈으로 관찰하며 이해한 물체는 앞과 뒤를 구분해서 거리를 표현했지만, 머릿속으로 배치한 동물들은 여전히 나란히 표현한 것입니다. 선준이에게 그림에서 앞, 뒤라는 공간을 나타내는 것이 이해는 되어도 쉽게 그려지지 않는 것 같습니다.

다른 아이들의 그림은 어떨까요? 병철이와 재우는 선준이보다

이병철(8세)
종이에 드로잉 연필, 수채
32×44cm

겹쳐 보이는 것들을 관찰해 그리는 연습을 오래 한 아이들입니다. 병철이의 그림은 앞에 있는 동물부터 먼 곳의 나무까지 거리감이 잘 표현되었습니다. 302쪽의 재우의 그림에 등장하는 호랑이는 우리와 마주한 것처럼 나란히 서 있습니다. 겹쳐서 그리면 평평한 종이에 깊이가 생겨 그림 속 공간이 더 넓어 보이고 많은 이야기를 짜임새 있게 그릴 수 있습니다. 하지만 아이들이 공간 속 물체들을 옆으로 나란히 그리려고 한다면 그것은 아직 공간 지각이 미숙한 탓도 있지만, 그림 속 사물들을 모두 잘 보여 주고 싶은 욕심이 있어서일 수도 있습니다. 아이가 그림을 그릴 때 서너 가지의 물체들을 겹쳐 놓고 어느 것이 앞에 있고 어느 것이 뒤에 있는지 관찰해 차근차근 그릴 수 있게 도움을 주세요. 그리고 물체들

이재우(9세)
종이에 드로잉
연필, 수채
12×18cm

이 어떻게 보이는지 아이에게 질문도 자주 하면서 그것이 가까이 있는지 멀리 있는지 그 사이에 다른 물체는 없는지 자꾸 생각하고 표현할 수 있게 하는 것이 필요합니다. 그러면 공간에 대해서 더 잘 이해할 수 있게 되고 그림에서도 공간을 다르게 표현할 수 있게 될 것입니다.

팔다리를 항상 몸과 겹치지 않게 그려요

아이가 사람을 그릴 때 팔다리가 몸과 겹치지 않게 팔다리를 밖으로 뻗거나 몸 밖에서 구부러진 상태로 그리는 경우가 있습니다. 이는 몸에 겹치게 그리는 것이 어색하기 때문이에요. 이럴 때는 가슴에 손을 얹은 모습이나 물을 마시는 모습을 그리라고 해 보세요. 그리기 힘들다면 먼저 자세히 관찰해 보는 것이 제일 좋은 방법입니다.

● 좀 더 자세히 알아볼까요?

심리학자 크래티B. J. Cratty는 어린이가 그림을 나열해 그리는 시기에 어른의 기준으로 공간을 구분하는 방법을 가르치려 한다면 혼란을 줄 뿐만 아니라, 어린이의 창의성에 대한 자신감을 해칠 수 있다고 했습니다. 부모나 교사의 시선에 의한 강요가 아니라 어린이가 스스로 이해할 수 있도록 사물들 앞뒤의 위치 관계를 설명해 주는 것이 필요합니다.

그림에 다양한 공간을 어떻게 만들어요?

호석이에게 미래에 어떤 집에서 살고 싶은지 물어보았습니다. 부자가 되어 많은 건물을 가지고 싶다고 합니다. 그래서 건물 안에 자신이 좋아하는 동물들도 키우고 태양과 달로 전기 발전도 하고 싶다고 말합니다. 오른쪽 그림은 호석이가 그린 '미래의 나의 집'입니다. 그런데 호석이는 그림을 다 그린 후에 종이가 모자라서 자신이 생각한 많은 사람들과 자동차, 미래의 동물들을 다 그리지 못했다고 했습니다. 전에도 생각하는 것을 모두 그리기에는 종이가 좁다는 말을 자주 했습니다. 호석이는 그림을 그릴 때 늘 종이의 아랫부분을 땅이라고 생각합니다. 그래서 사람의 발과 동물의 발, 건물들을 모두 종이의 맨 아래에 닿게 그리고, 나머지 것들은

이호석(8세)
종이에 드로잉 연필,
수채, 색연필 32×44cm

하늘로 표현합니다. 어디가 땅이고 하늘인지 구분이 안 될 경우가 많습니다.

  호석이에게 그림에서 '공간'을 표현할 수 있도록 공간을 재미있게 구분한 다른 아이들의 그림을 보여 주었습니다. 306쪽을 보면, 은우의 그림은 위에서 내려다본 것이고, 범준이의 그림은 우리가 바로 가까이에서 볼 수 있는 공간을 표현한 것입니다. 은우는 위에서 내려다본 방의 모습을 그렸습니다. 범준이는 나무의 색과 크기로 거리감을 나타내 공간을 만들었고 땅속 개미굴을 우리 바로 옆에 있는 것처럼 그렸습니다. 호석이도 의자에 올라가서 내려다본 친구의 모습과 방바닥에 누워 올려다본 친구의 모습은 다르다는 것을 알고 있습니다. 그리고 가까이 있는 것은 크게 보이

김은우(9세)
종이에 드로잉 연필,
수채 32×44cm

김범준(10세)
종이에 드로잉 연필,
수채 40×55cm

이호석(8세)
종이에 드로잉 연필,
수채 32×44cm

고 멀리 있는 것은 작게 보인다는 것도 배워서 잘 알고 있습니다. 하지만 진지하게 실제로 관찰해 본 적은 없고 '다양한 공간'을 그림 속에서 어떻게 표현해야 하는지 생각해 본 적도 없습니다. 그래서 호석이에게 창밖에 멀리 있는 나무와 가까이 있는 나무 중에 어떤 것이 작게 보이는지 직접 확인하게 했고, 사물의 '크기'로 멀고 가까운 것을 표현할 수 있다는 사실을 눈으로 확인하게 했습니다. 호석이가 원근감에 의한 사물의 크기를 생각한 후 그린 그림에서는, 축구 선수들의 멀리 있는 모습과 가까이 있는 모습이 잘 나타났습니다. 멀리 있는 산 위에 비행기도 떠 있고 앞으로 달려오며 공을 차려고 하는 선수의 모습도 잘 그렸습니다.

대부분의 아이들은 그림을 그릴 때 주인공을 먼저 그리기 시작합니다. 주인공이 어디에 있는지 누구와 같이 있는지는 생각하지 않고 먼저 주인공 또는 제일 그리고 싶은 것을 종이 가운데에 크게 그리려고 합니다. 어떻게 그려 갈지 순서를 정하고 그리면 재미있는 그림이 될 수도 있지만, 대부분의 아이들은 그렇게 하지 못합니다. 주인공에게 신경을 쓰다가 배경을 어떻게 그리고 공간을 어떻게 꾸밀지 생각하지 못할 때가 많습니다. 그럴 때는 주인공이 어디에서 누구와 무엇을 하는지 생각한 후 순서를 정해 그리면 재미있는 그림을 그릴 수 있을 것입니다.

또 어떤 아이들은 공간보다는 주인공들을 먼저 하나하나 나란히 그려서 모두 한 줄로 서 있는 평평한 느낌의 그림을 그릴 때가 많습니다. 먼저 아이가 생각하는 제일 중요한 주인공이 어디에 있는지 생각하게 하고 종이에 땅과 하늘, 그 밖의 공간을 먼저 그린 후 주인공들이 가까이 있는지 멀리 있는지 그려 보게 하세요. 그러면 나열식의 그림이 아니라 주인공의 크기와 위치에 따라 거리감도 낼 수 있고, 더 많은 이야기를 담고 있는 그림으로 변화시킬 수도 있을 것입니다.

우주를 그린다면 어떨까요?

우주는 위아래가 없어요. 모두 자유롭게 공중을 떠다니기 때문이에요. 가까이 있으면 크게, 멀리 있으면 작게, 위아래 없는 우주를 그리자고 해 보세요. 그러면 하늘땅 구분 없이 종이를 돌려 가면서 재미있게 그릴 수 있을 것입니다

좀 더 자세히 알아볼까요?

미술 표현을 할 때 공간 개념은 개인에 따라, 그리고 아이가 속해 있는 환경에 따라 다르게 표현됩니다. 아동미술학자 로웬펠드V. Lowenfeld는 아이들의 공간 표현을 객관적인 공간과 주관적인 공간으로 구분하였습니다. 객관적 공간이란 '기선 표현base line, ground line'에서 벗어난 단계로서 중앙 원근법으로 표현한 공간을 말하고, 주관적 공간이란 그림을 그리는 자신의 위치가 곧 공간의 표준이 된다는 것입니다. 초기 단계에는 사물들이 우발적으로 표현되지만 시간이 지나면서 나름대로의 질서를 찾고 그림 안에서 순서와 규칙을 정하게 됩니다. 그렇기 때문에 아이들의 눈높이에 맞는 공간 표현 지도가 좋은 효과를 가져올 수 있습니다.

한 공간에 좋아하는 것을 모두 넣을래요

아홉 살 설아는 상상력이 뛰어나며 글쓰기를 좋아하는 아이입니다. 수업 시간에도 다소 엉뚱하지만 재미있는 생각과 아이디어를 잘 내곤 합니다. 그림을 그리다가도 재미있는 생각을 많이 해서, 종이에 아주 빼곡히 이미지들을 채워 넣을 때가 종종 있습니다. 그래서 그림이 다소 복잡해 보이거나 한눈에 무엇을 그렸는지 알아보기가 힘듭니다. 재미있는 주제로 그림을 그렸는데도 보는 사람이 무엇을 그렸는지 알 수 없는 경우도 있습니다. 그러다 보니, 보는 사람이 설아의 재미있는 상상의 세계를 잘 알기가 힘들 때도 있습니다.

어느 날 설아는 담임 선생님이 퇴임하셨다면서 슬퍼했습니다.

그래서 담임 선생님 퇴임식 장면을 그리고 싶다고 했습니다. 아래는 설아가 그린 퇴임식 장면 드로잉입니다. 설아네 반 아이들이 모두 등장했는데, 아이들이 각각 다른 모습을 하고 있습니다. 선생님을 보고 있는 맨 앞줄 아이들의 머리 스타일도 모두 다르게 그렸습니다. 친구와 수다를 떨고 있는 아이, 다리를 구부리고 앉아 있는 아이, 뒤를 돌아보고 떠드는 아이들의 모습이 생생하게 표현되어 있습니다. 그런데 '퇴임식 장면'이 조금 더 강조되었으면 좋았을 것 같은 아쉬움이 생깁니다. 많은 사람들을 자세히 그리려다 보니 주제가 무엇인지 잘 보이지 않기 때문입니다. 그

남설아(9세)
종이에 드로잉 연필
39.4×27.2cm

래서 설아에게 자신이 원하는 것을 효과적으로 그릴 수 있도록 장면을 '잘라 그리는' 것에 대해 가르쳐 주었습니다.

대부분의 아이들은 종이를 주면 그 종이에 자신이 그릴 것들을 모두 완벽하게 그려 넣어야 된다고 생각

합니다. 예를 들어, 난쟁이 나라에 거인이 나타난 장면을 그려 보라고 하면, 아이들은 그림을 그리면서 곧 두 가지 어려움을 겪게 됩니다. 하나는 거인의 몸을 다 그리면 난쟁이들이 너무 작아져서 잘 보이지 않는다는 것이고, 다른 하나는 난쟁이들을 먼저 그리면 거인을 그릴 자리가 없어서 더 큰 종이를 달라고 해야 한다는 것입니다. 그럴 경우에 아이들에게 주어진 종이에 지금까지와는 다른 '잘라 그리는 방법'으로 사물의 형태를 그리는 법을 가르쳐 주면 좋습니다. 선생님은 우선 아이들에게 또래 친구들이 그린 몇 가지 참고 작품을 보여 주었습니다.

동현이의 그림은 축구 선수가 골을 넣는 장면을 그린 것입니다. 많은 선수들을 그리지 않아도 보는 사람이 충분히 골을 넣는 장면이라고 볼 수 있습니다. 서진이의 그림은 사람이 바다 속에 잠수한 모습입니다. 바다 속 동물들의 몸을 다 그리지 않아도 어떤 동물인지 알 수 있습니다. 이렇게 다소 불필요하다 싶은 부분들은 잘라 그려도 괜찮습니다. 그리고 설아처럼 그림에 이야기가 많은 아이들은 그리기 전에 먼저 계획을 세우게 하는 방법도 좋습니다. 무엇을 그릴 것인지, 등장 인물 중에 누가 제일 중요한 사람인지, 없어도 되는 사람은 누구인지, 잘라 그려도 되는 것들은 무엇인지에 대해 먼저 이야기를 나누면, 아이는 머릿속에 '중요한 것'과 '중요하지 않은 것'에 대한 개념을 세울 것입니다. 참고 작품들을 보고 계획을 세운 설아는 다시 '난쟁이 마을'을 그렸습니다. 그림 속 거인의 얼굴이 잘려져 있는 모습입니다. 커다란 산도

서동현(9세)
종이에 수채
27.2×39.4cm

이서진(9세)
종이에 수채
27.2×39.4cm

공간을 활용하도록 도와주세요

그리고 커다란 거인도 그려야 하는데, 공간을 효과적으로 그려서 이야기가 더 재미있게 느껴집니다. 거인을 둘러싼 다양한 이야기가 잘 표현되어 있습니다. 설아는 조금씩 '공간'을 생각하게 되었습니다.

설아의 다른 그림도 볼까요? 315쪽의 그림은 설아가 그린 시화입니다. 공간 활용의 과감함도 보이고 공간을 시원하게 사용했습니다. 이제 설아는 공간에 얽매이지 않고 종이 밖의 공간까지 생각하며 그릴 수 있습니다. 아이들은 종이를 받으면 종이 안을 꽉 채우고 싶어 합니다. 부모나 교사가 아이에게 아무런 방법도 가르쳐 주지 않고 아이가 바뀌기를 바라는 것은 무리입니다. 아이들이 그리고 싶은 것이 무엇이고, 그것을 어떻게 하면 효과적으로 그릴 수 있는지 방법을 제시해 주어야 합니다. 그렇게 하지 않으면 아이는 그림 그리는 것을 어려워하거나 싫어하게 될지도 모릅니다. 설아의 경우처럼 그림 속에 아이만의 독특하고 재미있는 이야기가 있다면 더 효과적으로 그릴 수 있는 방법을 제시해 주는 것이 좋습니다.

남설아 (9세)
〈난쟁이 마을〉
종이에 색연필
39.4×27.2cm

남설아 (9세)
종이에 색연필, 수채
27.2×39.4cm

명화를 통해서도 공간과 구도를 배울 수 있어요

명화에는 다양하고 재미있는 공간을 표현한 작품이 많아 아이들에게 명화를 보여 줄 때도 공간에 대해 이야기해 주면 좋아요. "이 화가는 어떤 부분을 중요하게 그렸을까?", "그리고 어떤 부분이 없어도 될 것 같아?" 등의 질문을 하면, 아이에게 그림을 구도와 공간으로 볼 수 있는 기회를 줄 수 있습니다.

● 좀 더 자세히 알아볼까요? ●

교육학자 아이스너E.W. Eisner의 이론에 의하면, '아동미술은 아동의 의사소통 수단'이라고 합니다. 아이들은 자신이 말로 설명하지 못하는 자신의 생각이나 상상을 나타내기 위해 그림을 수단으로 이용한다는 것입니다. 남자 아이들의 경우, 전쟁을 하는 그림이나 자신이 좋아하는 만화 주인공이 괴물과 싸우는 장면 등을 자주 그립니다. 이것은 말이나 글보다는 그림으로 그리는 것이 상대방(어른, 친구 혹은 아이 자신이 될 수도 있습니다)과 의사소통이 더 잘되기 때문입니다.

더 큰 공간이 필요해요

일곱 살인 승효와 지민이는 경험한 일들을 재미있게 이야기하는 수다스러운 남자 아이들입니다. 미술 시간이 되면 언제나 주말에 엄마, 아빠와 놀러 갔던 일이나 재미있게 읽은 책에 대해 재잘재잘 이야기 보따리를 풀어내는 것을 아주 좋아합니다. 그래서 이 두 아이들의 그림은 항상 이야기가 많습니다. 할 이야기가 많아서 이것저것 그리다 보면 종이가 부족할 때가 종종 있습니다. 평소에 아이들이 그린 그림을 보면, 사람의 모습을 그린 뒤 그 주위에 또 다른 이야기들을 그립니다. 마치 거인들과 난쟁이들의 모습같아 보입니다. 사람의 옷 속에도, 팔에도, 머리 위에도 작은 이미지들이 빼곡히 그려져 있습니다.

이승효(7세) (왼쪽)
종이에 색연필
39.4×27.2cm

김지민(7세) (오른쪽)
종이에 색연필
39.4×27.2cm

　승효와 지민이처럼 늘 많은 이야기를 그리는 아이들에게는 단순히 평면에 그리기가 아닌 평면과 입체를 병행해서 표현할 수 있는 방법을 가르쳐 주는 것이 좋습니다. 종이 위에 다 그리지 못한 것들을 마음껏 그리고 만들 수 있도록 간단한 '무대' 형식의 공간을 만들어 줍니다. 이 삼차원의 무대는 두꺼운 박스로 만든 것입니다. 박스를 적당한 크기로 잘라 한 조각은 바닥에 놓고 한 조각은 두 번 접어서 붙여 주었습니다. 아이들에게 박스로 만든 삼차원 공간을 나누어 주고, 자신이 표현하고 싶은 것들을 마음껏 표현해 보라고 했습니다. 아이들은 어디서부터 어떻게 시작해야 할지 몰라 어리둥절했습니다. 만들기도 아니고 그리기도 아니어서 당황한 것처럼 보였습니다. 우선 아이들에게 어떤 '공간'을 만들고 싶은지 물었습니다. 아이들에게 '공간'이라는 용어가 익숙하지 않아 비어 있는 '장소'라는 말로 바꾸어 설명해 주었습니다.

두꺼운 박스로 만든 무대

"애들아, 공연 보러 간 적 있니? 연극이나 음악, 발레공연 같은 데 가면 무대 뒤쪽에 그림도 그려져 있고 배경에 필요한 나무나 건물 같은 것들이 무대 뒤쪽에 세워져 있잖아. 그리고 무대 앞쪽에서 사람들이 춤추고 노래하고 하지? 그것처럼 오늘은 배경을 그려서 붙여 주고 배경에 필요한 것들을 만들어서 세워 줄 거야. 주인공들도 그리거나 만들어서 앞쪽에 세워서 붙여 주면 돼"라고 설명해 주었습니다. 아이들은 그제서야 '공간'에 대한 개념을 이해하고 자신이 표현해 주고 싶은 공간을 생각하기 시작했습니다. 승효는 며칠 전 책에서 본 '땅속'의 공간을 만들고 싶어 하고, 지민이는 '바다 속 세상'을 만들어 보고 싶다고 하였습니다. 그래서 각자 이야기한 공간을 만들기로 했습니다. 먼저 아이들에게 배경을 종이에 그려 붙이게 하고, 앞쪽 공간에는 점토로 자신이 원하는 것을 만들어 배치하면 된다고 했습니다. 아이들은 각자 재미있는 공간을 상상하며 배경을 그리기 시작했습니다. 오른쪽 두 사진은 아이들이 완성한 '공간'입니다.

이승효(7세) 〈땅속 세상〉
유토, 종이에 드로잉
27.2×39.4cm

김지민(7세)
〈바다 속 세상〉
종이에 색연필
27.2×39.4cm

승효는 멀리 산이 보이고 하늘에는 새가 있는 어느 마을의 땅속을 표현했습니다. 땅속에 지렁이와 개미들이 많이 살고 있습니다. 지렁이 한 마리가 땅 위로 막 올라오려고 하는 재미있는 모습도 보입니다. 지민이는 높은 빌딩에 문어 집, 상어 집, 붕어 집 등 자기가 좋아하는 물고기들의 집을 하나씩 만들어 주고, 배경 그림의 물고기들과 바다 속을 달리는 자동차 사이에 빨간 물고기들과 해초들을 재미있게 표현했습니다. 아이들 각자가 자신이 생각하는 '공간'을 개성 있게 잘 표현했습니다.

이야기가 많고 보여 줄 것이 많아 평소에 그리는 종이가 좁다고 생각하는 아이들이 있습니다. 그런데 누군가가 '종이가 좁지 않니? 더 넓은 종이에 그려 볼까?'라고 말하기 전까지 아이들은 그것을 알아채지 못합니다. 그림을 그리면서 이야기를 풀어내느라 바쁘기 때문이죠. 그래서 완성된 그림을 보는 사람은 아이가 그림을 복잡하고 산만하게 그린다고 생각할 것입니다. 이럴 때는 아이들에게 간단한 삼차원의 '공간'을 제공해 주세요. 작은 공간도 평면의 종이에서 벗어나 무엇인가를 붙이고 꾸밀 수 있는 넓은 공간처럼 느끼며 재미있는 상황들을 만들어 낼 수 있게 됩니다. 집에서도 부모가 쉽게 만들어 줄 수 있습니다. 장난감이 들어 있던 박스를 조금 오려서 만들 수도 있고, 마트에서 장을 보고 가져온 박스를 오려서 만들 수도 있습니다. 간단하지만 아이들에게는 상상력과 공간감을 기를 수 있는 멋진 미술 재료가 될 수 있습니다. 일곱 살인 아이들은 평면의 그림 속에 거리감을 나타내기가 쉽지 않습니다. 그래서 사물들이 평면에 나열되어 있는 경우가 많습니다. 사물을 겹쳐 그리는 것이 어렵기 때문입니다. 이런 경우 '공간'에 그림을 그려 배치해 보는 것은 아이가 거리감을 익히는 데도 도움을 줄 수 있습니다. 자신이 만든 '공간'을 정면으로 바라보았을 때 사물들이 어떻게 겹쳐 보이는지도 알 수 있고, '공간'을 꾸밀 때 머릿속으로 멀리 있는 것과 가까이 있는 것 등을 생각하기 때문입니다.

아이의 방을 종이라고 생각하고 꾸미게 해 보세요

물론 벽에 직접 색칠을 할 수는 없지만, 종이에 아이가 그리고 싶은 것들을 그린 뒤 오려서 벽이나 탁자 위에 세우거나 붙이게 합니다. 접착 테이프로 고정시키면 떼기가 쉬워요. 평면이고 크기가 정해진 종이로 만족할 수 없다면, 더 큰 삼차원의 공간에 아이의 생각을 표현할 수 있게 해 주세요.

● 좀 더 자세히 알아볼까요?

'공간'에 대한 이해는 언제쯤부터 가능할까요? 교육학 이론에서는 9세 이상이 되어야 그림 속에 공간의 개념이 비교적 잘 드러난다고 하지만, 7세 정도의 아이들도 공간에 대해 충분히 이해할 수 있습니다. 특히 조형활동은 아이들에게 공간 개념을 이해시키는 데 많은 도움을 줍니다. 조형활동을 통해 이해한 공간 개념은 그림이나 만들기뿐만 아니라 수학, 과학 분야에서도 좋은 결과로 작용하는 데 밑받침이 될 것입니다.

그리기나 만들기를 하다 보면 '주어진 재료를 다양한 방법으로 활용하려면 어떻게 해야 할까?', '많은 재료 중 어떤 것을 선택해 사용해야 할까?'라는 질문을 하게 돼요. 재료를 다양하게 활용하는 것은 아이에게 응용력을 기르게 하고, 생각의 폭을 넓혀 줍니다. 그리고 입체 조형활동은 아이들에게 공간 지각 능력을 키워 줄 수 있어요. 그뿐 아니라, 물체의 구조를 이해할 수 있고, 다른 물체와의 관계도 생각할 수 있는 종합적인 사고에도 도움을 주지요. 입체 조형활동의 계획성 있는 작업은 우리 아이의 논리적 사고 향상에 많은 역할을 할 것입니다.

재료를 활용하고
입체를 만들도록
도와주세요

종이컵을 잘라도 되나요?

종이컵들을 책상 위에 쌓아 놓고 아이들에게 물었습니다. "이 종이컵들로 무엇을 만들 수 있을까? 우리 한번 적어 볼까?" 아이들은 쉽다는 표정을 지으며, 오래 생각하지 않고 종이에 바로 적었습니다. 아이들이 쓴 것들은 화분, 컵, 상자, 물통, 종 등 대부분 종이컵 모양과 비슷한 것들입니다. 대부분의 아이들이 완성된 형태를 가진 재료(종이컵, 과자 박스, 요구르트병 등)를 보면 재료의 모양과 비슷한 형태의 것들을 연상합니다. 자신이 만들고자 하는 것을 생각하기보다는, 종이컵이라는 형태에 자신이 만들고 싶은 것을 맞추려는 것입니다. 그리고 아이들이 주어진 재료의 형태에서 벗어나 다양한 형태들을 생각해 내기는 쉽지 않습니다.

쌓아 놓은 종이컵

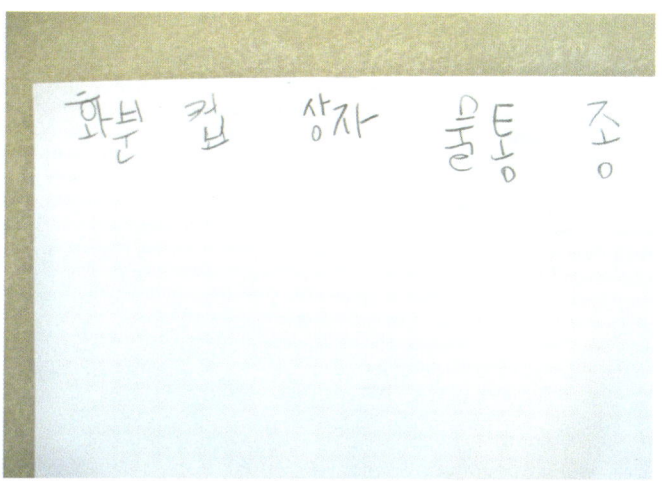

아이들이 종이컵으로 만들 수 있는 것을 적은 종이 (오른쪽)

　우선 재료가 가진 형태 외에도 많은 모양들을 만들 수 있다는 것을 알려 주기로 했습니다. 종이컵과 가위, 빨대를 주고, 종이컵을 자를 수 있는 한 자유롭게 자르기를 시켰습니다. 종이컵을 열 개쯤 자르고 구기고 뚫어 보면서 아이들은 점차 종이컵이 가진 형태에서 벗어난 것들을 만들기 시작했습니다. 15분쯤 활동을 하게 한 뒤, 다시 무엇을 만들고 싶은지 물었을 때 전과는 달리 재료에 얽매이지 않고 자신이 원하는 것을 자유롭게 생각했습니다. 토끼, 코끼리, 자동차, 롤러코스터, 보트, 미끄럼틀 등 종이컵으로는 만들 수 없을 듯한 것들을 말하기 시작했습니다. 5분의 시간을 주고 다시 무엇을 만들 것인지 생각하게 하였습니다. 그런 뒤 아이들이 완성한 작품들은, 구체적인 형태는 없지만 재료에 얽매이지 않고 자유롭게 만든 느낌이 듭니다. 아이들은 놀이 공원을 만들었다고

김신영(7세) (왼쪽)
종이컵, 빨대
30×20cm

박나현(7세) (오른쪽)
종이컵, 빨대
20×15cm

했습니다. 꼬불꼬불한 미끄럼틀이 보이고, 맨 아래에 있는 종이컵은 네모로 잘라 들어가는 문도 만들었습니다. 종이컵은 가볍고 접착 테이프로 쉽게 붙일 수 있기 때문에 어렵지 않게 작품을 만들 수 있습니다.

대부분의 아이들은 무엇인가를 만들 때 구체적인 형태를 먼저 생각합니다. '난 코끼리를 만들 거야' 혹은 '난 집을 만들 거야' 등 계획을 먼저 세우지만, 처음부터 머릿속에 구체적인 형태를 그리면 재료를 마음대로 변형하는 것을 겁낼 수 있습니다. 자신이 자른 재료의 모양이 생각했던 것과 달라서 짜증을 내는 경우도 있습니다. 이럴 때는 순서를 바꿔서 해 보세요. 어떤 것을 만들지 먼저 생각하지 않고, 재료를 구기고 자르면서 우연히 만들어진 형태를 본 뒤에 어떤 것을 만들지 즉석에서 생각해도 좋습니다. 재료의 형태가 변형되면 그만큼 연상할 수 있는 것들이 많아져서 아이들이 자유롭게 말하고 표현할 수 있습니다. 여섯 살 이상이 되면, 아이들은 정답이 없는 것보다는 구체적인 형태를 만들거나 그리고 싶어 하게 됩니다. 그러다 보니 주어진 재료가 자신이 원하는 형태로 만들어지기 어려운 경우에 자신의 생각을 표현하기보다는 재료의 형태로 쉽게 만들 수 있는 것이 무엇인지를 생각하게 되는 것입니다.

　재료를 활용하지 못한다고 해서 문제가 있는 아이는 절대 아닙니다. 누구나 어려운 재료를 주면 겁내는 것이 당연합니다. 재료를 활용하는 것은 조금만 훈련하면 누구나 가능한 일입니다. 이럴 때 부모가 주어진 것을 활용하거나 변형할 수 있는 방법들을 제시해 주면 아이들은 신기해하면서도 재료로부터 자유로워질 수 있게 됩니다. 아이들이 자유롭게 재료 활용을 할 수 있도록 쉽게 자를 수 있고 찢을 수 있는 재료들(종이류나 비닐류 등)을 가지고 함께 찢고 구기고 붙이면서 재료가 변해 가는 과정을 놀이처럼 즐겨 보세요. 구체적인 형태가 아니더라도 아이들은 변형된 재료의 모양으로 상상하기 시작할 것입니다.

재료 탐색이 중요해요

아이들에게 미술 활동에 쓸 수 있는 재료를 주었을 때 부모가 먼저 재료의 사용 방법을 알려 주지 마세요. 아이가 스스로 주어진 재료를 만져 보고 잘라 보면서 재료를 사용할 수 있는 방법을 직접 터득하게 하는 것이 좋아요. 어른들이 생각하는 재료 사용법을 알려 주면 아이들은 그 틀에서 벗어나려고 하지 않을 수 있어요. 아이가 "엄마, 이거 어떻게 쓰는 거야?"라고 물으면, "응, 그건 이렇게도 쓸 수 있고 저렇게도 쓸 수 있어"라고 아이가 여러 방법을 생각할 수 있게 말해 주는 것이 좋아요.

● 좀 더 자세히 알아볼까요?

'스캠퍼Scamper'법

스캠퍼법은 어떤 기존의 형태나 아이디어를 다양하게 변형시키는 발상법입니다. 아래와 같은 항목을 제시하고 여러 가지로 발상하게 하는 방법입니다. 아이들과 미술 활동을 하면서 질문하고, 같이 생각하는 시간을 가진다면 아이의 창의력에 도움이 될 것입니다.

- **대체하면?** Substitute 기존 사물의 용도나 색, 형태, 방법 등을 다른 것으로 사용할 수 있는지 생각하는 것

- **결합하면?** Combine 두 가지 또는 그 이상의 물건과 결합하면, 혹은 유사하거나 상반되는 것을 결합하면 어떨까를 생각하는 것

- **적용하면?** Adapt 어떤 형태나 원리, 방법 등을 다른 분야에 적용하면 어떨까를 생각하는 것   예: 사진을 조각품으로 만들기 등

- **수정하면?** Modify 색, 모양, 의미, 향기, 소리 등을 수정하면 어떨까를 생각하는 것   예: 의상, 자동차 등

- **확대하면?** Magnify 좀 더 크고 무겁고 강하면 어떨지를 생각하는 것
  예: 확성기 등

- **축소하면?** Minify 좀 더 작고 가늘면 어떨지를 생각하는 것
  예: 노트북, 라디오 등

- **다른 용도는?** Put to other uses 물건의 원래 용도를 다른 용도로 활용하는 방법에 대해 생각하는 것   예: 벽돌로 만든 책꽂이, 헌 구두를 슬리퍼로 만들기 등

- **삭제하면?** Elimination 어떤 부분을 삭제하면 더 발전된 아이디어가 있을지를 생각하는 것   예: 오픈카, 노천극장 등

- **재배치하면?** Rearrange 순서나 형식, 구성을 재배치하면 어떨지를 생각하는 것   예: 출근 시간을 9시에서 8시로, 근무 장소를 사무실에서 가정으로 등

- **전도하면?** Reverse 전후, 좌우, 안팎, 아이디어 등을 거꾸로 뒤집으면 어떨까를 생각하는 것   예: 여름에 하는 겨울상품 세일, 양면 점퍼 등

재료를 활용하고 입체를 만들도록 도와주세요

다른 재료를 사용해도 되나요?

우리 아이들이 재료를 얼마나 잘 활용하는지 알아보기로 했습니다. 주어진 재료들은 나무 스틱, 이쑤시개, 빨대, 우드락, 전선 조립이 되어 있는 모터와 전지 세트, 플라스틱 장신구, 포장끈, 색철사 등이었습니다. 이것들을 이용해서 입체물을 만들어도 좋고, 어떤 공간을 재미있게 꾸며도 좋다고 했습니다. 지훈이는 만들기를 아주 좋아하고 재료나 도구의 사용도 잘하는 아이입니다. 처음 사용하는 재료도 거부감 없이 사용하지만 재료를 선택해서 사용할 때 재료의 성질이나 형태를 응용해서 바꾸어 사용하기보다는 있는 그대로 사용하는 경우가 많았습니다.

지훈이는 나무 스틱을 사용해 비행기와 자동차를 만들어 보았

이지훈(9세) 〈비행기〉(왼쪽)
나무 스틱, 목공용 접착제
15×20×8cm

이지훈(9세)
〈자동차〉(오른쪽)
나무 스틱, 목공용 접착제,
모델용 바퀴 10×20×8cm

는데, 구조적인 부분은 잘 이해하고 있었으나 있는 그대로를 조립하는 정도로 끝나게 되니 좀 아쉬운 면이 있었습니다. 좀 더 다양한 재료를 선택해서 있는 그대로 사용하는 것이 아니라 달리 응용할 방법을 찾아보기로 했습니다. 포장용 색철사와 이쑤시개 외에 다른 장신구를 선택해서 공간 구성을 연습했는데, 지훈이가 만든 형태는 공간의 조각처럼 표현되었습니다. 332쪽 위의 사진을 보면, 철사의 성질을 이용해 서로 엮어 울타리 형태와 선을 표현했습니다.

이번에는 무엇을 만들지 주제를 정한 다음 어떤 재료로 어떻게 만들지 생각해 보기로 했습니다. 지훈이에게 바다 위의 요트 이미지를 선택해서 자신이 만들 배의 형태를 그려 본 후 제시된 재료 중에 배와 돛의 모양을 표현할 수 있는 재료를 선택하도록 했습니다. 지훈이는 여러 재료들을 만져 보고 포장끈과 색철사를 선택했습니다. 색철사를 구부려도 보고 휘어도 보면서 색철사의 특성을 탐

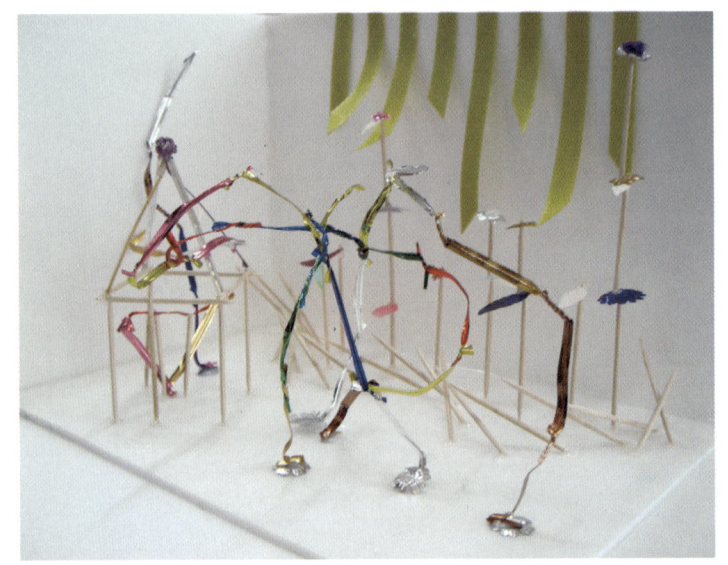

이지훈(9세)
우드락, 이쑤시개, 포장용
색철사, 장신구, 접착제,
포장끈
25×30×35cm

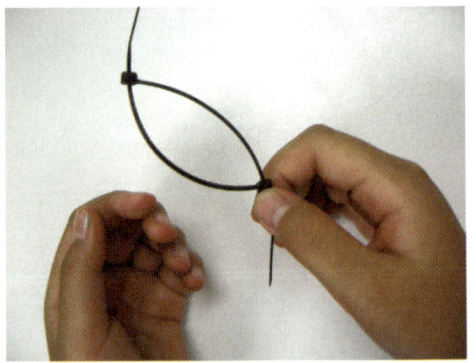

색합니다. 그런 후 포장끈의 연결 방법과 색철사를 감싸는 방법을
익혀서 바다 위의 요트 세 척을 아주 잘 표현했습니다. 색철사와
포장끈의 성질들을 잘 응용해서 배의 모양과 물결의 모양을 아주
효과적으로 표현한 것을 볼 수 있습니다.

이지훈(9세)
〈배 스케치〉 (왼쪽)
종이에 드로잉 연필
21×30cm

지훈이가 포장끈을
연결하는 모습 (오른쪽)

이지훈(9세)
우드락, 포장끈,
색철사, 접착제
25×30×12cm

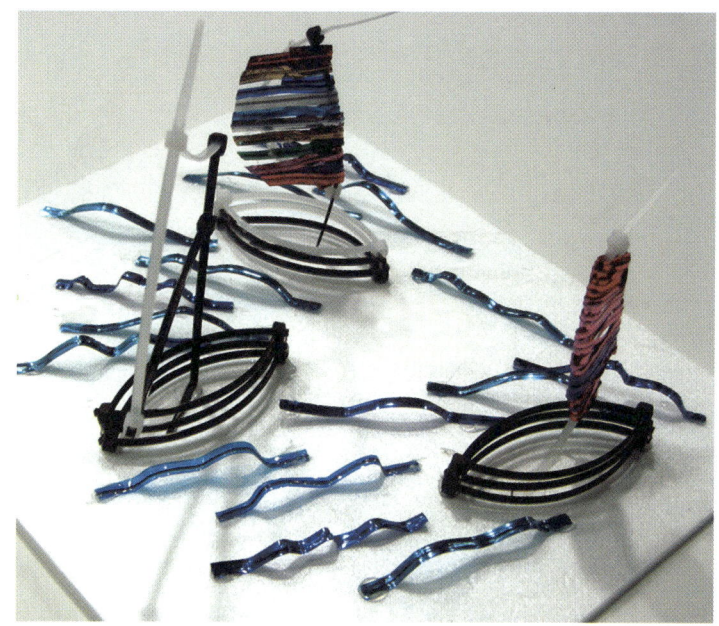

위 작품의 각 부분

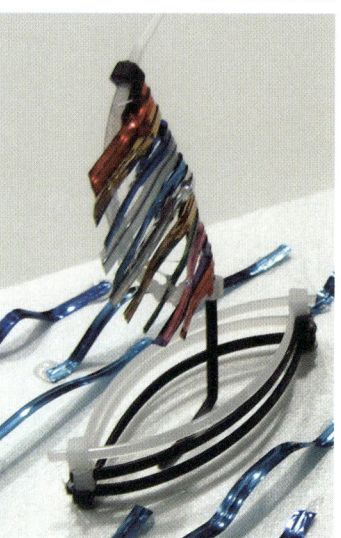

임소정(9세) (왼쪽)
거울, 우드락, 유성펜, 색철사, 접착제, 열선 커터
20×25cm

임소정(9세) (오른쪽)
두꺼운 마분지, 장신구, 접착제, 아크릴
35×35×20cm

　소정이는 평소에 호기심이 많고 그림 그리기에 아주 적극적이어서 평면 그림을 그릴 때는 매우 다양하게 표현했지만, 만들기를 할 때는 재료의 선택 폭이 좁아 보입니다. 많은 재료가 있어도 본인이 사용하기에 편한 재료 위주로 사용하다 보니 다양하게 표현하지 못할 때가 있었던 것입니다. 그래서 소정이는 우선 재료를 다양하게 쓸 수 있도록 연습하는 것이 필요했으므로 무엇인가를 만들기 전에 어떻게 만들지를 고민하고 이에 맞는 재료들을 선택하도록 했습니다.

　새를 만들어 보고 싶다고 하기에 먼저 새의 모습을 종이에 스케치하게 했고 각 부분에 어떠한 재료를 사용할지 글로 쓰게 했습니다. 소정이는 자신의 스케치에 몸통, 날개, 머리를 만드는 데 필요한 재료들을 적었습니다. 그리고 새가 날 수 있게 하고 싶다며 모터와 프로펠러가 필요하다고 했습니다. 나무 스틱으로 새의 형태를 만들고 빨대로 깃털을 표현했는데 깃털은 가벼워야 한다며 속이 빈 빨대를 이용했습니다. 모터를 이용해서 날갯짓을 할 수

임소정(9세) 〈새 스케치〉
종이에 드로잉 연필
21×30cm

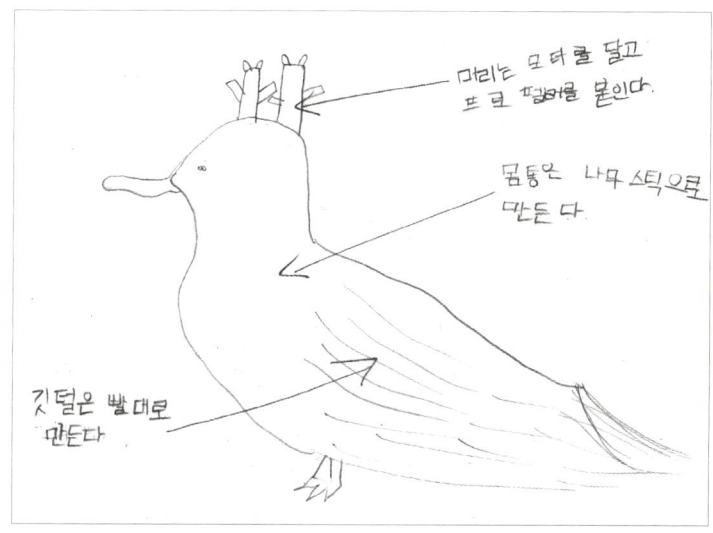

임소정(9세) 〈새〉
나무 스틱, 우드락, 빨대,
건전지, 스위치, 모터,
프로펠러, 전선, 접착제
18×10×15cm

335
재료를 활용하고 입체를 만들도록 도와주세요

있는 새의 형태를 원했지만 표현하는 데 아직은 무리가 있어 다른 방법을 생각해 보기로 했습니다. 머리 위에 모터와 프로펠러를 설치해서 마치 나는 것처럼 상징적으로 표현한 것입니다. 소정이가 빨대를 짧게 잘라 프로펠러 위에 장식으로 붙였는데 모터를 돌려 보니 마치 오리가 우는 듯한 소리가 났습니다.

만들기를 할 때 재료를 선택하고 효과적으로 이용하는 것은 아주 중요합니다. 대부분의 아이들은 자기가 주로 사용하는 재료나 쓰기 편한 재료만을 골라 표현하는 경우가 많다 보니 표현이 다양하지 못하고 재료의 응용도 잘 안 되는 경우가 많습니다. 그에 비해 호기심 많은 아이들은 주어진 재료 말고 본인 스스로 재료를 찾아 쓰는 경우도 있습니다. 비록 조합이 서로 잘 되지 않는다 해도 새로운 재료를 사용한 경험은 아주 중요합니다. 그러니 평소에 다양한 재료를 접할 수 있도록 해 주고, 만들기에 앞서 계획을 세워 재료를 선택할 수 있도록 지도하는 것이 아이들에게 많은 도움이 됩니다. 그리고 한두 가지 재료를 사용한다 하더라도 재료의 성질이나 형태를 그대로 이용하기보다는 다른 형태, 다른 성질로 바꾸어 표현할 수 있도록 연습하는 것이 매우 중요합니다.

색다른 재료를 어디에서 구할 수 있나요? (Tip)

요즘에는 인터넷 쇼핑몰에서도 아이들이 그림을 그리거나 만드는 데 필요한 재료들을 다양하게 판매하고 있어요. 항상 사용하는 재료보다 좀 색다른 재료를 이용하면, 아이들의 사고 방식 또한 다양해질 수 있어요.

● 좀 더 자세히 알아볼까요?

재료의 선택은 아이들뿐만 아니라 어른들에게도 어려운 일입니다. 자기가 그리고자 하는 그림의 주제와 표현 내용에 따라, 그리고 만들기에 앞서 무슨 재료를 선택할지에 대한 능력은 많은 경험이 뒷받침되어야 합니다. 미술 학원이나 가정에서 흔히 접할 수 있는 재료들만 오랫동안 다루다 보면 새로운 재료를 접하게 될 때 당황하는 경우가 많습니다. 그렇기 때문에 다양한 재료들을 준비하고 여러 가지 방법을 이용하여 표현할 수 있는 기회를 제공해야 합니다.

재료를 어떻게 이용하는지 모르겠어요

일곱 살인 지순이와 승철이는 자신들이 좋아하는 자동차 만들기를 한다고 하자 신이 났습니다. 수업을 시작하기도 전에 서로 더 멋진 자동차를 만들겠다고 크게 소리쳤습니다. 아이들에게 어떤 자동차를 만들고 싶은지 먼저 그림을 그려 보게 했습니다. 아이들에게 두꺼운 박스 종이를 나누어 주고, 각자가 그린 스케치를 보며 만들어 보라고 했습니다. 아이들은 눈을 크게 뜨고, 못 만들겠다는 표정으로 선생님을 쳐다보았습니다. 지순이는 "선생님, 약간 동그란 모양의 과자 상자 좀 갖다 주세요. 그리고 요구르트 병이랑 병뚜껑 열 개씩 하고요. 바퀴랑 버튼 만들 때 필요해요" 하고, 자기가 그린 자동차 모양과 비슷한 모양의 재료를 찾았습니다.

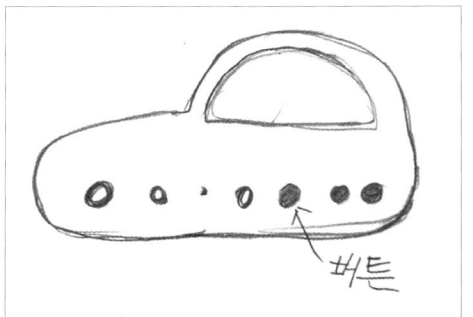 

정지순(7세) (왼쪽)
A4 용지에 드로잉 연필
19.8×29.7cm

이승철(7세) (오른쪽)
A4 용지에 볼펜
19.8×29.7cm

　일곱 살 전후의 아이들이 가장 쉽게 만들기를 할 수 있는 재료가 재활용품입니다. 그래서 아이들은 과자 상자나 빈 우유갑, 또는 캔 같은 재료들로 만들기를 많이 합니다. 이 재료들은 미술 학원이나 유치원에서도 미술 수업에 많이 쓰고 있습니다. 그런데 아이들이 모양이 갖추어진 재료만 쓰다 보면 자꾸 그 모양에 얽매이게 되는 경우가 있습니다. 예를 들어, 자신은 동그란 모양의 무엇인가를 만들고 싶은데 자신이 원하는 모양의 재료가 없다면, '에이, 그냥 네모로 만들지, 뭐' 하고 계획을 수정하기도 합니다. 아이가 일곱 살 정도 되면, 자신이 원하는 모양으로 재료를 활용할 수 있는 방법들을 가르쳐 주는 것이 좋습니다. 지순이와 승철이도 만들어진 재료에 익숙해서 두꺼운 박스 종이 같은 재료를 가지고 만드는 것이 낯설 것입니다. 더군다나 두꺼운 박스 종이는 입체로 되어 있지 않아 더욱 어렵게 느껴지기도 합니다. 그래서 박스 종이로 입체를 만들 수 있는 방법을 차근차근 가르쳐 주었습니다. 입체를 만들려면 자신이 그린 자동차의 옆모습 같은 모양의 판이

선생님이 종이로 입체 만드는 방법을 설명하는 모습

몇 개 있어야 하는지 물어보았습니다. 승철이는 쉽게 "두 개요" 하고, 지순이는 "잘 모르겠어요"라고 대답했습니다. 지순이가 이해하기 쉽게 간단한 시범을 보여 주었습니다. 같은 모양의 자동차 옆면 두 개를 일정한 간격을 두고 세운 뒤에 그 사이를 막으면 입체가 된다는 사실을 알려 주었습니다. 이제 각자가 스케치한 자동차를 두꺼운 박스 종이만 이용해 만들어 보라고 했습니다. 박스 종이는 두께가 있어서 아이들이 만들 때 잘 구겨지거나 휘지 않아 사용하기 좋습니다. 자신이 그린 스케치를 보고 자동차의 옆면을 두 개 만드는 것부터 시작했습니다. 그리고 좀 전에 선생님이 시범을 보여 준 것처럼 두 옆면의 간격을 띄우고 그 사이를 네모난 박스 종이 조각으로 덮었습니다. 아이들은 점점 자동차의 모습으

정지순(7세) 〈우주선 모양의 자동차〉
박스 종이에 크레파스
15×25cm

이승철(7세) 〈자동차〉
박스 종이에 아크릴
20×25cm

로 바뀌어 가는 것을 보며, "어떻게 종이가 자동차가 되지?"라며 신기해했습니다. 지순이와 승철이가 두꺼운 박스 종이로 만든 자동차를 보면, 접착 테이프 자국이 다 보이지만 두꺼운 박스 종이만 가지고 입체를 만드느라 노력한 모습이 잘 나타나 있습니다.

지순이와 승철이는 "이제 종이만 있으면 어떠한 것들도 입체로 만들 수 있겠다. 집에 가서 다른 자동차도 만들어 봐야지" 하고 완성된 자동차를 안고 만족해하며 집으로 돌아갔습니다. 일곱 살 정도의 아이들은 가위질을 비교적 안정적으로 할 수 있어서 조금 두꺼운 종이와 접착 테이프만 있어도 입체를 만들 수 있습니다. 집에서 아이들이 좋아하는 자동차나 집 같은 단순한 형태들부터 입체 만들기를 연습하면 좋습니다. 박스 종이도 두께가 여러 가지입니다. 너무 두꺼운 것은 아이들이 자르기 어려우니 얇은 박스 종이로 해도 좋습니다. 얇은 것도 자르기 힘들어할 경우 문방구나 화방에서 구할 수 있는 두꺼운 종이(마분지)를 이용해도 괜찮습니다.

비싼 교구를 사용하기보다는 주변의 재료를 이용해 만들어 보세요

요즘은 아이들이 쉽고 재미있게 만들 수 있는 교구들이 많이 있어요. 자석으로 되어 있어서 손쉽게 입체로 만들 수 있는 것들도 있고, 간단하게 조립하면 멋진 모양을 만들 수 있는 것들도 있어요. 그런데 그런 비싼 교구들보다 집에서 부모와 함께 만들기를 해 보는 것이 더 좋은 효과를 낼 수 있습니다. 교구는 플라스틱으로 만들어져 있어서 자신이 원하는 모양으로 변형시키기가 어렵고, 교구의 정해진 모양이 방해가 될 때도 있습니다. 주위를 둘러보면, 교구가 아니어도 만들기를 할 수 있는 것들이 아주 많아요. 우리 주위의 어떠한 것들도 재료가 될 수 있어요. 아이는 어느 것이라도 자신이 원하는 모양으로 만들 수 있는 재료로 인식할 수 있으며, 만드는 과정에서 재료의 성질을 익히고, 재료를 변형하여 응용할 수 있는 방법들을 익히게 돼요. 한 번쯤은 아이와 간단한 재료로 입체 만들기를 해 보세요. 비싼 교구보다 훨씬 좋은 교육이 될 것입니다.

좀 더 자세히 알아볼까요?

창의적인 사람은 '같은 사물'을 보더라도 사물의 있는 그대로를 보지 않습니다. 머릿속으로 사물을 이리저리 돌려가며 새로운 각도로 보기도 하고, 사물을 변형하여 전혀 새로운 것을 만들려고 생각합니다. 아이들에게는 재료의 활용을 통해서 창의적인 사고를 연습하게 할 수 있습니다. 재료를 탐색하면서 재료의 특성을 파악하고 변형해 보는 것이 좋습니다. 시도해 보는 것, 도전해 보는 것, 두려워하지 않는 것이 창의적인 발상의 첫걸음입니다.

만들기만 하고 싶어요

주변에서 쉽게 구할 수 있는 아이스크림 스틱과 철사를 재료로 아이들이 원하는 것을 세 번의 수업 시간 동안 만들어 보기로 했습니다. 민성이는 평소에 만들기를 좋아해 수업 시간에 만들기만 했으면 좋겠다고 합니다. 그런데 만들기 전에 무엇을 만들지 간단히 그려 보라고 하면 자기는 그려 보지 않아도 만들 수 있다고 하면서 스트레스를 받곤 했습니다. 그림에 대한 흥미를 떨어뜨릴 수도 있을 것 같아 그리기를 강요하지 않고 만들어 보도록 했습니다.

오른쪽 위 사진은 첫 번째 수업 때 만든 의자입니다. 민성이가 만든 흔들의자는 나무 스틱의 성질을 이용해서 매우 꼼꼼하게 잘 만들었습니다. 도구를 사용하는 솜씨도 매우 좋고 침착해서 자기

김민성(9세) 〈의자〉
나무 스틱, 접착제
10×10×15cm

김민성(9세)
〈모터 보트〉(왼쪽)
공예용 철사, 전선
20×9×8cm

김민성(9세)
〈모터 보트〉(오른쪽) (부분)

가 만들고자 하는 것을 곰곰이 생각하면서 만들었습니다. 이번에는 철사를 주고 우리가 주위에서 볼 수 있는 것들 중 탈 수 있는 것을 만들어 보라고 했더니 지난 여름에 바다에서 모터 보트를 탄 기억을 떠올려 모터 보트를 만들겠다고 했습니다. 그런데 만들기 전에 한 번 그려 보자고 하니 이번에도 싫다고 합니다. 계속 강요하면 안 될 것 같아 그리기에 흥미가 생길 때까지는 그리기를 시키지 않기로 했습니다.

굵은 철사와 가는 철사, 그리고 전선 등을 이용해서 만들었는데 구부리기 힘든 부분이나 매듭을 잘 지어 줘야 하는 경우는 선생님의 도움을 받으면서 자신이 본 보트를 열심히 만들었습니다. 처음에 몇 번 실패를 하고 나서 어느 정도 갖춰진 보트의 모습을 만들었는데, 그 솜씨가 매우 뛰어났습니다. 한 가지 색만 쓰면 재미가 없다면서 여러 가지 색을 골라 마치 장식하듯이 사용해 나갔고, 스크루가 제일 중요한 부분이라면서 뒤쪽에 스크루를 만드는

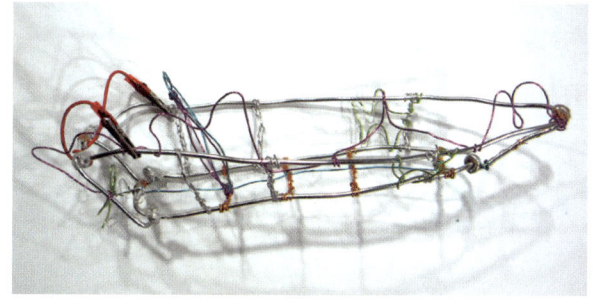
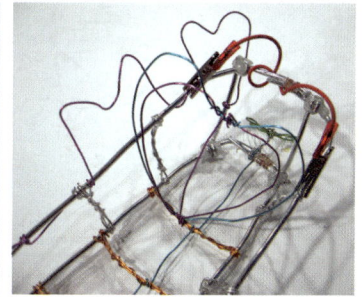

것도 잊지 않았습니다.

세 번째 수업 시간에는 구슬을 이용하여 놀이 동산의 롤러코스터를 만들었습니다. 재료도 여러 가지를 잘 이용했고 구조도 매우 재미있게 표현했습니다. 구슬의 운동 방향과 중간에 걸리지 않고 내려가는 방법 등을 혼자 고민하면서 좀 더 재미있게 만들어야 한다며 여러 가지로 시도해 보기도 했습니다.

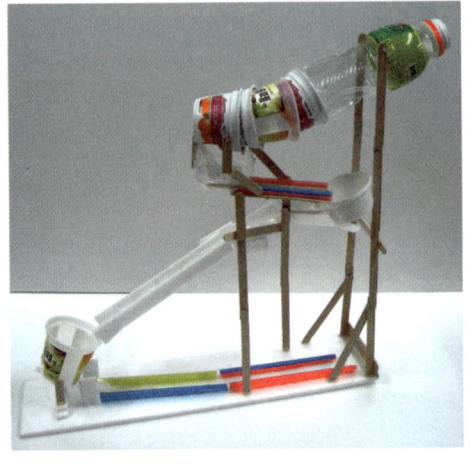

김민성(9세) 〈롤러코스터〉
우드락, 빨대, 플라스틱 병, 재활용품, 나무 스틱, 접착제
30×10×50cm

민성이는 입체 작업을 하면 집중도가 매우 높아지고, 만드는 것을 좋아해서 수업 시간에는 언제나 눈이 빛납니다. 자신의 뜻대로 잘 되지 않을 때는 실망도 하고 짜증을 부리기도 하지만 문제가 해결되면 다시 열심히 수업을 합니다. 사실 민성이는 그리기를 싫어하는 것이 아닙니다. 그런데 만들기보다 많은 연습을 하지 않았고 스스로 잘 못 그린다고 생각하여 자신 없어 하기에 자연스럽게 그리기를 멀리 하게 된 것입니다. 그렇다고 그리는 것을 자꾸 강요하면 오히려 역효과가 날 수 있습니다. 이러한 아이는 너무 다그치지 않도록 하고, 오히려 만들기에 좀 더 집중해서 이 부분에 더 높은 실력 향상을 기대해 보세요. 그렇게 하면 미술에 대

한 흥미도 계속 높아지고 자신감도 커져 자연스럽게 그리기를 싫어하는 마음이 사라질 것입니다. 무엇보다 서서히 그리기에 대한 자신감을 심어 주는 것이 중요하며 처음부터 높은 기대를 하지 않는 것이 아이에게 그림에 대한 부담감을 덜어 줄 수 있습니다.

좀 더 어렵고 다양한 표현을 할 수 있도록 지도하세요

만들기에 앞서 무엇을 만들지 계획도를 그리게 하세요. 그러다 보면 아이들이 만들려고 하는 세밀한 부분까지 그림으로 표현되기도 합니다.

● 좀 더 자세히 알아볼까요?

평면 표현을 하기 싫어하는 아이들이 가지고 있는 이유 중의 하나는 지루한 느낌입니다. 그리기를 하다 보면 비슷한 표현을 반복적으로 해야 하고, 어떤 제한된 공간을 구성해야 하는 데 답답함을 느껴 그리기를 거부하는 것입니다. 그런 이유 중의 하나는 일선 가정이나 교육 현장에서 그리기를 할 때는 여러 가지 제한이나 요구 사항들을 두지만, 만들기를 할 때는 좀 더 자유로움을 허용하기 때문입니다. 그래서 입체를 만들 때는 아이들 스스로 표현할 줄만 안다면 자유롭고 다양하고 제한되지 않는 표현이 가능합니다. 입체 표현을 위주로 한다고 해서 나쁠 것은 없습니다. 하지만 아이들에게 필요 이상의 제한을 두어 그리기에 대한 '이유 있는 거부감'을 느끼게 하는 것은 피해야 합니다.

입체로 만들기가 어려워요

평소에 동물 그림을 주로 그리는 태준이에게 평면이 아닌 입체로 동물을 만들어 보라고 했습니다. 태준이는 미술을 좋아하고 늘 즐겁게 수업을 하는 아이인데 만들기를 할 때에는 많이 어려워하는 경향이 있습니다. 태준이가 만든 코끼리와 상어입니다.

박태준(8세) 〈코끼리〉 (왼쪽)
나무 스틱, 목공용 접착제
30×25cm

박태준(8세) 〈상어〉 (오른쪽)
나무 스틱, 목공용 접착제
35×15cm

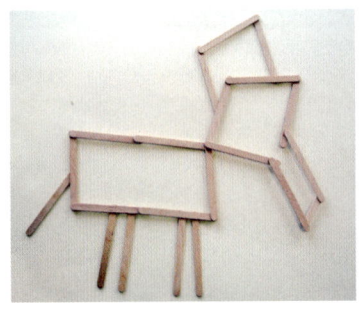
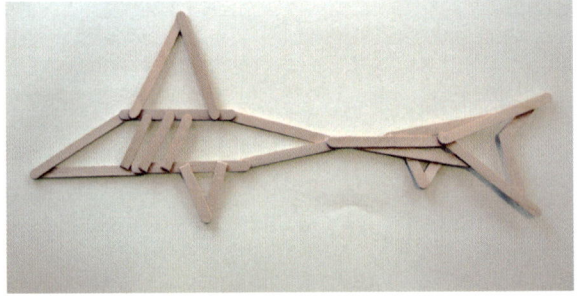

태준이는 입체를 만든다고 생각하면서 작업을 했지만 결과는 평면이 되었습니다. 평상시에 그림을 주로 그렸기 때문에 입체로 만드는 것이 어려웠던 것 같습니다. 부모는 아이가 크면서 당연히 '입체'의 개념을 알 수 있을 것이라고 생각하지만, 생각 외로 '입체'의 개념을 모르는 아이들이 많습니다. 아이들은 단순히 '만들기'를 하면 '입체'가 된다고 생각하는 경우가 많기 때문입니다. 태준이에게 입체가 어떤 것인지 이해를 돕기 위해 몇 가지 연습을 시켰습니다. 우선 선생님이 시범을 보인 후에 첫 번째로 나무젓가락과 고무줄을 이용해서 마음대로 연결하여 사방에서 관찰할 수 있는 구조를 만드는 연습을 시켰습니다.

박태준(8세)
나무젓가락, 고무줄
각 20×25×20cm

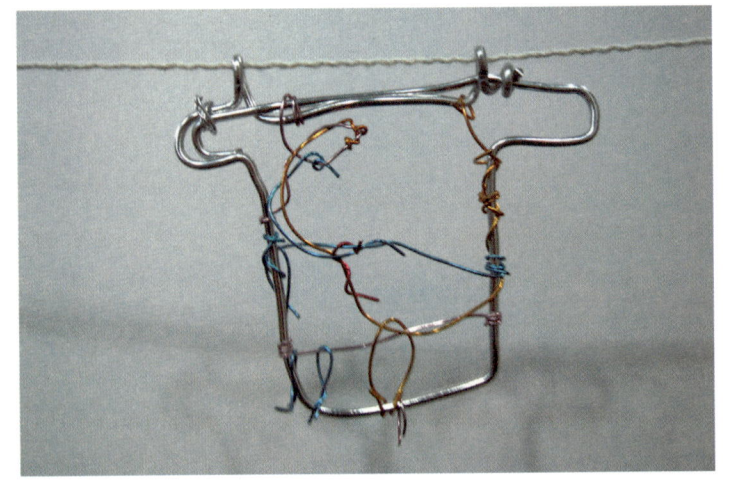

박태준(8세) 〈케이블카〉
공예용 철사, 전선, 노끈
13×10cm

두 번째는 철사를 이용해 우리가 타고 다닐 수 있는 것을 만들어 보게 했습니다. 주말에 설악산에 가서 탔던 케이블카를 생각하고 만들었습니다. 아직 완전한 입체가 되지는 않았지만 그래도 공간을 생각하고 만들었다는 변화가 보입니다. 이번에는 집을 한 번 더 만들어 보자고 하면서 집만 만들지 말고 집 앞의 마당과 울타리도 상상해 보자고 했습니다. 집 구조는 입체로 표현되지 않았지만 내부 구조와 집 앞 마당과 울타리를 생각해서 표현한 것은 매우 큰 발전입니다. 좀 더 연습하면 더 잘할 수 있겠다고 칭찬을 아끼지 않았더니 좋아하며 자신감이 생긴 모습을 보였습니다.

세 번째는 만들고 싶은 것을 그려 보게 했습니다. 지난 시간에 만든 집으로 자신감이 생겨서인지 다시 집을 만들고 싶어 해서 통

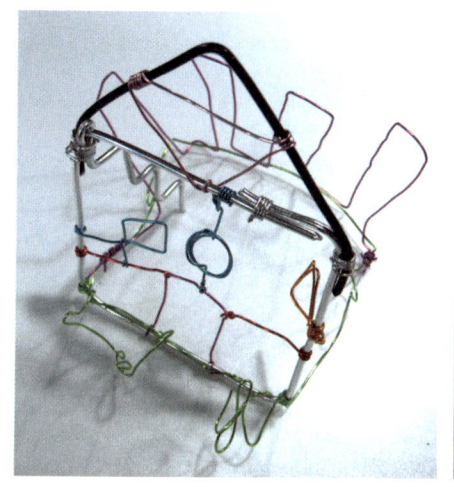 

박태준(8세) 〈집〉 (왼쪽)
공예용 철사, 전선
10×13×16cm

박태준(8세)
〈통나무집〉 (오른쪽)
종이에 드로잉 연필
21×25cm

나무집 사진 이미지를 보여 준 후, 집 구조를 자세히 관찰해서 표현하게 했습니다. 태준이는 매우 세심한 관찰을 통해 통나무집 모양을 잘 표현했습니다. 집의 보이지 않는 뒤쪽 부분도 이와 비슷한 구조라는 것을 이해한 뒤 집의 앞면, 옆면 둘, 뒷면의 순서로 만들어서 잇고 지붕을 만드는 순서로 진행했습니다. 그림에서는 보이지 않는 면들을 계속 생각하면서 작업할 수 있게 하기 위해 옆에서 순서를 정해 주는 방법도 도움이 될 것입니다.

태준이는 자신이 그린 집 그림을 기초로 해서 통나무집을 만들었는데 표현 방법에 많은 발전이 보입니다. 비록 도구를 이용해 접착하는 방법을 배우고 선생님의 도움을 받아 만들었지만 스스로 매우 뿌듯해했고 입체로 만드는 것이 어렵지만은 않다는 것을 알게 되었습니다. 입체를 잘 만들지 못한다고 해서 문제가 되는

박태준(8세) 〈통나무집〉
우드락, 나무 스틱, 접착제
25×30×20cm

것은 아닙니다. 간혹 만들기를 아주 좋아해서 저절로 입체 만들기를 잘하는 아이들도 있지만 그렇지 않은 아이들도 많습니다. 어린 아이들일수록 자신의 생각을 그림으로 나열하는 방식을 선호하기 때문에 '공간'을 지각하는 훈련을 할 수 있는 기회가 많지 않아 입체로 만드는 것을 더 어려워하기도 합니다. 입체로 만들기를 어려워하는 아이에게 못한다고 다그치는 것은 오히려 미술에 대한 흥미를 떨어뜨리게 할 수 있으니 아이에게 만들기 재료나 도구 사용 방법 및 진행 순서를 처음부터 제대로 가르쳐 주는 것이 매우 중요합니다.

처음에는 어느 정도 만들어져 있는 재료를 이용하세요

처음부터 재료를 사용해 만드는 게 어렵다면 어느 정도 만들어진 재료를 조립하게 해 주세요. 아이들이 입체의 개념을 이해하기 시작하면, 스스로 응용하고자 하는 욕구가 생기게 됩니다. 그리고 늘 칭찬해 주세요. 칭찬은 어려움을 극복하는 가장 큰 힘이 됩니다.

● 좀 더 자세히 알아볼까요? ●

입체조형의 시작은 아이들의 호기심에서부터 출발합니다. 만들기를 어려워하는 아이에게 무조건 강요하듯이 교육을 한다 하더라도 큰 효과를 기대하기는 힘듭니다. 만들기를 잘하는 아이들의 공통점은 잘 만들든 못 만들든 끊임없이 호기심을 가지고 이것저것 시도해 본다는 것입니다. 유난히 평면 표현보다 입체 표현을 즐기는 아이들이 만들기에 대한 기대 심리가 더 크다고 볼 수 있지만, 때로는 관심과 호기심은 많은데 어떻게 시도해야 할지를 몰라 망설이다 포기하는 경우도 있습니다. 이럴 경우 부모와 교사는 아이들에게 만들기의 기본적인 원리를 이해시켜 주고 도구 사용 연습을 꾸준히 할 수 있는 여건을 만들어 주는 것이 좋습니다. 재료만 주고 한번 만들어 보라는 식은 오히려 입체 표현의 어려움만을 가중시킬 뿐입니다. 만들기의 기본적인 원리와 도구 사용 방법은 시범을 통해 아이들이 인지하도록 하고 연습을 통해 응용력을 기를 수 있도록 하는 것이 중요합니다.

부모님들이 이런 질문을 했어요

발상

Q 우리 아이는 왜 상상력이 부족할까요?

A 상상력이 부족하다고 부모님이 걱정하는 아이 중에 정말 상상력이 부족한 아이는 많지 않습니다. 대화를 나누면서 생각하는 시간을 가지면 어떤 아이나 남들이 안 하는 생각을 떠올릴 수 있습니다. 아이의 상상력이 부족하다고 느끼는 경우는 아마도 아이가 이야기를 다양하게 풀어낼 기회가 부족했거나, 오히려 주변 사람들이 맞고 틀린 것을 아이에게 직접적으로 요구했기 때문일 수 있습니다. 엉뚱하게 들려도 아이가 하는 말에 귀 기울여주고 이야기가 계속 연결되는 대화를 해 보세요.

Q 학원에서는 그림을 잘 그리는데, 집에서는 왜 못 그리나요?

A 선생님과 친구들이 있는 학원과 그렇지 않은 집에서 아이의 태도는 다를 것입니다. 누군가가 지켜보는 곳보다 집이 아이에게 편한 곳이기 때문입니다. 그래서 조금 덜 긴장하게 되고, 조금 더 편하게 그리려고 합니다. 어른들도 요리 학원에 가서 요리를 배울 때는 음식들을 접시에 예쁘게 담고 여러 가지 재료들로 장식하여 마무리하지만, 집에서는 편하게 놓고 먹는 것과 비슷합니다. 아이가 하고자 할 때 잘 그리는 경우라면, 집에서 잘 그리지 못한다고 나무라지는 마세요.

Q 우리 아이는 왜 관찰력이 다른 아이들보다 부족할까요?

A 관찰하는 것도 습관입니다. 어려서부터 관찰하는 습관이 덜 되어서 관찰력이 부족한 경우가 많습니다. 아이가 무엇인가를 집중해서 보고 있을 때 빨리 다른 것을 하라고 요구한 적은 없었는지 생각해 보세요. 혹은 야외에 함께 놀러 가서 아이에게 많은 것을 보여 주려는 부모의 욕심에, 한 가지를 자세히 보고 있는 아이에게 자꾸만 '여기도 봐라, 저기도 봐라'라고 집중력을 흩뜨리지는 않았나요? 지금부터라도 괜찮습니다. 아이가 사물을 볼 때 자세히 볼 수 있게 도와주세요. 아이가 흥미를 느끼지 않는다면, 좋아하는 것부터 시도해 보는 것이 좋습니다.

Q 우리 아이는 왜 옆 친구가 하는 것만 따라 할까요?

A 아이가 보기에, 옆의 친구가 잘 그리는 것 같아서 그러는 경우도 있습니다. 혹은 옆 친구와 아주 친해서 그럴 수도 있습니다. 옆의 아이 그림을 똑같이 따라 그린다고 해서 걱정하기보다는, 아이 자신의 생각도 틀리지 않다는 것을 알려 주고 잘하는 점을 자꾸 칭찬해서 자신의 그림에 자신감을 갖도록 해 주세요. 남들과 비교해 잘 그리는 것을 바라기보다는 아이의 생각을 잘 표현할 수 있도록 도와주는 것이 중요합니다.

Q 왜 항상 똑같은 것만 그릴까요?

A 혹시 아이가 자기 고집이 있지 않나요? 자신이 잘하지 못한다는 것을 남에게 보여 주기 싫어하는 아이의 경우, 그려 보지 않은 것을 그렸을 때 남에게 보여 주기를 주저하는 경우가 있습니다. 항상 잘하는 모습만

보여 주고 싶고, 자신의 마음에 들지 않는 것은 하고 싶지 않은 것입니다. 아이가 새로운 것을 그릴 때, 잘 그리지 못하더라도 많은 칭찬을 해 주세요. 그래도 계속 같은 것만 그린다면, 그냥 놔 두세요. 그리고 그 그림 속에서 새로운 점을 찾아 "이거 못 보던 건데 어떻게 생각해 냈어? 이걸 그려 넣으니까 새로운 그림 같은데"라고 자꾸 말해 주면, 아이도 그림을 다르게 그려 보려고 노력할 것입니다.

Q 혼자 있을 때는 잘 그리는데 왜 여러 사람 앞에서는 그리기를 싫어할까요?

A 쑥스러워서 그럴 수도 있습니다. 아니면, 남에게 보여 줄 정도로 스스로 잘한다고 생각하지 않아서일 수도 있습니다. 어른들도 잘하지 못한 것을 남들한테 보여 주기 꺼리는 것과 마찬가지입니다. 아이의 그림을 다른 사람에게 보여 주기를 강요하면, 아이가 스트레스를 받을 수 있습니다. 그럴 때는 "너 왜 그래? 어서 그려야지!" 하고 자꾸 강요하지 말고, 아이가 나름대로 그림을 그릴 수 있도록 무관심한 척해 주세요. 자신이 다른 사람의 지나친 관심에서 벗어났다고 생각하면, 자신만의 생각을 보일 수 있는 기회를 활용할 것입니다.

Q 옆에서 그리는 방법을 알려 주면 왜 귀찮아할까요?

A 아이에게 어른의 입장에서만 설명한 것은 아닌가요? 아이는 아이만의 세계를 상상하고 표현하고 싶어 합니다. 그리고 그림을 그리는 동안 그림 속에 자신이 있다고 생각하기도 합니다. 한참 재미있게 표현하고 있는데, 옆에서 부모가 토를 달거나 너무 많은 관심을 갖는 것이 방해가 되었을 수도 있습니다. 아이가 집중했을 때는 옆에서 잠시 기다려 주세요.

Q 왜 그림을 느리게 그릴까요?

A 성격상 느리게 그리는 아이도 있고, 신중해서 그럴 수도 있습니다. 그리고 그림을 그리는 중간 중간에 어떻게 그릴지 생각을 많이 하는 경우도 있습니다. 느리게 그린다고 나무라지 말고, 아이를 잘 관찰해 보세요.

Q 그림의 주제에 대해 생각하기를 싫어할 때는 어떻게 할까요?

A 주어진 주제에 대해서 관심이 없어서일 것입니다. 반드시 그 주제로 그려야 할 경우라면, 아이가 주제를 흥미롭게 받아들일 수 있게 해 주어야 합니다. 그래도 아이가 주제에 대해 생각하기를 거부한다면, 당분간은 아이가 관심 있는 주제로 그리기를 시켜 주세요. 아직은 누군가가 제시해 준 주제보다는, 아이가 표현하고 싶은 생각들이 더 많을 테니까요.

Q 그림 그릴 때 친구들과 이야기를 많이 해 그림을 완성하지 못 하는 것 같은데 어떻게 해야 할까요?

A 이야기하기를 좋아하는 아이들에게 말하지 말고 그림만 그리라고 하면, 그림 그리는 것 자체에 스트레스를 받을 수 있습니다. 그럴 때는 아이에게, 이야기하면서 동시에 그림을 그릴 수 있는지를 물어 보세요. 생각하는 것을 옆 친구와 나누고 싶어서 자꾸 말을 한다면, 그리면서 동시에 이야기도 할 수 있습니다. 생각의 폭을 넓힐 수 있기 때문입니다. 그러나 오랜만에 만난 친구나 지나치게 수다스러운 친구들과 함께 있다면, 수업 시간 전에 미리 이야기하는 시간을 주거나 '침묵' 게임을 제안해 보는 것도 좋은 방법일 것입니다.

색

Q 우리 아이는 왜 물감으로 그릴 때 뿌옇게 칠하죠?

A 수채화 물감은 물로 조절해서 칠하는 재료이기 때문에, 물 조절에 익숙하지 않으면 색을 선명하게 쓰기 힘들 수 있습니다. 사용하던 색을 바꾸려면 붓을 깨끗이 씻어야 하는데, 아이들은 붓을 대강 씻어서 사용하는 경우가 많습니다. 그러다 보면 이 색 저 색이 섞여서, 색이 깨끗하게 나오지 않습니다. 붓과 물의 사용에 익숙해질 때까지 연습을 많이 하면 괜찮아질 것입니다.

Q 왜 물감만 사용하려 하고 다른 재료는 싫어할까요?

A 물감을 유난히 좋아하는 아이들이 있습니다. 물감은 색이 선명하게 나오는 장점이 있고, 넓은 면적을 힘들이지 않고 칠할 수 있기 때문입니다. 그리고 색을 좋아하는 아이들은 색이 섞이는 현상을 좋아합니다. 크레파스나 색연필보다 색을 쉽게 섞을 수 있기 때문입니다. 물감에는 다양한 표현법이 있고, 다른 재료와 섞어 썼을 때 더 멋진 효과를 낼 수도 있습니다. 아이에게 다양한 표현법을 제시해 주세요. 물감 외에 다른 재료의 매력을 아직 경험하지 못해서일 수도 있으니 아크릴 물감, 목탄, 파스텔 등 다양한 재료를 접하게 해 주시면, 크레파스나 색연필도 잘 다룰 수 있을 것입니다.

Q 왜 연필로만 그리려 하고 색은 칠하기 싫어할까요?

A 혹시 아이의 그림이 세밀하거나 그림 속 사물의 크기가 작지 않나요? 그림을 세밀하게 그리는 아이들 중에 자신이 그린 세밀한 부분이 색을 칠하면서 망가져 버리는 것을 싫어해서 색칠하지 않는 경우도 있습

니다. 혹은 그림 속 사물의 크기가 작아서 색칠하는 것이 힘들어 색칠하지 않기도 합니다. 단순히 색을 칠하지 않는다고 걱정하는 것보다는, 왜 색칠하는 것이 싫은지 아이에게 물어 보는 것이 좋습니다.

Q 왜 한 가지 색만 쓰죠?

A 아이들은 저마다 좋아하는 색이 있습니다. 그리고 어떤 시기마다 좋아하는 색도 변하는데, 아이의 취향이라면 존중해 주세요. 그러면서 그 색과 어울리는 색들을 제시해 주고 같이 칠했을 때 어떤 느낌이 나는지 느낄 수 있게 해 주는 것도 좋습니다. 그러나 아이가 한번 손에 쥔 색연필로만 그림을 다 칠하거나 한 가지 물감 색으로만 정신없이 칠하고 있다면, 다른 색도 사용할 수 있게 말해 주세요. 어떤 아이들은 색을 골라 바꿔 칠하는 것이 귀찮아 계속 한 가지 색으로만 칠할 때도 있고, 물감 섞을 때 붓을 씻고 팔레트를 정리하는 것이 싫어 한 가지 색으로 대충 칠할 때도 있기 때문입니다. 색들도 친하거나 친하지 않은 친구들이 있다는 것을 알려 주세요. 무지개처럼 색들이 여럿 있을 때의 아름다움을 알도록 해 주는 것이 좋습니다.

Q 왜 색을 꼼꼼하게 칠하지 못하죠?

A 아이가 쓰는 색칠 재료가 혹시 꼼꼼히 칠하기 어려운 것이 아닌지 확인해 보세요. 색연필이나 사인펜은 꼼꼼히 칠하는 것이 쉽지 않은 재료입니다. 크레파스나 물감은 번지고 잘 섞이기 때문에, 상대적으로 꼼꼼하게 칠할 수 있고 완성도가 있어 보입니다. 그러나 재료의 문제가 아니라면, 아이가 아직 꼼꼼하게 칠하는 방법을 잘 모르거나 꼼꼼하지 못한 성격일 수 있습니다. 재료를 다루는 방법은 시간이 지나면 습득할 수 있지만, 성격은

그렇지 못한 경우도 있으니 너무 조급하게 생각하지 마세요. 다른 재료를 사용하거나 꼼꼼하게 칠하지 않아도 멋지게 표현하는 방법을 아이와 함께 연구해 보세요. 아이도 자신의 그림이 멋지게 보이길 바라기 때문에 색칠하는 방법에 대해 많은 생각을 하게 될 것입니다.

Q. 색칠을 너무 연하게 하는데, 진하고 선명하게 할 수 없나요?

A. 아직 아이 손에 힘이 충분하지 않을 수 있습니다. 아이가 아직 어려서 그럴 수 있으니 너무 걱정하지 않아도 됩니다. 그러나 물 조절이 잘 안 된 수채화라면, 아이가 수채화의 표현 방법을 잘 알고 있는지 관찰해 보세요. 물의 양에 따라 수채화는 얼마든지 선명하고 아름다운 색을 낼 수 있기 때문입니다. 색연필이나 크레파스의 경우는 힘을 얼마나 쓰느냐에 따라 색이 연하게도 되고 짙게도 됩니다. 잘 그리는 것도 중요하지만, 재료를 사용할 때 손힘의 조절도 중요하니, 아이가 힘 조절법을 잘 모르고 있다면 알려 주는 것이 좋습니다.

Q. 왜 색을 섞어서만 쓰려고 할까요?

A. 색에 대한 호기심이 많아서일 것입니다. 그러나 초등학교에 입학해서도 계속 색을 섞는 것에 관심이 많다면, 입학 전에 색 섞는 연습을 많이 했는지 확인해 보세요. 아이들은 물감 색이 섞여 다양한 색으로 만들어지는 것을 신기해하고 좋아하기 때문에, 물감을 접할 충분한 시간이 없었다면 그림을 그릴 때 색 만드는 것에 시간을 빼앗길 수 있습니다. 물감과 친해질 수 있는 시간을 아이에게 주세요. 아이만의 다양한 색을 만들어 보고 어떤 느낌이 나는지를 충분히 경험한다면, 실제 그림을 그릴 때 많은 도움이 될 것입니다.

형태

Q 왜 그림을 작게 그릴까요?

A 한 종이 위에 그리고 싶은 것들이 많아서일 수 있습니다. 혹은 그림 그리는 것에 자신감이 부족해서일 수도 있지요. 단순히 그림 속의 사물들을 작게 그리는 것을 걱정하기보다는, 아이의 그림을 잘 들여다 보세요. 아이가 그리고 싶은 것들이 많아서 작게 그린다면 걱정하지 않아도 됩니다. 하지만 큰 종이에 아무런 이야기도 없이 사물들을 작게만 그린다면, 아이가 가지고 있는 재미있는 생각들을 표현할 수 있도록 도와주는 것이 좋습니다. 교사나 부모의 작은 도움만 있으면 금세 좋아질 것입니다.

Q 왜 항상 공주만 그릴까요?

A 혹시 아이가 텔레비전에서 공주가 나오는 만화를 많이 보나요? 만화 속 좋아하는 주인공의 형태를 따라 그려 보고 싶어서입니다. 그리고 또래 친구들 사이에서 비슷한 형태의 그림이 유행하고 있는지도 확인해 보세요. 친구들의 그림과 비슷한 그림을 그릴 줄 아는 것도 중요합니다. 어떤 아이는 그림 속 사람의 눈을 실제 사람 눈처럼 그렸더니, 또래 친구들이 이상하게 그렸다며 놀렸다고 합니다. 또래 집단의 공통된 행위는 친구를 만드는 데 중요하기 때문에, 그것을 존중해 주는 것도 중요합니다. 그러나 항상 같은 공주 형태만 그린다면 다른 식으로도 그림을 그릴 수 있고 여러 스타일의 공주님이 있다는 것도 알려 주세요. 백설공주, 인어공주, 피오나 등, 예쁘지만 여러 형태의 공주님을 그리다 보면 그것이 변형돼 다른 형태의 사람도 그릴 수 있을 것입니다. 여러 종류의 그림을 접하고 관찰할수록 아이의 표현 방법도 다양해질 것입니다.

Q 왜 만화 캐릭터들만 그릴까요?

A 대부분의 아이들은 만화를 보기 시작하면서 그림이 만화처럼 변하는 경우가 많습니다. 만화에 나오는 캐릭터들을 좋아하기 때문입니다. 그래서 그 캐릭터를 그려 보고 싶은 마음이 듭니다. 여자 아이들은 만화 속에 나오는 공주의 모습을 보면서, 자신이 공주가 되었으면 하는 마음이 듭니다. 그래서 그림으로라도 자신의 모습이 투영된 공주를 그리기 시작하는 것입니다. 처음부터 만화처럼 그리지 말라고 하는 것으로 아이를 설득할 수 없습니다. 우선은 아이가 좋아하는 것을 인정해 주고, 만화처럼 그리지 않아도 멋져 보인다는 것을 알게 해 주는 것이 좋습니다.

공간

Q 왜 사물을 겹쳐 그리기를 어려워하죠?

A 겹쳐 보이는 사물을 그리는 것은 아이들에게 생각보다 어렵습니다. 아이들은 그리려고 하는 사물들의 모습이 완전히 다 보여야 한다고 생각합니다. 아직은 사물의 한 부분이 보이지 않게 그린다는 것이 낯설 것입니다. 집 안의 몇 가지 사물들을 가지고, 겹친 모습을 아이에게 보여 주세요. 앞에 놓인 사물 때문에 뒤의 사물이 어떻게 보이는지 관찰시켜 주세요. 아이는 금방 이해할 수 있을 것입니다. 그리고 이해한 부분이 그림으로 표현될 것입니다.

Q 원근감을 잘 이해하지 못하는 것 같아요

A 주말에 밖에 나가서 아이에게 사진을 찍어 보게 하세요. 특히 멀리

있는 사람과 가까이 있는 사람이 사진기 속에서 어떻게 보이는지 확인하게 해 주세요. 그리고 가까이 있는 아파트는 굉장히 크지만, 멀리 있는 아파트는 과자 상자만큼 작다는 것도 보여 주고, 멀리 있는 친구는 개미만큼 작아지지만 코앞에 있는 친구는 얼굴이 접시만큼 크다는 식의 예를 들어 이해시켜 주세요.

Q 종이에 사물을 너무 많이 그려서 화면이 좁아 보여요

A 아이가 그리고자 하는 내용을 효과적으로 그릴 수 있는 구도에 대해서 알려 주는 것이 좋아요. 동화책에 그려진 그림들이나 세계 명화들은 구도를 공부하는 데 좋은 자료가 됩니다. 구도를 익히면, 많은 이야기를 효과적으로 그릴 수 있을 것입니다. 그리고 제일 중요한 주인공 위주로 그리도록 하는 것은 어떨까요? 그러면 그림에 짜임새가 생겨 구도를 잡기 수월해집니다.

재료·입체

Q 왜 만들기만 좋아하고 그리기를 싫어할까요?

A 만들기를 정말 좋아해서 그리기를 소홀히 하는 아이들도 있습니다. 하지만 그리기에 자신이 없어서 만들기를 좋아하게 되는 경우도 많습니다. 혹시 아이가 그리기에 자신감이 없지는 않나요? 그리기에 자신이 없어서 만들기를 좋아하는 경우라면, 아이의 그리기 실력을 키울 수 있는 곳의 도움을 받는 것이 좋습니다.

Q 만들기는 좋아하는데 왜 도구 사용을 어려워할까요?

A 도구를 잘 쓰지 못해 그럴 수 있습니다. 사용 방법을 아직 잘 모르거나, 너무 다양한 도구가 있어 어떤 것을 사용해야 할지 모를 수 있습니다. 도구가 필요할 때 옆에서 적절한 도구를 추천해 주세요. 책상 위에 다양한 도구가 있으면 호기심을 갖고 한 번씩은 시도해 볼 것입니다. 아이가 호기심을 가지고 접근할 때 어떻게 사용하는지 알려 주고, 그것에 익숙해지도록 해 주세요.

Q 만들기를 할 때 왜 재료 선택을 어려워할까요?

A 재료를 많이 다루어 보지 않았기 때문입니다. 우리가 생활하는 주위에도 만들기를 할 수 있는 재료는 많습니다. 전문가용 재료, 사용하기 힘든 재료가 아닌, 집 안에서 아이가 쉽게 사용할 수 있는 재료들을 준비해 주세요. 그리고 그 재료들을 구기고 자르고 붙이면서 재료의 특성을 탐색하게 해 주세요.

Q 밑그림은 잘 그려 놓고 왜 만들기를 시작하지 못하나요?

A 밑그림대로 만들려면 어떻게 시작해야 하는지 모르기 때문입니다. 어떤 재료를 사용해야 하는지, 어떻게 재료들을 연결해야 하는지 잘 몰라서 선뜻 만들기를 시작하는 것이 힘들 수 있습니다. 처음에는 교사나 부모의 도움이 필요합니다. 어떤 재료들이 있는지 제시해 주고, 아이가 여러 재료들 가운데 자신이 필요한 재료들을 선택하여 만들 수 있게 해 주세요. 조금만 연습하면 나아질 수 있습니다.

참고문헌

E.P. 코헨, R.S. 게이너 지음, 서울대미술교육연구회 옮김,
『아동미술교육의 실제』, 미진사, 1998

김경은, 김숙령 공저, 『유아 창의성 교육의 이론과 실제』, 교육아카데미, 2005

김삼랑, 『미술교육개론』, 미진사, 2000

김정, 『아동의 미술교육 연구』, 창지사, 1997

김춘일, 『아동미술론』, 미진사, 1995

김춘일, 김성구 공저, 『유아를 위한 미술교육』, 미진사, 2001

다니엘 킬 엮음, 조정옥 옮김, 『예술에 관한 피카소의 명상』, 사계절출판사, 1999

로버트 루트번스타인, 미셸 루트번스타인 지음, 박종성 옮김,
『생각의 탄생』, 에코의서재, 2007

로저 본 외흐 지음, 정주연 옮김, 『생각의 혁명』, 에코리브르, 2002

루돌프 아른하임 지음, 김춘일 옮김, 『미술과 시지각』, 미진사, 2000

백중열, 최현이, 이승춘 공저, 『아동미술의 이론과 실제』, 창지사, 2007

이명호, 『창의적 아동미술교육』, 창지사, 2003

임승권, 『교육심리학』, 양서원, 1997

허버트 리드 지음, 황향숙 외 옮김, 『예술을 통한 교육』, 학지사, 2007

나가는 말

'아이가 미술 활동을 하면서 즐거워했으면 좋겠어요'라는 부모의 처음 마음은 '왜 우리 아이가 이렇게 그렸지? 다른 아이는 잘 그렸는데' 혹은 '왜 우리 아이는 실력이 빨리 늘지 않지?'라는 걱정으로 변하는 경우가 많습니다. 그것은 아이가 그린, 혹은 만든 '결과'로 판단하기 때문입니다. 아이가 미술 활동을 하면서 어떤 생각을 하고 어떤 경험을 했는지, 또 어떤 어려움을 겪었고 어떻게 극복했는지가 중요합니다. 이 '과정'이 바로 '창의적인 아이'가 되는 밑거름이 될 수 있기 때문입니다. 그리고 아이들 스스로도 미술 시간에 진정으로 얻고자 하는 것은 부모나 교사의 칭찬, 상장, 친구들의 부러움만은 아니었을 것입니다. 미술이 자신을 표현하는 가장 좋은 방법이라 생각했기에 열심히 수업에 집중했던 것입니다. 아이의 교육에서 무엇보다 제일 중요한 것은 부모의 이해와 격려입니다. 그러기 위해서는 아이에 대한 바른 이해가 필요합니다.

이 책은 창의적인 아이가 되기 위한 중요한 '과정'을 부모에게 알려 주고, 아이에게 도움을 줄 수 있도록 하고자 하는 미술교육 안내서입니다. '이론'만이 아닌, 10년이 넘는 오랜 수업의 결과와 관찰로 얻은 소중한 자료와 노하우로 구성하였기 때문에, 미술 활동에서 아이들이 무엇을 느끼고 어떻게 행동하는지에 대한 정보를 충분히 얻고 이해할 수 있을 것입니다. 미술 활동의 '과정'에서 나누었던 아이들과의 이야기, 또 아이가 힘들어하는 부분을 어떻게 도와주었는지를 생생하게 접할 수 있고, 다양한 특징을 지닌 아이들의 그림을 직접 감상하면서 부모가 자신의 아이를 올바르게 이해하고 각각의 아이에게 맞는 도움을 줄 수 있도록 해 줄 것입니다. 이 책을 통해 많은 부모들이 아이를 바르게 이해하고 숨겨진 능력을 발견하여 키워 줄 수 있기를 바랍니다. 그리고 오랜 시간 미술 수업을 함께 해 온 우리 아이들에게 마지막까지 감사하다는 말을 전하고 싶습니다.

박준서(4세) 어머니

준서랑 평소에 이야기하고 놀러 다니면서 있었던 이야기들이 그림이나 만들기로 표현된다는 것이 신기해요. 남자 아이다 보니 평소에 '재미있다, 재미없다'에 대한 표현을 많이 하지 않아서 준서가 무엇을 좋아하고 무엇을 알고 싶어 하는지 잘 몰랐거든요. 미술 활동을 통해서 준서가 어떠한 부분에 관심을 가지고 있고 어떤 일들을 좋아하는지 알게 되었어요. 아이가 좋아하는 부분에 대해서 더 잘 알게 해 주고 싶어요. 저는 준서가 커서도 좋아하는 일을 했으면 좋겠어요. 물론 좋아하는 것을 찾기 위해 많은 경험과 기회를 주어야겠지만요. 이제 엄마로서 준서에게 평소에 어떻게 이야기해 주고 어떤 방법으로 기회를 주어야 하는지 조금 알게 된 것 같아요.

한지수(5세) 어머니

알게 모르게 지수를 누나와 비교했나 봐요. 지수한테 미안해요. 아이가 하는 행동의 일부분만 보고 아이를 '못하는 아이'로 생각한 것은 좋지 않다는 것을 알았어요. 미술 활동으로 지수가 자신감을 찾게 된 것이 정말 기뻐요. 그림 그리기도 많이 좋아하고. 선생님께서 아이들은 자신이 하고 싶은 이야기가 많을수록 그림 그리기도 좋아한다고 하셨던 말이 기억나요. 누나한테 신경 쓰느라 지수의 이야기를 많이 못 들어줬던 것 같아요. 그림 그리기를 통해서라도 자신이 표현하고자 하는 것을 마음껏 표현할 수 있었으면 좋겠어요. 미술 활동을 통해 조금 더 지수의 마음을 이해하게 되었고, 엄마로서 반성해야 하는 부분도 알게 되어서 정말로 기뻐요. 앞으로 지수가 말하는 것을 잘 들어주고 절대 누나와 비교하면 안 될 것 같아요.

김민재(4세) 어머니

민재는 24개월 정도부터 쉬지 않고 뭔가를 탐구하는 아이였습니다. 호기심이 왕성해서 한시도 가만히 있지 않았는데 30개월부터 미술 활동을 시작하게 되었습니다. 평소 엄마, 아빠가 그림에 관심이 많아서 집중적으로 가르쳤는데, 물론 가끔씩 피곤해하기도 하고 집중을 못할 때도 있었지만 점점 집중을 하게 되고 3-4개월 동안 배웠던 재료를 이용해서 미술 시간에 응용을 하는 것을 보면서 많이 발전되어 가는 과정을 지켜보았습니다. 지금 한 시간 반씩 이틀을 집중하는 것을 보면, 너무 신기하기만 합니다. 에너지가 넘치는 아이가 그 에너지를 미술 활동을 통해서 발산하는 과정을 경험하였습니다.

최호빈(5세) 어머니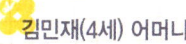

호빈이가 처음 미술 수업을 시작할 때 전혀 그림을 그릴 줄 몰라서 항상 자기가 그리고 싶은 것(주로 자동차)을 주변 어른들에게 그려 달라고 하고 그림 그리는 것에 자신감이 없었습니다. 그런데 6개월 정도 지나고 나니 어떻게 그림을 그려야 하는지, 어떻게 자기 생각을 표현해야 할지 방법을 알게 된 것 같아요. 그 덕분에 이제는 그림뿐만 아니라 모든 일에 자기가 스스로 자신 있게 임하는 것 같아요.

박정은(6세) 어머니

엄마인 저도 꽃에 대해서 관찰을 제대로 하지 않고 정은이에게 꽃의 형태를 알려 준 것이 미안하네요. 그림을 잘 그리기 위해서 관찰을 하는 과정이 얼마나 중요한지 알겠더라고요. 아이가 아는 만큼 그림으로도 표현된다는 것이 놀라워요. 정은이에게 좋은 습관을 들여주기 위해서 제가 공부도 많이 하고 노력도 많이 해야겠어요.

그림으로 말하는 아이
창의력과 감수성을 키워 주는 미술 지도서

2010년 4월 15일 초판 1쇄 발행
2011년 4월 15일 초판 2쇄 발행

지은이 | 반경란, 이동엽, 이지연
발행인 | 전재국

본부장 | 이광자
단행본개발실장 | 박지원
책임편집 | 한소진
마케팅실장 | 정유한
마케팅부 | 정남익
책임마케팅 | 조용호 조광환 이지희
기획마케팅 | 신재은 조안나 두진희

발행처 (주)시공사
출판등록 1989년 5월 10일(제3-248호)

주소 | 서울특별시 서초구 서초동 1628-1 (우편번호 137-879)
전화 | 편집(02)2046-2843 · 영업(02)2046-2800
팩스 | 편집(02)585-1755 · 영업(02)588-0835
홈페이지 | www.sigongart.com

이 서적 내에 사용된 일부 작품은 SACK를 통해 Succession Picasso와 저작권 계약을 맺은 것입니다.
저작권법에 의하여 한국 내에서 보호를 받는 저작물이므로 무단 전재 및 복제를 금합니다.

ISBN 978-89-527-5834-7 13600

본서의 내용을 무단 복제하는 것은 저작권법에 의해 금지되어 있습니다.
파본이나 잘못된 책은 구입하신 서점에서 교환해 드립니다.